KB236486

어디서나 쉽게 찾아볼 수 있는 **왕초보** 회화

한 귀에
쏙
들어오는

16가지 주제와 180가지 상황별로 총망라!

일본어
회화

홈페이지에서
MP3
무료다운

사사연 어학연구소

www.ssyeun.co.kr

SASAYON 도서출판 **사사연**

머리말

　일본어는 영어, 중국어와 더불어 우리에게 가장 쓰임새가 많은 언어로, 많은 사람들이 취업, 학업, 사업, 여행, 취미 등 다양한 목표를 가지고 일본어를 공부하고 있습니다.

　일본어를 배우는 사람들은 처음에는 우리말고 비슷한 어순, 유사한 발음의 단어들에 쉬운 언어라 생각하여 재미를 붙이지만, 한자가 나오고 어려운 문법들이 나오기 시작하면 이내 흥미를 잃고 중도 포기하는 경우가 많습니다.

　그러다보니, 일본어를 공부하는 또한 공부했던 사람들에 비해 실제로 일본어로 자연스러운 대화가 가능한 사람은 많지 않습니다.

　또한 독해와 문법위주의 학습으로 인하여, 읽고 이해하는 데에는 어느 정도 수준에 오른 사람들도 상대적으로 대화에는 서툰 경우를 많이 봅니다.

　나중에 보면 다 아는 표현이었는데도 실제 대화에서 순간적으로 적절한 표현이 잘 생각나지 않아 답답한 것입니다.

　그럼 어떻게 하면 흥미를 잃지 않고 일본어 회화를 잘 할 수 있을까요?

　어린 아이가 처음 우리 말을 배울 때를 생각해 봅시다.

　글자나 문법을 배우지 않고 듣고 말하는 것부터 시작합니다.

　수백번 들은 표현부터 하나씩 말하며, 같은 표현을 반복하여 이야기 합니다. 언어 학습이 어느 정도 궤도에 오르면 아는 말을 조합하여 문장을 만들고 한 두번 들은 표현도 기억하여 사용할 수 있게 됩니다.

　외국어도 마찬가지 입니다.

　반복하여 듣고 말하는 것부터 시작해야 합니다.

수많은 반복 훈련을 통해 반사적으로 상황에 적합한 단어 표현이 나올
수 있어야 합니다.

이 책의 구성과 특징은 다음과 같습니다.
1. 한글만 알면 누구나 바로 회화가 가능하도록 문장에 한글로 일본어
   발음을 표기하였습니다. 처음에는 한글을 보고 읽다가 문장이 외워지
   면 한글을 가리고 발음하는 연습을 반복하세요.
2. 주제별, 상황별로 구성하여 본인이 평소에 궁금했거나 지금 필요한
   표현을 쉽고 빠르게 찾을 수 있도록 하였습니다.
   이러한 구성을 무조건 처음부터 보는 것보다 학습의 흥미를 유지하는
   데 도움을 줄 것입니다.
3. 교과적 표현보다는 일상 생활에서 가장 많이 쓰이는 자연스러운 표현
   을 설명하여 수록하였습니다.

이 책과 함께 반복하여 훈련하는 연습을 꾸준히 한다면, 빠른 시간내에
일본어 회화의 기초 체력을 튼튼히 하실 수 있을 것입니다.

차례

Part 1. 기본표현

◆ 안녕하십니까?(아침)

おはようございます。
오하요-고자이마스

◆ 안녕하세요(낮)

こんにちは。
곤니찌와

◆ 안녕하세요(저녁)

こんばんは。
곤방와

◆ 안녕히 주무세요.

お休みなさい。
오야스미 나사이

◆ 잘 자

お休み。
오야스미
※가족 및 친구간의 가벼운 인사표현이다.

◆ 잘 지내십니까?

お元気ですか。
오겡끼 데스까

◆ 덕분에 잘 지냅니다. 당신은요?

おかげさまで 元気です。あなたの ほうは。

오까게 사마데 겡끼데스. 아나따노 호ー와

◆ 요즘은 어때?

調子は どう。

죠ー시와 도ー

◆ 그럭저럭

まあまあだよ。

마ー마ー다요

◆ 별일 없으신가요?

お変わり ありませんか。

오까와리 아리마셍까

◆ 잘 지내고 있어요

元気で やってるよ。

겡끼데 얏떼루요

◆ 무슨 일 있어?

どうしてる。

도ー시 떼루

◆ 별일 없어

別に 何も。

베쓰니 나니모

◆ 지금 어디 가나요?

今、どこへ。

이마 도꼬에

◆ 여긴 왠일이세요?

ここには、どのような ご用でしょうか。

고꼬니와 도노요-나 고요-데쇼-까

◆ 친구를 기다리고 있는 중입니다.

友人を 待っている 所です。

유-징오 맛떼이루 도꼬로데스

◆ 여전히 바쁘니?

相変わらず 忙しいの。

아이 가와라즈 이소가시-노

◆ 예전만큼은 아니야.

前ほどでは ないよ。

마에호도데와 나이요

◆ 무슨 좋은 일이라도 있어요?

何か いいことでも あるんですか。

낭까 이- 고또데모 아룬데스까

◆ 좋아보인다.

元気そうだね。

겡끼소-다네

◆ 사업은 잘 되십니까?

事業は うまく いっています か。

지교-와 우마꾸 잇떼 이마스까

◆ 날씨가 좋네요.

いい 天気ですね。

이- 뎅끼 데스네

 처음 만났을 때의 인사

◆ 처음 뵙겠습니다.

はじめまして。
하지메마시떼

◆ 제 소개를 하겠습니다.

自己紹介を させて ください。
지꼬쇼－까이오 사세떼 구다사이

◆ 안녕하세요, 홍길동입니다.

こんにちは。ホンギルドンです。
곤니찌와, 홍길동데스

◆ 만나서 반갑습니다.

お会いでき、うれしいです。
오아이데끼 우레시－데스

◆ 만나뵙게 되어 영광입니다.

お会いでき、光栄です。
오아이데끼, 고－에이데스
※우리말에서는 榮光이라 하지만 일본에서는 반대로 光榮이라고 한다.

◆ 만나 뵙기를 고대했습니다,

お会いすることを 楽しみに していました。
오아이스루 고또오 다노시미니 시떼 이마시따.

◆ 늘 만나 뵙고 싶었습니다.

ずっと お会いしたいと 思っていました。

줏또 오아이 시따이또 오못떼 이마시따

◆ 전에 만난 적이 있는 것 같은데요.

以前、お会いした ことが あると 思います。

이젱, 오아이시따 고또가 아루또 오모이마스

◆ 아니오, 없는 것 같은데요.

いいえ、ないと 思います。

이－에, 나이또 오모이마스

◆ 말씀은 그전부터 많이 들었습니다.

おうわさは かねがね うかがって おりました。

오우와사와 가네가네　　우까갓떼 오리마시다

◆ 성함만은 알고 있었습니다.

お名前だけは 知って おりました。

오나마에다께와 싯떼 오리마시따.

◆ 만나서 반갑습니다.

お会いできて うれしいです。

오아이데끼데 우레시－데스

◆ 당신과 전화로 통화한 적이 있습니다.

あなたとは 電話で お話しした ことが あります。

아나 따또와 뎅와데 오하나시시따 고또가 아리마스

◆ 네, 기억하고 있습니다.

ええ、覚えています。

에에, 오보에떼이마스

◆ 당신을 알고 있습니다만 이름은 잊었습니다.

あなたを 知っていますが、お名前を 忘れました。

아나따오 싯떼 이마스가　　　　　오나마에오 와스레마시다

◆ 성함이 뭐라고 하셨죠?

お名前が 何とおっしゃいましたか。

오나마에가 난또 옷샤이마시다까

◆ 요시다라고 합니다.

吉田と 申します。

요시다또 모-시마스

◆ 당신 이름이 귀에 익네요.

聞き覚えの ある お名前です。

기끼오보에노 아루 오나마에데스

◆ 여동생은 늘 당신에 대해 말한답니다.

妹は いつも あなたの ことを話しているんですよ。

이모-또와 이쓰모 아나따노 고또오 하나시떼 이룬데스요

◆ 마침내 만나게 되어서 기쁩니다.

やっと お会いできて とても うれしいです。

얏또 오아이데끼떼　　　　　도떼모 우레시-데스

◆ 야아, 오랜만이야.

やあ、久^{ひさ}しぶり。

야 히사시부리

◆ 응, 만나서 반가워.

うん、会^あえて うれしいよ。

웅　아에떼 우레시-요

◆ 참 오랫만이군요.

本当^{ほんとう}に 久^{ひさ}しぶりですね。

혼또-니 히사시부리데스네

◆ 뵙고 싶었습니다.

お会^あいしたかったんです。

오아이시다깟 딴 데스

◆ 오랜만이군요.

お久^{ひさ}しぶりですね。

오히사시 부리데스네

◆ 전혀 안 변했구나.

ぜんぜん 変^かわらないね。

젠젱　가와라나이네

※ 상당히 오랜만에 만났을 때 하는 인사말.

◆ 오랫만이군요.

しばらくぶりですね。
시바라꾸 부리데스네
※잠깐동안 헤어졌다가 만났을 때 하는 인사말.

◆ 오랫동안 소식을 못드렸어요.

ごぶさたしました。
고부사따 시마시따

◆ 이게 몇 년만인가요?

やあ、何年ぶりですか。
야-, 난넹부리데스까

◆ 너를 본 지 10년만이야.

君に 会うのは 10年ぶりだよ。
기미니아우노와 쥬-넨부리다요

◆ 전화라도 드린다면서 그만 소식을 못드려 죄송합니다.

電話でもと 思いながら、つい ごぶさたして ごめんなさい。
뎅와데모또 오모이나가라 쓰이 고부사따시떼 고멘나사이

◆ 마지막으로 본 게 언제지?

前に 会ったのは いつだっけ。
마에니 앗따노와 이쓰닷께

◆ 몇 년 전인 것 같은데.

何年か 前だったと 思うよ。
난넹까 마에닷따또 오모우요

◆ 다시 만나게 되어 기뻐요.

再び お会いでき、うれしいです。

후다따비 오아이데끼 우레시-데스

◆ 건강은 어떠세요?

お加減は いかがですか。

오가겡와 이까가데스까

◆ 건강하게 지내고 있습니다.

元気で 過ごしています。

겡끼데 스고시떼 이마스

◆ 뭐하며 지냈니?

何やっていたの。

나니 얏떼 이따노

◆ 일이 아주 바빴어요.

仕事が とても 忙しかったのです。

시고또가 도떼모 이소가시갓따노데스

◆ 하나도 변하지 않으셨네요.

ちっとも 変わって いませんね。

짓또모 가왓떼 이마센네

◆ 건강해 보이시네요.

元気そうですね。

겡끼소-데스네

◆ 너 참 많이 변했다.

あなた、本当に変わったね。

아나따, 혼또-니 가왓따네

◆ 어디에 가 있었니?

どこに 行って いたの。
도꼬니　잇떼 이따노

◆ 잠시 떠나 있었어.

しばらく 留守にして いたんだ。
시바라꾸 루스니시떼이딴다

◆ 요즘 일은 어떠세요?

最近、お仕事は いかがですか。
사이낑 오시고또와 이까가데스까

◆ 그럭저럭 해 나가고 있어.

何とか やってるよ。
난또까 얏떼루요

◆ 새로 하는 일은 어때요?

新しい お仕事は いかがですか。
아따라시- 오시고또와 아까가데스까

◆ 그저 그렇습니다.

まあまあです。
마-마-데스

◆ 여전하시네요.

相変わらずですね。
아이가와 라즈데스네

◆ 잠깐 제 소개좀 하겠어요.

ちょっと 自己紹介を させてください。
쫏또 지꼬쇼−까이오 사세떼 구다사이

◆ 저는 다나카입니다.

私は 田中です。
와따시와 다나까데스

◆ 처음 뵙겠습니다. 야마노 하루코라고 합니다.

はじめまして。山野春子と 申します。
하지메마시떼　　　야마노 하루꼬또 모−시마스

◆ 처음 뵙겠습니다. 잘 부탁드립니다.

はじめまして。どうぞ よろしく お願いします。
하지메마시떼　　　도−조 요로시꾸 오네가이시마스

◆ 말씀은 전부터 많이 들었습니다.

おうわさは かねがね うかがって おりました。
오우와사와 가네가네 우까갓떼 오리마시다

◆ 늘 가까이에서 뵙고 싶었습니다.

いつも お近づきに なりたいと 思っていました。
이쓰모 오지까즈끼니 나리따이또　　　오못떼 이마시다

◆ 어디서 만난 적이 없습니까?

どこかで お会いした ことは ありませんか。

도꼬까데 오아이시따 고또와 아리마셍까

◆ 당신과는 처음인 것 같은데요.

あなたとは 初めてだと 思いますが。

아나따또와 하지메떼다또 오모이마스가

◆ 아니뇨, 없는 것 같은데요.

いいえ、ないと 思うよ。

이－에 나이또 오모우요

◆ 죄송합니다. 다른 사람으로 착각했습니다.

すみません、別の人と 間違えて しまいました。

스미마셍 베쯔노 히도또 마찌가에떼 시마이마시다

◆ 두 분 서로 인사 나눴던가요?

お互いに ご挨拶されましたか。

오따 가이니 고아이사쯔 사레마시다까

◆ 제 친구를 소개할까요?

私の 友達を 紹介しましょうか。

와따시노 도모다찌오 쇼－까이시 마쇼－까

◆ 이쪽은 서울에서 온 김군입니다.

こちらは ソウルから 来た キム君です。

고찌라와 소우루까라 기따 기무꾼데스

◆ 네, 부탁합니다.

はい、お願いします。

하이, 오네가이시마스

◆ 이쪽은 제 친구 다나카씨입니다.

こちらは、私の友達の田中さんです。

고찌와라 와따시노 도모다찌노 다나까산데스

◆ 명함을 주시겠습니까?

お名刺を いただけますか。

오메이시오 이따다께마스까

◆ 명함을 드릴께요.

名刺を さしあげましょう。

메이시오 사시아게마쇼—

◆ 어디에서 오셨습니까?

どこから いらっしゃったのですか。

도꼬까라 이랏샷따노데스까

◆ 나고야에서 왔습니다.

名古屋から 参りました。

나고야까라 마이리마시따

◆ 야마모토씨, 어디 출신입니까?

山本さん、どこの ご出身ですか。

야마모토상   도꼬노 고슛신데스까

◆ 저는 동경출신입니다.

私は 東京出身です。

와따시와 도오쿄— 슛싱데스

◆ 한국에는 무슨 일로 오셨어요?

韓国には どのような ご用で いらっしゃったのですか。

강꼬꾸니와 도노요—나 고요—데 이랏샷따노데스까

◆ 성함은 어떻게 되십니까?

お名前は 何ですか。

오나마에와 난데스까

◆ 성함만은 알고 있었습니다.

お名前だけは 知って おりました。

오나마에다께와 싯떼 오리마시따

◆ 앞으로도 서로 연락을 취합시다.

これからも 連絡を 取り合いましょうね。

고레까라모 렌라꾸오   도리아이마쇼－네

◆ 이제 가야겠어요.

もう おいとまいたします。
모- 오이또마 이따시마스

◆ 좀더 계시다 가세요.

もうちょっと いいじゃないですか。
모-춋또 이-쟈나이데스까

◆ 잘 가.

さようなら。
사요-나라
※헤어질 때 사용하는 일반적인 인사표현이다

◆ 나 갈게.

私、行くよ。
와따시 이꾸요

◆ 안녕.

さようなら。
사뇨-나라

◆ 안녕히 가세요.

ごきげんよう。
고끼겐요-
※멀리 떠나는 사람과 헤어질 때의 인사말

◆ 그럼 조심해서 가세요.

では、気^きをつけて。
데와, 기오쓰께떼

◆ 그럼 나중에 봐.

じゃあ、あとでね。
쟈- 아또데네

◆ 그럼 내일 또 봐요.

では、また あした。
데와　　마따 아시따

◆ 그럼 또 내일.

じゃあ、また あした。
쟈- 마따 아시따

◆ 안녕히 계세요. 나중에 또 만나요.

さようなら。いずれ また。
사요-나라　　　이즈레 마따

◆ 저녁 잘 먹었어요.

夕食^{ゆうしょく} ごちそうさまでした。
유-슈꾸 고찌소-사마데시따

◆ 초대해줘서 고마워요. 정말 즐거웠습니다.

ご招待^{しょうたい}ありがとう。すっかり 楽^{たの}しんで しまいました。
고쇼-따이 아리가또-, 숫까리 다노신데 시마이마시따

◆ 즐거운 휴일 보내세요.

楽^{たの}しい 休日^{きゅうじつ}を。
다노시이 규-지쓰오.

◆ 이제 가야겠어요.

もう 行かなければ なりません。
모- 이까나 께레바 나리마셍

◆ 아쉽네요.

残念ですね。
잔넹데스네

◆ 다녀오세요.

行っていらっしゃい。
잇떼 이랏샤이

◆ 또 오세요.

また 来てくださいね。
마따 기떼 구다사이네

◆ 즐겁게 다녀와.

楽しんでらっしゃい。
다노신데랏샤이

◆ 만나서 반가웠어요.

お会いできて うれしかったです。
오아이데끼떼 우레시깟따데스

◆ 다녀오겠습니다.

行って来ます。
잇떼기마스

◆ 잘 지내라.

元気でね。
겡끼데네

◆ 다시 언제 만나요.

また いつか 会いましょうね。
마따 이쓰까 아이마쇼-네

◆ 다음주에 봐요.

では、また 来週。
데와　　　마따 라이슈-

◆ 그 사이에 전화주세요.

そのうち 電話して くださいね。
소노우찌 뎅와시떼 구다사이네

◆ 언제 다시 만날 수 있을까?

今度は いつ 会えるかな。
곤도와 이쓰 아에루까나

◆ 그럼 수요일에 만납시다.

じゃあ、水曜日に 会いましょう。
쟈-　　　스이요-비니 아이마쇼-

◆ 앞으로도 서로 연락합시다.

これからも 連絡を 取り合いましょうね。
고레까라모 렌라꾸오 도리아이마쇼-네

◆ 어떻게 하면 연락이 되나요?

どうしたら 連絡が つきますか。

도-시따라　렌라꾸가 쓰끼마스까

◆ 가끔 전화해.

そのうち 電話してね。

소노우찌 뎅와시떼네

◆ 편지해 주세요.

手紙を ください。

데가미오 구다사이

◆ 연락하며 지내자.

連絡を とり合おうね。

렌라꾸오 도리아오-네

07 감사의 인사

◆ 고마워요.

ありがとう。
아리가또−
※친근한 사이나 아랫사람에게 가볍게 고마움을 나타낼 때 쓰이는 표현이다.

◆ 고맙습니다.

ありがとうございます。
아리가또−고자이마스

◆ 감사합니다.

感謝します。
간샤시마스

◆ 대단히 감사합니다.

どうも ありがとう。
도−모　아리가또−

◆ 정말로 감사드립니다.

本当に ありがとうございます。
혼또−니 아리가또− 고자이마스

◆ 격려해줘서 고마워요.

励ましてくれて ありがとう。
하게마시떼 구레떼 아리가또−

◆ 호의에 감사드립니다.

ご好意 ありがとう。
고고-이 아리가또-

◆ 도와주셔서 감사합니다.

助けて頂き ありがとうございます。
다스께떼 이따다끼 아리가또-고자이마스

◆ 도움이 되었다니 기쁩니다.

お役に 立てて うれしいです。
오야꾸니 다떼떼 우레시-데스

◆ 여러 모로 신세를 많이 졌습니다.

いろいろ お世話に なりました。
이로이로 오세와니 나리마시따

◆ 원 별말씀을 다하십니다.

取り立てて 言う ほどでも ありません。
도리다떼데 유- 호도데모 아리마셍

◆ 걱정해 주셔서 감사합니다.

心配してくれて ありがとう。
신빠이시떼 구레떼 아리가또-

◆ 천만에요.

どういたしまして。
도-이따시마시떼

◆ 뭐라고 감사의 말씀을 드려야 좋을지 모르겠어요.

何と 御礼を 申したら いいのか わかりません。
난또 오레이오 모-시따라 이-노까 와까리마셍.

◆ 그렇게 말해줘서 고마워요.

そう言ってくれてありがとう。
소-잇떼 구레떼 아리가또-

◆ 그 동안 감사했습니다.

長い間、ありがとうございました。
나가이 아이다 아리가또-고자이마시따

◆ 천만예요. 감사할 것까지는 없습니다.

どういたしまして。礼にはおよびません。
도-이따시마시떼　　　　　레이니와 오요비마셍

◆ 친절히 대해줘서 고마워요.

ご親切にどうも。
고신세쓰니 도-모

◆ 초대해 주셔서 고맙습니다.

ご招待ありがとうございます。
고쇼오따이 아리가또-고자이마스

◆ 나야밀로 와줘서 기뻐요.

こちらこそ。来てくれてうれしいわ。
고찌라꼬소.　　　기떼구레떼 우레시-와

◆ 어떻게 보답할 수 있을까요?

どのように感謝すれば良いでしょうか。
도노요-니 간샤스레바 이-데쇼-까

◆ 아무리 감사를 드려도 부족할 정도입니다.

いくら感謝してもしきれないほどです。
이꾸라 간샤시떼모　　　시끼레나이 호도데스

◆ 큰 도움이 되었습니다.

大変 役に立ちました。

다이헹 야꾸니 다찌마시따.

◆ 매우 도움이 되었습니다.

とても 助かりました。

도떼모 다스까리마시따.

◆ 천만에요.

どういたしまして。
도-이따시마시떼
※남에게 감사, 칭찬의 말을 들었을 때 그것을 겸손하게 부정하는 인사말로
별말씀을 다 하십니다의 뜻으로 쓰인다.]

◆ 천만에 말씀입니다. 쉬운 일이에요.

どういたしまして。お安い ご用ですよ。
도-이따시마시떼　　　　　오야스이 고요-데스요

◆ 대단치 않아.

大したことじゃ ないよ。
「아이시따 고또쟈 나이요

◆ 별 것 아니에요.

お安い ご用です。
오야스이 고요-데스

◆ 천만에요. 도움이 되어서 기쁩니다.

どういたしまして。お役に 立てて うれしいです。
도-이따시마시떼　　　　　오야꾸니 다떼떼 우레시-데스

◆ 원 별 말씀을 다하십니다.

取り立てて 言う ほどでも ありません。
도리다 떼떼 유- 호도데모 아리마셍

◆ 뜻밖입니다. 너무 고마워요.

思いがけないこ とです。どうも ありがとう。
오모이가께나이 고또데스　　　도－모 아리가또－

◆ 천만에요. 감사할 것까지는 없습니다.

どういたしまして。礼には およびません。
도－이따시마시떼 레이니와 오요비마셍

◆ 마음에 든다니 다행이야.

気に入って もらえて うれしいよ。
기니 잇떼　　　모라에떼 우레시－요

◆ 저야말로 감사합니다.

こちらこそ どうもありがとう。
고찌라꼬소　　　도－모 아리가또－

09 사과의 표현

◆ 죄송합니다.

ごめんなさい。
고멘나사이

＝申し訳ありません。
모-시와께 아리마셍

◆ 미안합니다.

すみません。
스미마셍

◆ 늦어서 미안합니다.

遅くなって すみません。
오소꾸낫떼　스미마셍

◆ 대단히 죄송합니다.

まことに 申し訳ございません。
마꼬또니 모-시와께 고 자이마셍

◆ 약속을 못지켜서 미안합니다.

約束を 守らないで すみません。
약소꾸오 마모라나이데 스미마셍

◆ 진심으로 사과드립니다.

心から おわびいたします。
고꼬로까라 오와비 이따시마스

◆ 기다리게 해서 죄송합니다.

お待たせして すみません。

오마따세시떼　　스미마셍

◆ 기분 나쁘게 했다면 미안해

気を悪くしたなら ごめんなさい。

기오 와루꾸시따나라 고멘나사이

◆ 제가 잘못했습니다.

私が いけませんでした。

와따시가 이께마센데시따

◆ 저야말로 잘못했습니다.

私こそ 悪かったんです。

와따시꼬소 와루깟딴데스

◆ 사과드립니다.

お詫び申し上げます。

오와비모-시아게마스

◆ 너무 죄송해요 그럴 생각이 아니었어요.

どうもすみません。そんな つもりじゃ なかったん
です。

도-모 스미마셍. 손나 쓰모리쟈 나깟딴데스

◆ 실수를 해서 죄송합니다.

間違えてしまって すみません。

마찌가에떼 시맛떼　　스마미셍

◆ 앞으로는 주의하겠습니다.

今後は 気をつけます。

공고와 기오쓰께마스

◆ 뭐라고 사죄를 드려야 할지 모르겠습니다.

何と お詫びしてよいか わかりません。

난또 오와비시떼 요이까 와까리마셍

◆ 정말 유감으로 생각합니다.

まことに 遺憾に存じます。

마꼬또니 아깐니 존지마스

◆ 방해해서 죄송합니다.

お邪魔して 申し訳ありません。

오쟈마시떼　　모-시와께아리마셍

◆ 번거롭게 해서 죄송합니다.

お手数を お掛けし、申し訳ありません。

오떼스-오 오가께시 모-시와께 아리마셍

◆ 정말로 미안합니다. 그만 깜빡 잊고 있었습니다.

本当に すみません。つい うっかりしてました。

혼또-니 스미마셍　　　쓰이 웃까리 시떼마시다

◆ 말씀중에 죄송합니나.

お話し中 すみません。

오하나시쮸- 스미마셍

◆ 괜찮아요.

いいんですよ。
이인데스요.

＝かまいませんよ。
가마이마셍요

◆ 사과하실 필요 없어요.

謝っていただく 必要は ありません。
아야맛떼 이따다꾸 히쓰요-와 아리마셍

◆ 걱정하지 말아요.

気にしないで ください。
기니 시나이데 구다사이

＝ご心配要りません。
고신빠이 이리마셍

◆ 신경쓰지 마세요.

お気にされないで ください。
오끼니사레나이데 구다사이

◆ 별 것 아니예요.

何でも ないですよ。
난데모 나이데스요

◆ 사과하실 필요 없어요.

謝っていただく 必要は ありません。

아야맛떼 이따다꾸 히쓰요-와 아리마셍

◆ 전혀 상관없습니다.

全く 構いません。

맛따꾸 가마이마셍

◆ 대수로운 것은 아닙니다.

大したことでは ありませんよ。

다이시다 고또데와 아리마셍요

◆ 어쩔 수 없는 일이지.

しかたが ないよ。

시까다가 나이요

◆ 네 잘못이 아니야.

あなたの せいでは ないわ。

아나따노 세이데와 나이와

◆ 성발 유김으로 생각합니다.

まことに 遺憾に 存じます。

마꼬또니 이깐니 존지마스

◆ 괜찮아요. 누구라도 틀려요.

いいんですよ。誰だって 間違えますよ。

이인데스요 다레닷떼 마찌가 에마스요

◆ 아뇨, 괜찮아요.

いや、 いいんですよ。

이야, 이-인데스요

◆ 아무것도 아니에요. 걱정하지 말아요.

何でもないですよ。ご心配なく。

난데모 나이데스요 고신빠이 나꾸

◆ 네탓이 아니야.

あなたの せいでは ないわ。

아나따노 세이데와 나이와

◆ 괜찮아요. 누구에게나 실수는 있어.

いいんですよ。誰にだって間違いは あるよ。

이인데스요　다레니닷떼 마찌가이와 아루요

◆ 괜찮아요, 걱정하지 말아요.

いいんですよ。気にしないで ください。

이인데스요. 기니 시나이데 구다사이

◆ 저야말로 죄송해요.

私のほうこそ ごめんなさい。

와따시노 호-꼬소 고멘나사이

11 용서를 구할 때

◆ 용서해 주세요.

お許しください。

오유루시 구다사이

◆ 용서해 주시겠어요?

許して いただけますか。

유루시떼 이따다 께마스까

◆ 고의로 그런 것은 아니예요.

故意では ありません。

고이데와 아리마셍

◆ 제가 한 짓을 용서해 주세요.

私の したことを 許して ください。

와따시노 시따 고또오 유루시떼 구다사이

◆ 제발 용서해 주세요.

どうぞ 許して ください。

도-조 유루시떼 구다사이

◆ 앞으로는 주의를 하겠습니다.

今後は 気をつけます。

공고와 기오 쓰께마스

◆ 폐를 끼쳐드릴 생각은 없었습니다.

ご迷惑を おかけする つもりは なかったのです。

고메이와꾸오 오까께스루 쓰모리와 나깟따노데스

◆ 어쩔 수 없었습니다. 용서해 주세요.

仕方が なかったんです。どうか お許しください。

시까따가 나깟딴데스　　　도−까 오유루시떼 구다사이

◆ 모든 책임은 저에게 있습니다. 용서해 주세요.

一切の 責任はこちらに ございます。お許しください。

잇사이노 세끼닝와 고찌라니 고자이마스　　　오유루시 구다사이

◆ 축하해요.

おめでとう。
오메데또-

◆ 축하합니다.

おめでとうございます。
오메데또-고자이마스

◆ 생일 축하해.

お誕生日 おめでとう。
오단쥬요비 오메데또-

◆ 수상을 축하합니다.

受賞 おめでとうございます。
쥬쇼- 오메데또-고자이마스

◆ 당신이 일등이네, 축하해.

あなたが 一番なのね。おめでとう。
아나따가 이찌반 나노네　　　오메데또-

◆ 합격을 축하해요.

合格おめでとう。
고-까꾸 오메데또-

◆ 결혼을 축하합니다.

ご結婚 おめでとうございます。
고겟꽁 오메데또-고자이마스

◆ 생신을 진심으로 축하합니다.

お誕生を 心から お祝い致します。
오단죠-오 고꼬로까라 오이와이 이따시마스

◆ 승진을 축하드립니다.

ご昇進 おめでとうございます。
고쇼-싱 오메데또-고자이마스

◆ 어머니날, 축하드려요.

母の日、おめでとう。
하하노히 오메데또-

◆ 결혼기념일을 축하해요.

結婚記念日 おめでとう。
겟꽁 기넨비   오메데또-

◆ 잘 오셨습니다.

ようこそ。

요-꼬소

◆ 대환영입니다.

大歓迎です。

다이강게이데스

◆ 입사를 환영합니다.

入社を 歓迎します。

뉴-샤오 강게이시마스

◆ 기무라씨, 진심으로 환영합니다.

木村さん、心より 歓迎いたします。

기무라상, 고꼬로요리 강게이 이따시마스

◆ 우리회사 방문을 환영합니다.

当社の ご訪問を歓迎します。

토-샤노 고호-몽오 강게이이따시마스

◆ 저희 집에 잘 오셧습니다.

ようこそ、我が家へ。

요-꼬소, 와가야에

◆ 한국에 잘 오셨습니다.

ようこそ、韓国へ。
요-꼬소 강꼬꾸에

◆ 여자애라면 대환영이야.

女の子なら 大歓迎だ。
온나노고나라 다이강게이다

◆ 잘 오셨습니다. 진심으로 환영합니다.

ようこそ。心より 歓迎いたします。
요-꼬소　　　고꼬로요리 강게이이따시마스

기원할 때

◆ 부디 행복하세요.
どうぞ お幸せに。
도-조 오시아와세니

◆ 새해 복 많이 받아요.
新年おめでとう。
신넹 오메데또-

◆ 행운을 빌겠습니다.
幸運を 祈ります。
고-옹오 이노리마스

◆ 행복하시기 바랍니다.
お幸せを 願います。
오시아와세오 네가이마스

◆ 여러분의 건강과 행운을 기원하며, 축배
皆様の 健康と 幸福を お祈りして、乾杯！
미나사마노 겡꼬-또 고-후꾸오 오이노리시떼 간빠이

◆ 우리의 건강을 위하여!
我々の 健康の ために！
와레와레노 겡꼬-노 다메니

◆ 만수무강 하십시오.
長生きして ください。
나가이끼시떼 구다사이

◆ 잘했어.

よく やった。
요꾸 얏따

◆ 멋지네요.

素敵^{すてき}ですね。
스떼끼데스네

◆ 정말 잘했어.

よく やったね。
요꾸 얏따네

◆ 잘 어울리세요

とても 似合^{にあ}いますよ。
도떼모 니아이마스요

◆ 정말 보기 좋아요.

本当^{ほんとう}に 格好^{かっこう}いいです。
혼또-니 갓꼬-이-데스

◆ 멋지군요. 정말 부러워요.

素晴^{すば}らしいですね。本当^{ほんとう}に うらやましい。
스바라시-데스네   혼또-니 우라야마시-

◆ 새로 산 옷이 잘 어울립니다.

新しく買った 服が よく お似合いです。

아따라시꾸 갓따 후꾸가 요꾸 오니아이데스

◆ 옷에 대한 센스가 있어.

洋服の センスが いいのね。

요-후꾸노 센스가 이-노네

◆ 당신은 정말 머리가 좋군요.

あなたは とても 頭が いいですね。

아나따와 도떼모 아따마가 이-데스네

◆ 아주 젊어 보이네.

とても 若く 見えますね。

도떼모 와까꾸 미에마스네

◆ 고맙습니다.

ありがとうございます。

아리가또-고자이마스

◆ 훌륭합니다.

お見事です。

오미고 또데스

◆ 일본어를 잘 하시네요.

日本語が ペラペラですね。

니홍고가 뻬라뻬라 데스네

◆ 대학에서 일본문학을 전공했습니다.

大学で 日本文学を 専攻しました。

다이가꾸데 니혼붕가꾸오 셍꼬오시마시따

◆ 그 옷은 당신한테 잘 어울립니다.

その服は あなたに よく似合います。

소노후꾸와 아나따니 요꾸 니아이마스

◆ 멋있는 헤어스타일이야.

素敵な 髪型ね。

스떼끼나 가마가다네

◆ 잘 어울려.

似合ってるよ。

니앗떼루요

◆ 아름다워요.

美しいなあ。

우쓰꾸시-나-

◆ 몸들 바를 모르겠어요.

なんと ご親切に。

난또 고신세쓰니

◆ 좋은 시계를 차고 있군요.

いい 時計を はめてますね。

이- 도께이오 하메떼마스네

◆ 새 스커트 무척 잘 어울려요.

新しい スカート、とても 似合いますよ。

아따라시- 스까-또　　도떼모 니아이마스요.

◆ 지금 무엇하고 있습니까?

今、何を してるんですか。

이마 나니오 시떼룬데스까

◆ 좋아하는 음식은 무엇입니까?

好きな 食べ物は 何ですか。

스끼나 다베모노와 난데스까

◆ 무슨 용건이시죠?

何の ご用件でしょうか。

난노 고요-껜 데쇼-까

◆ 당신이 좋아하는 노래는 무엇입니까?

あなたの 好きな 歌は 何ですか。

아나따노 스끼나 우따와 난데스까

◆ 무슨 말을 하고 있는 거야?

何の話を しているの。

난노 하나시오 시떼이루노

◆ 무엇부터 시작할까요?

何から 始めましょうか。

나니까라 하지메마쇼-까

◆ 이것은 무엇입니까?

これは 何<ruby>なん</ruby>ですか。

고레와 난데스까

◆ 무엇을 찾고 있습니까?

何<ruby>なに</ruby>を お探<ruby>さが</ruby>しですか。

나니오 오사가시데스까

◆ 누구십니까?

どなたさまでしょうか。

도나따사마 데쇼-까

◆ 그쪽은 누구십니까?

そちらは どなたですか。

소찌라와 도나따데스까

◆ 누구에게 물으면 될까?

誰<ruby>だれ</ruby>に 聞<ruby>き</ruby>いたら いいかしら。

다레니 기-따라 이-까시라

◆ 누가 좀 도와주시겠어요?

だれか ちょっと 手伝<ruby>てつだ</ruby>って くださいませんか。

다레까 춋또 데쓰닷떼 구다사이 마셍까

◆ 제가 도와드릴가요?

私<ruby>わたし</ruby>が お手伝<ruby>てつだ</ruby>いしましょうか。

와따시가 오데쓰다이시마쇼-까

◆ 누구한테서 왔어요?

誰<ruby>だれ</ruby>からですか。

다레까라 데스까

◆ 누구를 추천할까요?

誰を 推薦しましょうか。

다레오 스이센시마쇼-까

◆ 오늘 날씨는 어떻습니까?

今日の 天気は どうなんですか。

교-노 뎅끼와 도-난데스까

◆ 날씨가 참 좋아요

天気が とても いいです。

뎅끼가 도떼모 이-데스

◆ 시간은 어느 정도 걸립니까?

時間は どのぐらい かかりますか。

지깡와　도노구라이 가까리마스까

◆ 어느 것이 맞나요?

どれが 正しいのですか。

도레가 다다시-노데스까

◆ 몇 시입니까?

何時ですか。

난지데스까

◆ 6시입니다.

六時です。

로꾸지데스

◆ 전부해서 얼마입니까?

全部で いくらですか。

젠부데 이꾸라데스까

◆ 주말은 어떻게 보낼 예정입니까?

週末は どう 過ごす つもりですか。

슈-마쓰와 도- 스고스 쓰모리데스까

◆ 나이가 어떻게 되십니까?

おいくつですか。

오이꾸쓰데스까

◆ 어디에 사십니까?

どちらに お住まいですか。

도찌라니　오스마이 데스까

◆ 서울에 살고 있어요.

ソウルに 住んでいます。

소우루니 슨데 이마스

◆ 서울에는 어느정도 머무르십니까?

ソウルには どのくらい 滞在されますか。

소우루니와 도노구라이 다이자이사레마스까

◆ 어디 출신이세요?

どちらの ご出身ですか。

도찌라노 고슛신데스까

◆ 어디에 근무하십니까?

どちらへ お勤めですか。

도찌라에 오쓰도메데스까

◆ 버스 정류장은 어디입니까?

バス停は どこですか。

바스데이와 도꼬데스까

◆ 어느 직장에 근무하십까?

どの 職場に お勤めですか。

도노 쇼꾸바니 오쓰도메데스까

◆ 남자용 화장실은 어디에 있습니까?

男性用の トイレは どこに ありますか。

단세이요-노 도이레와 도꼬니 아리마스까

◆ 생일은 언제 입니까?

誕生日は いつですか。

단죠-비와 이쓰데스까

◆ 언제 여기로 이사를 왔습니까?

いつ ここへ 引っ越して 来たのですか。

이쓰 고꼬에 힛꼬시떼 기다노데스까

◆ 언제쯤 완성되겠습니까?

いつごろ 出来上がりますか。

이쓰고로 데끼아가리마스까

◆ 이 좋은 날씨가 언제까지 계속될까?

この いい天気が いつまで 続くかな。

고노 이- 뎅끼가 이쓰마데 쓰즈꾸까나

◆ 지금 바쁘세요?

今、お忙しいですか。

이마, 오이소가 시- 데스까

◆ 한 가지 물어봐도 될까요?

一つ 聞いても いいですか。

히또쓰 기이떼모 이-데스까

◆ 이 근처에 식당은 있습니까?

この辺りに レストランは ありますか。

고노 아따리니 레스또랑와 아리마스까

◆ 차는 어떻게 드시겠습니까?

お茶は どのように なさいますか。

오쟈와 도노요－니 나사이마스까

◆ 저는 진하게 해주세요.

私のは 濃く お願いします。

와따시노와 고꾸 오네가이시마스

◆ 형제는 있습니까?

ご兄弟は いらっしゃいますか。

고교－다이와 이랏샤이마스까

◆ 아니요, 저는 외동입니다.

いいえ、私は 一人っ子です。

이－에, 와따시와 히또릿꼬데스

◆ 이것과 이것의 차이는 무엇입니까?

これと これの 違いは 何ですか。

고레또 고레노 지가이와 난데스까

◆ 별고 없으셨습니까?

お変り ありませんでしたか。

오까와리 아리마센데시다까

◆ 사업은 잘 되십니까?

事業は うまく いって いますか。

지교－와 우마꾸 잇떼 이마스까

◆ 네, 알겠습니다.

はい、分かりました。
하이, 와까리마시다

◆ 네, 그렇습니다.

はい、そうです。
하이　소-데스

◆ 물론이야.

もちろん。
모찌롱

◆ 응, 나도 그렇게 생각해.

うん、ぼくも そう 思うよ。
응,　보꾸모 소- 오모우요

◆ 나도 그래요.

私も そうです。
와따시모 소-데스

◆ 저도 좋습니다.

私も 良いです。
와따시모 이-데스

◆ 괜찮다고 생각합니다.

大丈夫だと 思います。
다이죠-부다또 오모이마스

◆ 물론이죠.

もちろんです。
모찌론데스

◆ 찬성입니다.

賛成です。
산세이데스

◆ 좋아요.

良いですよ。
이-데스요

◆ 그거 잘 됐네요.

それは よかったですね。
소레와 요깟따데스네

◆ 그렇게 생각해요.

そう 思います。
소- 오모이마스

◆ 네, 그렇게 하십시오.

はい、どうぞ。
하이,　도-조

◆ 그러지요.

そうします。
소-시마스

◆ 동감입니다.

同感です。
도-깐데스

◆ 네, 정말입니다.

はい、本当です。
하이,　혼또-데스

◆ 응, 그렇게 할게.

うん、そうするよ。
응,　소-스루요

◆ 말씀하신 그대로입니다.

まったく そのとおりです。
맛따꾸 소노도-리데스

◆ 틀림없이 그래.

きっと そうだよ。
갓또 소-다요

◆ 저도 같아요.

私だって 同じです。
와따시닷떼 오나지데스

◆ 아뇨, 다릅니다.

いいえ、違います。

이-에 지가이마스

◆ 저는 다릅니다.

私は 違います。

와따시와 지가이마스

◆ 난 아니야.

僕じゃ ないよ。

보꾸쟈 나이요

◆ 그것은 안 됩니다.

それは いけません。

소레와 이께마셍

◆ 모르겠습니다.

分かりません。

와까리마셍

◆ 아뇨, 그렇지 않습니다.

いいえ、そうでは ありません。

이-에   소-데와 아리마셍

◆ 동의하기 어렵습니다.

同意しかねます。
도-이시까네마스

◆ 절대 아니야.

絶対に 違うよ。
젯따이니 지가우요

◆ 그거 안 되겠어요.

それは だめでしょう。
소레와 다메데쇼-

◆ 그렇게 하지 마세요.

そうしないで ください。
소-시나이데 구다사이

◆ 나는 그렇게는 생각하지 않습니다.

私は そうは 思いません。
와따시와 소-와 오모이마셍

◆ 찬성할 수 없습니다.

賛成できません。
산세이데끼마셍

◆ 저는 다릅니다.

私は 違います。
와따시와 지가이마스

◆ 그건 무리입니다.

それは 無理です。
소레와　무리데스

◆ 아니, 반대야.

いや、反対だ。
이야　한따이다

◆ 당치 않아.

とんでもない。
돈데모나이

◆ 유감스럽지만 안 됩니다.

残念ながら だめです。
잔넨나가라 다메데스

◆ 그렇지 않습니다.

そうでは ありません。
소-데와 아리마셍

◆ 그만 두는 게 좋을 것 같아요.

止めた 方が 良いと 思います。
야메따호-가 이-또 오모이마스

◆ 그렇지 않다고 생각하는데요.

そうじゃないと 思いますが。
소-쟈 나이또　오모이 마스가

맞장구칠 때

◆ 그래 맞아.

そのとおり。

소노 도–리

◆ 알겠어.

りょうかい
了解。

료–까이

◆ 맞습니다.

そうです。

소–데스

◆ 어머, 그래?

あら、そう？

아라,　　소–

◆ 그렇습니까?

そうなんですか。

소–난데스까

◆ 그래서?

それで？

소레데

※상대가 계속해서 말을 해주기를 바랄 때나 상대의 어떤 생각을 듣고 물을 때, 결론을 촉구할 때 쓰이는 표현이다.

◆ 그렇군요.

そうなんですよね。
소-난데스요네

◆ 그거 잘 됐네.

それは よかった。
소레와 요깟따

◆ 물론이지.

もちろん。
모찌롱

＝もちろんですとも。
모찌롱데스또모

◆ 앗, 정말이에요?

あっ、本当{ほんとう}ですか。
앗,　　혼또-데스까

◆ 과연.

なるほど。
나루호도

◆ 그거 좋군요.

それは いいですね。
소레와 이-데스네

◆ 아마 그렇겠지요.

たぶん、そうでしょうね。
다붕,　　소-데쇼-네

◆ 그래서 어쨌니?

それで どうしたの。
소레데 도-시따노

◆ 그거 안 됐군요.

それは まずいですね。
소레와 마즈이데즈네

◆ 알고 있었어요.

知ってましたよ。
싯떼 마시따요

◆ 바로 그거에요.

そのとおりです。
소노 도-리데스

◆ 저도 그렇습니다.

私も そうなんです。
와따시모 소-난데스

◆ 그러게 말이야.

それは そうだよ。
소래와 소-다요

◆ 그건 당연합니다.

それは 当たり前です。
소레와 이따리마에데스

20 되묻기

◆ 뭐라고 하셨어요?

何と おっしゃいましたか。

난또 옷샤이마시다까

◆ 다시 한 번 말씀해 주시겠어요?

もう 一度 言って もらえますか。

모- 이찌도, 잇떼 모라에마스까

＝もう一度、お話し頂けますか。

모- 이찌도 오하나시이따다께마스까

◆ 뭐라고?

何？

나니

◆ 뭐라고 말한 거니?

何か 言った？

나니까 잇따

◆ 다시 한 번 말해 봐.

もう 一度 言って。

모- 이찌도 잇떼

◆ 무슨 말씀인지 잘 모르겠습니다.

何と おっしゃっているのか、よく 分かりません。

난또 옷샷떼 이루노까,　요꾸 와까리마셍

◆ 안 들려요.

聞こえないよ。
기꼬에 나이요

◆ 좀더 큰소리로 말씀해 주시겠어요?

もう少し 大きい 声で お話し頂けますか。
모- 소꼬시 오-끼이 고에데 오하나시 이따다께마스까

◆ 좀더 천천히 말씀해 주시겠어요?

もう少し ゆっくり お話し頂けますか。
모- 스꼬시 윳꾸리 오하나시 이따다께마스까

＝もっと ゆっくり 話してもらえますか。
못또 윳꾸리 하나시떼모라에마스까

◆ 좀더 간단히 말씀해 주세요.

もう少し 簡単に お話しください。
모- 스꼬시 간딴니 오하나시 구다사이

◆ 무슨 얘기야?

何の 話？
난노 하나시

◆ 요점을 말씀하십시오.

ポイントを お話しください。
뽀인또오 오하나시 구다사이

＝要点を 言って くれないかな。
요-뗑오 잇떼 구레나이까나

◆ 좀더 자세히 말씀해 주시겠어요?

もう 少し詳しく お話し頂けますか。
모- 스꼬시 구와시꾸 오하나시 이따다께마스까

◆ 다시 한 번 설명해 주시겠어요?

もう一度、ご説明頂けますか。

모- 이찌도, 고세쓰메이 이따다께마스까

◆ 누가 그래?

誰が そう言ったの？

다레가 소-잇따노

◆ 그것은 무슨 뜻이죠?

それは 何の 意味でしょうか。

소레와 난노 이미데쇼-까

Part 2. 가정생활

◆ 빨리 일어나라.

はや　お
早く 起きなさい。

하야꾸 오끼나사이

◆ 벌써 아침이야.

あさ
もう 朝よ。

모— 아사요

◆ 아직 안 일어나니?

お
まだ 起きないの？

마다 오끼나이노

◆ 아직 졸려.

ねむ
まだ 眠いよ。

마다 네무이요

◆ 이제 슬슬 일어나야지.

お
もう ぼちぼち 起きなくちゃ。

모— 보찌보찌 오끼나꾸쨔

◆ 너무 늦잠을 잤어.

ねぼう
すっかり 寝坊した。

숫까리 네보—시따

◆ 어젯밤 늦게까지 자지 않고 있었어.

昨夜 遅くまで 起きて いたんだ。

유－베 오소꾸마데 오끼떼 이딴다

◆ 왜 깨워주지 않았어?

どうして 起こして くれないの？

도－시떼 오꼬시떼 구레나이노

◆ 평소보다 일찍 일어났어.

いつもより 早起きした。

이쓰모요리 하야오끼시따.

◆ 어젯밤 몇 시에 잤니?

昨日の夜、何時に 寝たの？

기노－노요루　난지니 네따노

◆ 일어날 시간이야.

起きる 時間よ。

오끼루 지깡요

◆ 일어났니?

起きているの？

오끼떼 이루노

◆ 응, 침대에서 나가기가 싫을 뿐이야.

うん、ベットから 出たくないだけだよ。

웅, 벳도까라 데다꾸나이다께 다요

◆ 이런, 늦잠을 잤네.

うわっ、寝過ごした！

우왓 , 네스고시따

◆ 자명종이 울리지 않았어.

目覚まし時計が 鳴らなかったんだ。

메자마시 도께이가 나라나깟딴다

◆ 자명종을 끄고 다시 잠들었어.

目覚まし時計を 止めて、また 寝ちゃったよ。

메자마시 도께이오 도메떼　　마따 네쨧따요

◆ 세수를 하면 잠이 깰 거야.

かお　あら　　　　め　　さ
顔を 洗ったら 目が 覚めるわよ。

가오오 아랏따라 메가 사메루와요.

◆ 벌써 세수했니?

かお　あら
もう 顔を 洗ったの？

모- 가오오 아랏따노

◆ 찬물로 세수했어.

つめ　　みず　かお　あら
冷たい 水で 顔を 洗ったよ。

쓰메따이 미즈데 가오오 아랏따요

◆ 아, 비눗물이 눈에 늘어가 버렸어.

め　はい
あ、せっけんが 目に 入っちゃった。

아, 셋껭가 메니 하잇짯다

◆ 얼굴 닦는 타월을 집어줄래?

かお　　　　　　　と
顔を ふく タオルを 取ってくれない？

가오오 후꾸 다오루오 돗떼구레나이

◆ 추우니까 더운 물로 세수하고 싶어.

さむ　　　　　ゆ　かお　あら
寒いから お湯で 顔を 洗いたい。

사무이까라 오유데 가오오 아라이따이

◆ 오늘아침에는 머리감을 시간이 없어.

今朝は シャンプーする 時間が ないわ。

게사와 샴뿌-스루　　　　　지깡가 나이와

◆ 누군가가 화장실에 있네.

誰かが トイレに 入っているな。

다레까가 도레이니 하잇떼이루나

◆ 아침에는 화장실이 붐벼.

朝は トイレが 込み合う。

아사와 도이레가 고미아우

◆ 아침밥은 거르지 않고 먹어.

朝食は 欠かさずに 食べるんだ。

죠-쇼꾸와 가까사즈니 다베룬다

◆ 숙취가 있어.

二日酔いなんだ。

후쓰까요이난다

◆ 어젯밤에 술을 너무 마셨어.

昨夜、飲みすぎたよ。

사꾸야 노미스기따요

◆ 화장을 해야 해.

お化粧を しなくちゃ。

오게쇼-오 시나꾸쨔

◆ 오늘은 무엇을 입을까?

今日は 何を 着ようかな？

교-와 나니오 기요-까나

◆ 무슨 넥타이를 할까?

どの ネクタイを しようか。
도노 네꾸따이오 시요-까나

◆ 서둘러 준비해라.

急いで 支度を しなさい。
이소이데 시다꾸오 시나사이

◆ 오늘은 몇 시에 들어올 거야?

今日は 何時に 帰るの？
교-와 난지니 가에루노

◆ 모르겠어 , 전화할게.

わからないな、電話するよ。
와까라나이나, 뎅와스루요

◆ 다녀오겠습니다.

行ってきます。
잇떼 기마스

◆ 쓰레받기는 어디에 있어요?

ちり取りは どこですか。

지리또리와 도꼬데스까

◆ 오늘은 쓰레기 수거일이야.

今日は ゴミの 回収日だわ。

교-와 고미노 가이슈-비다와

◆ 쓰레기를 버려주겠니?

ゴミを 出して きて くれない？

고미오 다시떼 기떼 구레나니

◆ 빨래가 쌓여있어.

洗濯物が たまっちゃったなあ。

센따꾸모노가 다맛쨧따나-

◆ 오늘은 빨래를 해야 해.

今日は 洗濯を しなくちゃ。

교오-와 센따꾸오 시나꾸쨔

◆ 빨래를 널어줄래?

洗濯物を 干して おいて くれる？

센따꾸모노오 호시떼 오이떼 구레루

◆ 이 셔츠는 건조기에 건조해서는 안 돼요.

このシャツは 乾燥機で 乾かしては 駄目だよ。

고노 샤쯔와 간소-끼데 가와까시떼와 다메다요.

◆ 이것은 쉽게 줄어들어.

これは 縮みやすいんだ。

고레와 지지미야스인다

◆ 세탁물을 개어줘요.

洗濯物を たたんでね。

센 따꾸모노오 다딴데네

◆ 다림질을 해줄래?

アイロンを かけて くれない？

아이롱오 가께떼 구레나이

◆ 천을 대고 다림질을 해줘요.

当て布を して アイロンを かけてね。

아떼누노오 시떼 아이롱오 가께떼네

◆ 방이 어질러져 있네

部屋が 散らかっているなあ。

헤가야 지라깟데 이루나-

◆ 방좀 치워라.

部屋を かたづけなさい。

헤야오 가따즈께나사이

◆ 바닥에 먼지가 가득해.

床が 埃りっぽいな。

유까가 호꼬릿뽀이나

◆ 청소기로 밀어야 해.

掃除機を かけなくちゃ。

소오지끼오 가께나꾸쨔

◆ 걸레질을 하자.

雑巾がけを しよう。

조－낑가께오 시요－

◆ 깨끗이 청소해라.

きれいに 掃除しなさい。

기레이니 소오지시나사이

◆ 욕실 청소는 중노동이야.

お風呂の 掃除は 重労働だなあ。

오 후로노 소－지와 쥬－로－도－다나－

◆ 청소를 끝내면 너무 상쾌해.

掃除を した 後って すごく 気持ちが いいね。

소－지오 시따 아똣떼 스고꾸 기모찌가 이－네

◆ 설거지는 내가 할게.

皿洗いは 僕が するよ。

사라아라이와 보꾸가 스루요

◆ 테이블 주위의 바닥도 청소해 주세요.

テーブルの まわりの 床も 掃除して ください。

데－부루노 마와리노 유까모 소－지시떼 구다사이

◆ 그럼 우리가 닦아서 찬장에 정리할께요.

じゃあ、私たちが ふいて 食器棚に 片付けます。

자－ 와따시다찌가 후이떼 숏끼다나니 가따즈께마스

◆ 너무 배고파.

すごく お腹が すいているんだ。
스고꾸 오나까가 스이떼 이룬다.

◆ 오늘은 귀가가 빠르네.

今日は 帰りが 早いのね。
교-와 가에리가 하야이노네

◆ 다녀왔습니다.

ただいま。
다다이마

◆ 저녁을 먹을래? 아니면 목욕할래?

夕食にする？ それとも 先に お風呂？
유-쇼꾸니 스루 소레또모 사끼니 오후로

◆ 오늘 저녁식사는 뭐야?

今日の 夕食は 何？
교-노 유-쇼꾸와 나니

◆ 네가 제일 좋아하는 거야.

あなたの 一番 好きな ものよ。
아나따노 이찌방 스끼나 모노요

◆ 좋은 냄새가 난다.

いい においだね。
이- 니오이다네

◆ 저녁식사는 곧 준비될 거야.

夕食は すぐに できるわ。
유-쇼꾸와 스구니 데끼루와

◆ 저녁식사가 다 됐어.

夕食が できたわよ。
유-쇼꾸가 데끼따와요.

◆ 지금 갈게.

いま 行くよ。
이마 이꾸요.

◆ 맛이 어때?

味は どう？
아지와 도-

◆ 맛있어.

おいしいよ。
오이시-요

◆ 이거 맛있네요.

これ うまいね。
고레 우마이네

◆ 음식을 가려먹어서는 안 돼.

食べ物の 好き嫌いは いけないよ。
다네모노노 스끼기라이와 이께나이요.

◆ 야채는 몸에 좋은 거니까.

野菜は 体に いいんだから。

야사이와 가라다니 이-인다까라

◆ 남기지 말고 먹어라.

残さずに 食べさない。

노꼬사즈니 다베나사이

◆ 밥좀 더 먹을래?

ご飯の お代わりは？

고항노 오까와리와

◆ 다 먹었니?

もう すんだの？

모- 슨다노

◆ 배불러.

お腹が いっぱいだ。

오 나까가 잇빠이다

◆ 많이 먹었습니다.

たっぷり いただきました。

닷뿌리 이따다끼마시다

◆ 멋진 저녁이었어요.

すばらしい 夕食でした。

스바라시- 유-쇼꾸데시따

◆ 이제 잘 시간이야.

もう 寝る 時間だよ。

모- 네루 지깡다요

◆ 일찍 자라구요.

早く 寝るんですよ。

하야꾸 네룬데스요

◆ 오늘밤에는 빨리 자자.

今夜は 早く 寝よう。

공야와 하야꾸 네요-

◆ 내일은 일찍 일어나야 해.

明日は 早く 起きなくちゃ いけないんだ。

아스와 하야꾸 오끼나꾸쨔 이께나인다

◆ 이렇게 늦게까지 뭐하니?

こんなに 遅くまで 何を しているの?

곤나니 오소꾸마데 나니오 시떼 이루노

◆ 아직 안 자니?

まだ 起きているの?

마다 오끼떼 이루노

◆ 이제 곧 잘 거야.

もうすぐ 寝るよ。

모-스구 네루요

◆ 창문을 열어둔 채 자는 것은 좋지 않아요.

窓を 開けたまま 寝るのは よくないわよ。

마도오 아께따마마 네루노와 요꾸나이와요

◆ 잠자리에 누워서 텔레비전을 보는 것을 좋아해.

ベットに 入って テレビを 見るのが 好きなんだ。

벳도니 하잇떼 데레비오 미루노가 스끼난다

◆ 소파에서 자면 안 돼.

ソファーで 寝ては 駄目だよ。

소화-데 네떼와 다메다요

◆ 전기를 꺼 줄래?

電気を 消して くれる？

뎅끼오 게시떼 구레루

◆ 좋은 꿈 꿔요.

いい 夢を 見ますように。

이- 유메오 이마스요-니

◆ 자명종은 7시에 맞춰 놓았어.

目覚まし 時計は 7時に セットしたよ。

메자마시 도께이와 시찌지니 셋또 시따요

◆ 문단속이 되어있는지 보고 올게.

戸締まりを 見てくるわ。

도지마리오 미떼 구루와

◆ 자기 전에는 먹지 않는 게 좋아.

寝る 前には 食べない ほうが いい。

네루 마에니와 다베나이 호-가- 이-

◆ 쇼파에서 자면 안 돼요.

ソファーで 寝ては 駄目だよ。

소화-데 네떼와 다메다요

휴일을 보낼 때

◆ 일요일 정도는 푹 자고 싶어요.

日曜日ぐらいは ゆっくり 寝ていたいよ。

니찌요 비구라이와 윳꾸리 네데 이따이요

◆ 일요일에는 자주 근처를 산책하러 갑니다.

日曜日には よく 近所を 散歩に 行きます。

니찌요비니와 요꾸 긴죠오 산보니 이끼마스

◆ 시간이 있으면 늘 하이킹이나 피크닉을 갑니다.

時間が あれば いつも ハイキングか ピクニックに 行きます。

지깡가 아레바 이쓰모 하이낑구까 삐꾸닉꾸니 이끼마스

◆ 주중에 계속 바빠서 피곤해.

1週間 ずっと 忙しかったから 疲れたよ。

잇슈-깡 죳또 이소가시 깟다까라 쓰까레따요

◆ 좀 쉬어야겠어.

少し 休まなくちゃ。

스꼬시 야스마나꾸

◆ 저는 가끔 차로 잠깐 드라이브를 나갑니다.

私は 時々 車で ちょっとした ドライブに 出かけます。

와따시와 도끼도끼 구루마데 죳또시따 도라이부니 데까께마스

◆ 저는 주말마다 등산해요.

私は 週末ごとに 登山を します。
와따시와 슈-마쓰고또니 도장오 시마스

◆ 주말마다 스키나 스케이트를 타러가요.

週末ごとに スキーや スケートに 行きます。
슈-마쓰고또니 스키-야 스케-또니 이끼마스

◆ 토요일은 거의 외출을 해요.

土曜日は だいたい 外出します。
도요-비와 다이따이 가이슈쓰시마스

◆ 일요일에는 텔레비전 게임에 빠져 있습니다.

日曜日には テレビ・ゲームに 夢中になって います。
니찌요-비니와 데레비 게-무니 무쮸-니 낫떼 이마스

◆ 휴일에는 골프를 치러 갑니다.

休日は ゴルフに 行きます。
규-지쓰와 고르후니 이끼마스

◆ 휴일에는 나는 TV를 봅니다.

休日には 私は テレビを 見ます。
규-지쓰니와 와따시와 테데레비오 미마스

◆ 종종 영화보러 갑니다.

時々 映画を 見に 行きます。
도끼도끼 에이가오 미니 이끼마스

Part 3. 가족관계

◆ 가족은 몇 분이나 되세요?

ご家族は 何人ですか。

고가조꾸와 난닝데스까

◆ 우리 가족은 세 명입니다.

うちの 家族は 3人です。

우찌노 가조꾸와 산닌데스

◆ 부모님과 여동생이 있습니다.

両親と 妹が います。

료-신또 이모-또가 이마스

◆ 우리집은 대가족입니다.

うちは 大家族です。

우찌와 다이가조꾸데스

◆ 형제는 몇 분이나 되세요?

ご兄弟は 何人ですか。

고교-다이와 난닝데스까

◆ 형제 자매는 있으신가요?

兄弟姉妹は いますか。

교-다이 시마이와 이마스까

◆ 네, 누나가 한 명 있습니다.
はい、姉が 一人 います。
하이, 아네가 히또리 이마스

◆ 형과 여동생이 있습니다.
兄と 妹が います。
아니또 이모－또가 이마스

◆ 부모님과 함께 살고 있나요?
ご両親と いっしょに 住んでいるんですか。
고료－신또 잇쇼니　　　슨데 이룬데스까

◆ 저는 부모님 집에서 함께 살아요.
私は 両親の 家で 一緒に 住んでいます。
와따시와 료오신노 이에데 잇쇼니 슨데이마스

◆ 당신은 몇째입니까?
あなたは 何番目の 子供ですか。
아나따와 난반메노 고도모데스까

◆ 서는 막내입니다.
私は 末っ子です。
와따시와 스엣꼬데스

◆ 저는 외아들입니다.
私は 一人息子です。
와따시와 히또리무스꼬데스

◆ 오빠는 없지만 언니가 한 명 있습니다.
兄は いませんが 姉が 一人 います。
아니와 이마셍가 아네가 히또리 이마스

◆ 저는 미혼입니다.

私は 結婚して おりません。
와따시와 겟꽁시떼 오리마셍

◆ 동생은 몇 살입니까?

弟さんは いくつですか。
오도-또상와 이꾸쓰데스까

◆ 할아버지와 할머니는 건강하십니까?

おじいさんと おばあさんは ご健在ですか。
오지-상또 오바-상와 고겐자이데스까

◆ 부모님 연세는 몇입니까?

ご両親は おいくつですか。
고료-싱와 오이꾸쓰데스까

◆ 결혼은 하셨어요?

結婚して いますか。
겟꽁시떼　이마스까

◆ 자녀가 몇 명인가요?

子女は 何人ですか。
시죠와 난닝데스까

◆ 저는 장남입니다.

私は 長男です。
와따시와 죠-난데스

◆ 저는 기혼입니다.

私は 結婚して おります。
와따시와, 겟꽁시떼 오리마스

◆ 결혼하신 지 얼마나 되셨어요?

けっこん
結婚してから どのくらいに なりますか。
겟꽁시떼까라 도노구라이니 나리마스까

◆ 결혼한지 3년 됐어요.

けっこん　　　ねん
結婚して 3年に なります。
겟꽁시테 산넨니 나리마스

◆ 곧 우리 아이가 태어날 겁니다.

われわれ　　こども　　うま
もうすぐ 我々の 子供が 生れます。
모우 스구 와레와레노 고도모가 우마레마스

◆ 출산 예정일이 언제입니까?

しゅっ さん よていび
出産予定日は いつですか。
숫상요테이비와 이쓰데스까

◆ 4월에 태어날 예정입니다.

がつ　　うま　　　よてい
4月に 生れる 予定です。
시가쓰니 우마레루 요떼이데스

◆ 엄마와 나는 마치 친구 같아요.

はは　わたし　　　　　　とも だち
母と 私は まるで 友達みたいなんですよ。
하하또 와따시와 마루데 도모다찌 미따이 난데스요

はは　わたし　　　　　　とも だち
＝母と 私は まるで 友達のようです。
하하또 와따시와 마루데 도모다찌노요요－데스

◆ 일본에 친척분이라도 계십니까?

に ほん　　　　　　しんせき　　ひと
日本に どなたか 親戚の 人が おありですか。
니혼니 도나다까 신세끼노 히또가 오아리데스까

◆ 어디에 사세요?

どちらに お住まいですか。
도찌라니 오스마이데스까.

＝どこに お住まいですか。
도꼬니 오스마이데스까

◆ 어느 지방에 사십니까?

どの 地方に お住まいですか。
도노 지호-니 오스마이데스까

◆ 서울에 살고 있어요.

ソウルに 住んでいます。
소우루니 슨데이마스

◆ 댁은 어디십니까?

ご自宅は どこですか。
고지따꾸와 도꼬데스까

◆ 몇 번지에 살고 있습니까?

何番地に 住んで いますか。
난반찌니 슨데 이마스까

◆ 그곳에 사신 지 얼마나 되셨어요?

そこに 住んでから どのくらい 経ちますか。
소꼬니 슨데까라 도노구라이 다찌마스까

◆ 어느 도시에 사십니까?

どこの 町に お住まいですか。

도꼬노 마찌니 오스마이데스까

◆ 저는 시골에 살아요.

私は 田舎に 住んでいます。

와따시와 이나까니 슨데이마스

◆ 저는 교외에 살아요.

私は 郊外に 住んでいます。

와따시와 고-가이니 슨데 이마스

◆ 숲은 풍부하지만, 통근에는 불편합니다.

緑は 豊かですが、通勤には 不便です。

미도리와 유다까데스가 쓰우낀니와 후벤데스

◆ 어떤 집에 사세요?

どんな 家に お住まいですか。

돈나 이에니　　　오스마이데스까

◆ 저는 주택에 살아요.

私は 一戸建てに 住んでいます。

와따시와 잇꼬다데니 슨데이마스

◆ 근무처에서 어느 정도 멉니까?

お勤めからは どのくらい 遠いですか。

으스또메까리와　　도노구라이　　도-이데스까

◆ 우리집은 역에서 걸어서 10분 정도입니다.

私の家は 駅から 歩いて 10分ぐらいです。

와따시노 이에와 에끼까라 아루이떼 짓뽕 구라이데스

◆ 저는 옆집에 살아요.

私は 隣りに 住んでいます。
와따시와, 도나리니 슨데이마스

◆ 저는 아파트에 살고 있어요.

私は アパートに 住んでいます。
와따시와 아빠-또니 슨데 이마스

◆ 댁은 어떤 집입니까?

お宅は どんな 家ですか。
오다꾸와 돈나 이에데스까

◆ 서양식입니까? 일본식입니까?

洋風ですか、和風ですか。
요-후-데스까, 와후-데스까

◆ 저는 이 지역이 마음에 듭니다.

私は この辺りが 気に入っているんです。
와따시와, 고노 아따리가 기니 잇떼 이룬데스

◆ 저는 이곳에서 10년째 살고 있어요.

私は ここに 10年 住んでいます。
와따시와 고꼬니 10넹 슨데이마스

◆ 셋집을 찾아야 합니다.

貸家を 探さないと いけません。
가시야오 사가사나이또 이께마셍.

◆ 독신자 전용 아파트에 살고 있습니다.

独身者専用アパートに 住んでいます。
도꾸신샤 셍요-아빠-또니   슨데이마스

◆ 어디 출신이세요?

どちらの ご出身ですか。

도찌라노 고슛신데스까

◆ 나고야 출신입니다.

名古屋 出身です。

나고야 슛신데스

◆ 저는 오오사카에서 태어나고 자랐습니다,

私は 大阪で 生まれ 育ちました。

와따시와, 오-사까네 우마레 소다찌마시따.

◆ 친척 대부분이 오오사카에 살고 있습니다.

親戚の ほとんどが、 大阪に 住んでいます。

신세끼노 호똔도가 오-사까니 슨데 이마스

◆ 고등학교까지는 오오사카에서 살았습니다.

高校までは 大阪に 住んでいました。

고-꼬-마데와 오-사까니 슨데 이마시따

◆ 부모님은 지금도 그곳에 살고 있습니다.

両親は 今も そこに 住んでいます。

료-싱와 이마모 소꼬니 슨데 이마스

◆ 그곳에는 아직도 친구가 많이 있답니다.

そこには 今も 友達が 大勢 いるんですよ。

소꼬니와 이마모 도모다찌가 오-제이 이룬데스요.

◆ 매년, 신정휴가 때는 고향에 갑니다.

毎年、正月休みには 帰省します。

마이넹 쇼-가쓰 야스미니와 기세이시마스

◆ 우리 가족은 원래 동경출신입니다.

うちは もともと 東京出身なんです。

우찌와 모또모또 도-쿄숫신난데스

◆ 저는 한국에서 살지만 일본에서 자랐어요.

私は 韓国に 住んでいますが、日本で 育ちました。

와따시와 강꼬꾸니 슨데 이마스가 니혼데 소다찌마시따

◆ 고향은 나고야입니다.

生まれは 名古屋です。

우마레와 나고야데스

◆ 어렸을 때 저의 가족이 오오사카로 이사했습니다.

子供のときに 家族が 大阪に 引っ越しました。

고도모노 도끼니 가조꾸가 오-사까니 힛꼬시마시다

◆ 가끔 고향에 성묘하러 갑니다.

ときどき 故郷に 墓参りに 行きます。

도끼도끼 고꾜-니 하까마이리니 이끼마스

◆ 우리 가족은 원래 오오사카 출신입니다.

うちは もともと 大阪出身なんです。

우찌와 모도모또 오-사까 숫신난데스

◆ 은퇴 후에는 고향으로 돌아가고 싶군요.

<ruby>引退<rt>いんたい</rt></ruby>後は 故郷に 戻りたいですね。

引退後は　故郷に　戻りたいですね。

인따이 고와 고꾜ー니 모도리따이데스네

◆ 태어나서 지금까지 줄곧 오오사카에 살고 있어요.

生まれてから ずっと 大阪に 住んでいます。

우마레떼까라 줏또 오ー사까니 슨데 이마스

◆ 키는 어느 정도 되세요?

背は どのくらい ありますか。
세와 도노구라이 아리마스까

◆ 185센티미터입니다.

185センチです。
햐꾸하찌쥬-고센찌데스

◆ 키는 큰편이에요.

背は 高いほうです。
세와 다까이 호-데스

◆ 저는 좀 작아요.

私は ちょっと 小さいです。
와따시와 좃또 지-사이데스

◆ 그녀는 키가 크고 날씬합니다.

彼女は 背が 高く、すらっとしています。
가노죠와 세가 다까꾸 스랏또시떼 이마스

◆ 체중은 어느 정도인가요?

体重は どのくらいですか。
다이쥬-와 도노 구라이데스까

◆ 75킬로 정도입니다.

75キロぐらいです。

나나쥬–고끼로구라이데스

◆ 약간 체중이 늘었어요.

いくらか 体重が 増えました。

이꾸라까 다이쥬–가 후에마시따

◆ 너무 살이 찐 것 같아요.

ちょっと 太りすぎてるようです。

좃또 후도리스기떼루 요–데스

◆ 다이어트를 해서 날씬해지려고 해요

ダイエットして スマートに なろうと 思います。

다이엣또시떼 스마–또니 나로–또 오모이마스

◆ 다부진 체격입니다.

がっしりした 体格です。

갓시리시따　　　다이까꾸데스

◆ 그녀의 얼굴은 계란형입니다.

彼女の 顔は 卵形です。

가노죠노 가오와 다마고가따데스

◆ 그녀는 매우 매력적인 여성입니다.

彼女は とても 魅力的な 女性です。

가노죠와 도떼모 미료꾸떼끼나 죠세이데스

◆ 그녀는 얼굴빛이 하얗습니다.

彼女は 顔の色が 白いです。

가노죠와 가오노 이로가 시로이데스

◆ 그녀의 허리선은 아름답습니다.

彼女の 腰の線は 美しいです。

가노죠노 고시노 셍와 우쓰꾸시-데스

◆ 실제 나이보다 젊어 보이는 것 같아요.

実際の 年より 若く 見えるようです。

짓사이노 도시요리 와까구 미에루요-데스

◆ 당신은 어머니를 닮았습니까, 아니면 아버지를 닮았습니까?

あなたは 母親に 似ていますか、それとも 父親ですか。

아나따와 하하오야니 니떼 이마스까, 소레또모 지찌오야데스까

◆ 아무도 닮지 않았습니다.

誰にも 似ていません。

다레니모 니떼 이마셍

◆ 저는 어머니를 많이 닮았어요.

私は 母に よく 似ています。

와따시와 하하니 요꾸 니떼 이마스

◆ 여동생은 입가가 어머니를 꼭 닮았습니다.

妹は 口元が 母と そっくりです。

이모-또와 구찌모또가 하하또 솟꾸리데스

◆ 활동적인 헤어스타일로 바꿨어요.

活動的な 髪型に 変えました。

가쓰도-떼끼나 가미가따니 가에마시다.

◆ 그는 미남입니다.

彼は ハンサムです。

가레와 한사무데스

◆ 당신은 어떤 성격입니까?

あなたは どのような 性格ですか。

아나따와 도노 요－나 세이까꾸데스까

◆ 밝고 사교적이예요.

明るくて 社交的です。

아까루꾸떼 샤꼬－떼끼데스

◆ 자신의 성격이 어떻다고 생각하세요?

自分の 性格は どんなだと 思いますか。

지분노 세이까꾸와 돈나다또 오모이마스까

◆ 무슨 일에 대해서도 낙천적입니다.

何事に つけても 楽天的です。

나니고또니 쓰께떼모 라구뗀 떼끼데스

◆ 다소 비관적인 성격입니다.

いくぶん 悲観的な 性格です。

이꾸붕 히깐떼끼나 세이까꾸데스

◆ 친구는 쉽게 사귀는 편입니까?

友達は すぐ できる ほうですか。

도모다찌와 스구 데끼루 호－데스까

◆ 모르는 사람에게도 말을 잘 거는 편입니다.

知らない 人にも 話しかけるのは うまいほうです。

사라나이 히또니모 하나시까께루노와 우마이 호-데스

◆ 자신이 외향적이라고 생각하세요?

ご自分が 外向的だと 思いますか。

고지붕가 가이꼬-떼끼다또 오모이마스까

◆ 소극적인 편입니다.

ひっこみ思案の ほうです。

히꼬미지안노 호-데스

◆ 그는 어떤 사람입니까?

彼は どんな 人ですか。

가레와 돈나 히또데스까

◆ 매우 마음이 따뜻한 남자예요.

とても 心の 暖かい 男ですよ。

도떼모 고꼬로노 아따다까이 오도꼬데스요

◆ 그다지 사교적이 아니예요.

あまり 社交的では ありません。

아마리 샤꼬-떼끼데와 아리마셍

◆ 조금 성격이 급합니다.

少し 気が 短いんです。

스꼬시 기가 미지까인데스

◆ 얌전한 편입니다.

おとなしい ほうです。

오또나시- 호-데스

◆ 그녀는 말괄량이입니다.

彼女は おてんばです。

가노죠와 오뗀바데스

◆ 그의 장점은 유머 센스라고 생각합니다.

彼の 長所は ユーモアの センスだと 思います。

가레노 죠-쇼와 유-모아노 센스다또 오모이마스

◆ 저는 내성적인 편입니다.

私は 内気な ほうです。

와따시와 우찌끼나 호-데스

◆ 저는 사람 만나는 것을 좋아합니다.

私は 人に 会うことが 好きです。

와따시와 히또니 아우 고또가 스끼데스

◆ 덜렁댑니다. 그게 약점임을 알고 있습니다.

そそっかしいんです。それが 弱点だと わかって います。

소솟까시-데스. 소레가 쟈꾸뗀다또 와깟떼 이마스

◆ 그는 유머가 있어 함께 있으면 즐거워요.

彼は ユーモアが あって、いっしょに いると 楽しいですよ。

가레와 유-모아가 앗떼 잇쇼니 이루또 다노시-데스요

◆ 그녀에 대해 어떻게 생각합니까?

彼女の こと どう 思いますか。

가노죠노 고또　도- 오모이마스까

이성교제(연애)

◆ 이성 친구는 있습니까?

<ruby>異<rt>い</rt>性<rt>せい</rt></ruby>の <ruby>友<rt>とも</rt>達<rt>だち</rt></ruby>は いますか。

이세이노 도모다찌와 이마스까

◆ 특별히 교제하고 있는 여성은 없습니다.

<ruby>特<rt>とく</rt>別<rt>べつ</rt></ruby>に <ruby>交<rt>こう</rt>際<rt>さい</rt></ruby>している <ruby>女<rt>じょ</rt>性<rt>せい</rt></ruby>は おりません。

도꾸베쓰니 고ー사이시떼이루 죠세이와 오리마셍

◆ 어떤 남자를 좋아합니까?

どんな <ruby>男<rt>だん</rt>性<rt>せい</rt></ruby>が <ruby>好<rt>す</rt></ruby>きですか。

돈나 단세이가 스끼데스까

◆ 키가 크고 핸섬하고 남성적인 사람을 좋아해.

<ruby>背<rt>せ</rt></ruby>が <ruby>高<rt>たか</rt></ruby>くて ハンサムで、<ruby>男<rt>だん</rt>性<rt>せい</rt>的<rt>てき</rt></ruby>な <ruby>人<rt>ひと</rt></ruby>が <ruby>好<rt>す</rt></ruby>きよ。

세가 다까꾸떼 한사무데, 단세이떼끼나 히또가 스끼요

◆ 그녀와 연애 중입니다.

<ruby>彼<rt>かの</rt>女<rt>じょ</rt></ruby>と <ruby>恋<rt>れん</rt>愛<rt>あい</rt>中<rt>ちゅう</rt></ruby>です。

가노죠또 렝아이 쮸ー데스

◆ 소개하고 싶은 사람이 있어.

<ruby>紹<rt>しょう</rt>介<rt>かい</rt></ruby>したい <ruby>人<rt>ひと</rt></ruby>が いるんだよ。

쇼ー까이시따이 히또가 이룬다요

◆ 만나볼래?
会ってみる？
앗떼미루

◆ 몇 시가 좋겠니?
何時が いい？
난지가 이-

◆ 10시에 늘 만나던 장소에서 기다리고 있을게.
10時に いつもの 場所で 待っているよ。
쥬-지니 이쓰모노 바쇼데 맛떼이루요

◆ 너를 처음 만났을 때의 일을 잊을 수가 없어.
君に 初めて 会ったときの ことが 忘れられない。
기미니 하지메떼 앗따 도끼노 고또가 와스레라레나이

◆ 웃는 얼굴이 아주 인상적이었어.
笑顔が とても 印象的だった。
에가오가 도떼모 인쇼-떼끼닷따

◆ 첫눈에 반했어.
一目惚れだよ。
히또메보레다요

◆ 이런 기분은 처음이야.
こんな 気持ちは 初めてだよ。
곤나 기모찌와 하지메떼다요

◆ 짝사랑이야.
片思いなのよ。
가따오모이나노요.

◆ 기무라씨와는 아직 사귀고 있니?

木村さんとは まだ 付き合ってるの？

기무라 산또와 마다 쓰끼앗떼루노

◆ 첫사랑이야.

初恋なんだ。

하쓰꼬이난다

◆ 나를 어떻게 생각하니?

僕のことを どう 思ってる？

보꾸노 고또오 도– 오못떼루

◆ 근사한 사람이구나 생각했어.

すてきな 人だと 思ったの。

스떼끼나 히또다또 오못따노

◆ 휴대폰 번호를 가르쳐 주세요.

携帯の 番号を 教えて ください。

게이따이노 방고–오 오시에떼 구다사이

◆ 어울리는 커플이야.

お似合いの カップルだ。

오니아이노 갓뿌루다

◆ 그녀에게 푹 빠졌어.

彼女に 夢中なんだ。

가노죠니 무쮸–난다

◆ 그 옷 아주 잘 어울리네.

その 服、とても よく 似合うね。

소노후꾸 도떼모 요꾸 니아우네

◆ 마음에 둔 사람이라도 있니?

心に 留めている 人でも いるのかい。

고꼬로니 도메떼 이루 히또데모 이루노까이

◆ 결혼상대는 신중히 골라야 해요.

結婚相手は 慎重に 選ぶべきです。

겟꽁아이떼와 신쬬-니 에라부베끼데스

◆ 저는 돈보다는 사랑을 선택할 겁니다.

私は 金より 愛を 選びます。

와따시와 가네요리 아이오 에라비마스

◆ 결혼했습니까, 독신입니까?

結婚してますか？ 独身ですか？

겟꽁시떼 마스까, 도꾸신데스까

◆ 결혼하고 싶습니까?

いくつで 結婚したいと 思いますか。

이꾸쓰데 겟꽁시따이또 오모이마스까

◆ 멋진 사람을 찾아서 마음이 내키면 결혼하겠습니다.

すてきな人を見つけて その気になったら結婚します。

스떼끼나 히또오 미스께떼 소노기니 낫따라 겟꽁시마스

◆ 당신은 중매로 결혼할 생각입니까?

あなたは お見合いで 結婚する つもりですか。

아니따와 오미아이데 겟꽁스루 쓰모리데스까

◆ 언제 그와 결혼하니?

いつ 彼と 結婚するの？

이쓰 가레또 겟꽁 스루노

◆ 다음달에 결혼식을 올리기로 햇습니다.

来月に 結婚式を 挙げる ことに しました。

라이게쓰니 겟꽁시끼오 아게루 고또니 시마시따

◆ 결혼 축하해. 그런데 상대는 누구야?

ご結婚おめでとう。で、お相手は？

고겟꽁 오메데또- 데 오아이떼와

◆ 어떤 사람과 결혼하고 싶으세요?

どんな 人と 結婚したいですか。

돈나 히또또 겟꽁시따이데스까

◆ 직업이 안정된 사람과 결혼하고 싶어.

仕事が 安定している 人と 結婚したいわ。

시고또가 안떼이시데이루 히또또 겟꽁시따이와

◆ 좋아하는 타입의 여자는?

好きな タイプの 女性は？

스끼나 다이뿌노 죠세이와

◆ 가정적인 사람과 결혼하고 싶어요.

家庭的な 人と 結婚したいと 思います。

가떼이떼끼나 히또또 겟꽁시따이또 오모이마스

◆ 로맨틱하고 야성적인 남자를 좋아해요.

ロマンチックで 野生的な 男性が 好きです。

로만찟꾸데 야세이떼끼나 단세이가 스끼데스

◆ 그녀는 나의 이상형입니다.

彼女は 私の 理想の人です。

가노죠와 와따시노 리소-노 히또데스

◆ 기무라와 결혼할 생각이니?

木村と 結婚する つもり。

리무라또 겟꽁스루 쓰모리

◆ 신혼여행은 괌으로 가요.

新婚旅行は グアムへ 行きます。

싱꽁료꼬-와 구아무에 이끼마스

◆ 남편 가족과 함께 살아요.

夫の 家族と 同居します。

옷또노 가조꾸또 도-꾜시마스

◆ 난 지금 아내와 별거중이야.
ぼく いま つま べっきょ
僕は 今 妻と 別居しているんだ。
보꾸와 이마 쓰마또 벳꾜시떼이룬다.

◆ 이제 아내를 사랑하지 않아.
つま あい
もう 妻を 愛して いないんだ。
모-쓰마오 아이시떼 이나인다

◆ 우리들은 틀어지기 시작했어.
なかたが はじ
ぼくらは 仲違いし始めた。
보꾸라와 나까다가이 시하지메따

◆ 내 아내는 바람을 피우고 있어.
つま うわ き
ぼくの 妻は 浮気して いるんだ。
보꾸노 쓰마와 우와끼시떼 이룬다.

◆ 너와 함께 있어도 재미가 없어.
あなたと いても つまらないの。
아나따또 이떼모 쓰마라나이노

◆ 마음이 변했어.
き か
気が 変わったんだ。
기가 기왓딴다

◆ 헤어진다는 것은 괴로운 일이야.

別れるって ことは つらい ことだ。
와까레룻떼 고또와 쓰라이 고또다

◆ 우리들은 자주 싸워.

私たちは よく けんかする。
와따시다찌와 요꾸 겡까스루

◆ 이혼하자.

離婚しよう。
리꼰시요-

◆ 우리 사이도 이걸로 끝이군.

私たちの 仲も これで 終りね。
와따시다찌노 나까모 고레데 오와리네

◆ 그녀와 헤어졌다니 정말이니?

彼女と 別れたって ほんと。
가노죠또 와까레딧떼 혼또

◆ 그녀는 아이를 갖고 싶어해.

彼女は 子供を 作りたがって いる。
가노죠와 고도모오 쓰꾸리 다갓떼이루

◆ 자녀는 몇 명 갖고 싶으세요?

お子さんは 何人 ほしいですか。
오꼬상와 난닝 호시-데스까

◆ 축하할 일이 생겼다면서요?

おめでただそうですね。
오메데따다 소-데스네

◆ 나 임신했어.

私、妊娠しているの。

와따시 닌신시데이루노

◆ 곧 아내가 아이를 낳습니다.

妻が 近く 子供を 生みます。

쓰마가 지까꾸 고도모오 우미마스

◆ 아내는 임신 3개월입니다.

妻は 妊娠 3ヶ月です。

쓰마와 닌싱 상까게쓰데스

◆ 예정일은 언제입니까?

予定日は いつですか。

요떼이비와 이쓰데스까

◆ 아기는 남자예요?

赤ん坊は 男ですか。

아깐보ー와 오또꼬데스까

◆ 아내는 화요일에 남자아이를 낳았습니다.

妻は 火曜日に 男の子を 生みました。

쓰마와 가요ー비니 오또꼬노고오 우미마시다

Part 4. 일상생활

01 편지를 부칠 때

◆ 우체국은 어디에 있나요?

ゆうびんきょく
郵便局は どこに ありますか。
유−빙교꾸와 도꼬니 아리마스까

◆ 우표는 어디에서 살 수있습니가?

きって　　　　　か
切手は どこで 買えますか。
깃떼와 도꼬데 가에마스까

◆ 어느 창구에서 우표를 팔지요?

まどぐち　　きって　　う
どの 窓口で 切手を 売っていますか。
도노 마도구찌데 깃떼오 웃떼 이마스까

◆ 어떤 우표로 하시겠어요?

きって
どのような 切手に しますか。
도노요−나 깃떼니 시마스까

◆ 우표 10장 주세요.

きって　　　　まい
切手を 10枚ください。
깃떼오 쥬−마이 구다사이

◆ 우편엽서 한 장 주세요.

ゆうびん　はがき　いちまい
郵便葉書 一枚 ください。
유−빙하가끼 이찌마이 구다사이

◆ 이 편지 요금은 얼마입니까?

この 手紙の 送料は いくらですか。

고노 데가미노 소-료-와 이꾸라데스까

◆ 속달로 부탁합니다.

速達で お願いします。

소꾸따쓰데 오네가이시마스

◆ 보통 우편으로 보내주세요.

普通郵便にして 送ってください。

후쓰-유-빈니 시떼 오꿋떼 구다사이

◆ 항공우편으로 하면 얼마나 들어요?

航空便だと いくら かかりますか。

고-꾸-빈다또 이꾸라 가까리마스까

◆ 항공우편으로 부탁해요.

航空便で お願いします。

고-꾸 빈데 오네가이시마스

◆ 우표를 얼마나 붙여야 하나요?

いくらぐらいの 切手を 貼ればいい いんですか。

이꾸라구라이노 깃떼오 하레바 이-인데스까

◆ 한국에 도착하는데 며칠이나 걸리나요?

韓国に 着くまでは 何日 かかりますか。

강꼬꾸니 쓰꾸마데와　　　난니찌 가까리마스까

◆ 이걸 등기로 보내주세요.

これを 書留にして ください。

고레오 가끼도메니 시떼 구다사이

◆ 더 빠른 방법으로 보내고 싶은데요.

もっと 早い 方法で 送りたいんですが。

못또 하야이 호-호-데 오꾸리따인데스가

◆ 도착하려면 얼마나 걸리나요?

到着するのに どのくらい かかりますか。

도-쨔꾸스루노니 도노구라이 가까리마스까

◆ 우편 번호는 몇 번이지?

郵便番号は 何番かしら。

유-빙방고-와 난방까시라

◆ 우편번호는 313–632입니다.

郵便番号は 313-632です。

유-빙반고-와 313-632데스

02 소포를 부칠 때

◆ 여기서 소포 우편을 취급하나요?

ここで 小包を 扱っていますか。

고꼬데 고즈쓰미오 아쯔깟떼 이까스까

◆ 이 소포를 한국에 보내고 싶어요.

この 小包を 韓国に 送りたいんです。

고노 고즈쯔미오 깅꼬꾸니 오꾸리따인데스

◆ 이 소포를 항공편으로 보내고 싶어요.

この 小包を 航空便で 送りたいです。

고노 고즈쯔미오 고－꾸빙데 오꾸리따이데스

◆ 서울까지 도착하는데 어느 정도 걸립니까?

ソウルまで 着くのに どのくらい かかりますか。

소우루마데 쓰꾸노니 도노구라이 가까리마스까

◆ 우송료는 얼마나 됩니까?

郵送料は いくらですか。

유－소－료－와 이꾸라데스까

◆ 이 소포의 무게를 달아주세요.

この 小包の 重さを 計ってください。

고노 고즈쯔미노 오모사오 하깟떼 구다사이

◆ 이 소포는 중량제한에 들어갑니까?

この 小包は 制限重量内ですか。

고노 고즈쯔미와 세이겐쥬−료나이데스까

◆ 이 크기면 괜찮습니까?

この 大きさなら 大丈夫ですか。

고노 오−끼사나리, 다이죠−부데스까

◆ 깨지기 쉬운 물건입니까?

割れやすい 品物ですか。

와레야스이 시나모노데스까

◆ 소포는 보험에 들어갑니까?

小包は 保険に 入りますか。

고즈쯔미와 호껜니 하이리마스까

은행계좌를 개설할 때

◆ 계좌를 개설하고 싶은데요?

口座を 設けたいのですが。

고ー자오 모ー께따이노데스가

◆ 계좌를 개설하려면 무엇이 필요합니까?

口座を 作るには 何が 必要ですか。

고ー자오 쓰꾸루니와 나니가 히쯔요ー데스까

◆ 최소한의 예치금을 꼭 예금해야 합니다.

最小限の 預け金が 必ず 入っていなければ なりません。

사이쇼ー겐노 아즈께킹가 가나라즈 하잇떼 이나께레바 나리마셍

◆ 계좌에 얼마를 입급하시겠어요?

口座に どのくらい 入金しますか。

고ー자니 도노구라이 뉴ー킨마스까

◆ 당좌 예금 계좌로 직접 입금해 주시겠어요?

当座預金口座に 直接 振り込んで もらえますか。

도ー자요낑 고ー자니 죠꾸세쯔 후리꼰데 모라에마스까

◆ 보통예금 계좌로 해주세요.

普通預金口座に して ください。

후쓰ー요낑 고ー자니 시떼 구다사이

◆ 이 계좌에는 이자가 붙습니까?

この 口座には 利息が 付きますか。

고노 고-자니와 리소꾸가 쓰끼마스까

◆ 여자는 몇 %입니까?

利息は 何パーセント(%)ですか。

리소꾸와 난빠-센또데스까

◆ 어떤 예금을 원하십니까?

どんな 預金をお 望みですか。

돈나- 요낑오 노조미데스까

◆ 작성해야 할 서류가 무엇인가요?

作成するべき 書類は 何ですか。

사꾸세이스루베끼 쇼루이와 난데스까

◆ 예금하고 싶은데요.

預金したいのですが。
요낑시따이노데스가

◆ 얼마를 입금하시겠습니까?

どのくらい入金されますか。
도노구라이 뉴-낑사레마스까

◆ 1만엔 예금하고자 해요.

1万円を 預金したいのです。
이찌망엔오 요낑시따아노데스

◆ 이것을 제 계좌에 입금시키고 싶은데요.

これを 私の 口座に 入金したいのです。
고레오, 와따시노 고-자니 뉴-낑시따이노데스

◆ 50만엔을 인출하고 싶은데요.

50万円を 引き出したいのですが。
고쥬-망엔오 히끼다시따이노데스가

◆ 잔돈도 섞어서 주세요.

小銭も 混ぜて ください。
고제니모 마제떼 구다사이

◆ 이 수표를 어떻게 입금하나요?

この 小切手を どう 入金すれば いいですか。

고노 고깃떼오 도- 뉴-낑스레바 이-데스까

◆ 수표 뒷면에 서명좀 해주시겠어요?

小切手の 裏に サインして 頂けますか。

고깃떼노 우라니 사인시떼 이따다 께마스까

◆ 제 예금 잔액을 알고 싶습니다.

私の 預金残高を 知りたいのです。

와따시노 요낑잔다까오 시리따이노데스

◆ 입금표를 작성해 주세요.

入金表に 記入ください。

뉴-낑효-니 고끼 뉴-구다사이

◆ 자동이체할 수 있습니까?

自動引き落とし できますか。

지도-히끼오토시 데끼마스까

◆ 출금 후 잔고는 얼마나 됩니까?

引き出し残高は いくらに なりますか。

히끼다시 잔다까와 이꾸라니 나리마스까

◆ 계좌번호가 어떻게 되세요?

口座番号は 何番ですか。

고-자방고-와 난방데스까

◆ 그의 계좌로 돈을 좀 송금하고 싶어요.

彼の 口座に 少し お金を 送金したいんですが。

가레노 고-자니 스꼬시 오까네오 소-낑 시따인데스가

◆ 현금 자동인출기는 어디 있나요?

<ruby>現金自動支払機<rt>げん きん じどう しはらいき</rt></ruby>は どこに ありますか。

겡낑 지도-시하라이끼와 도꼬니 아리마스까

◆ 제 계좌에서 1만엔을 인출하고 싶어요.

<ruby>私<rt>わたし</rt></ruby>の <ruby>口座<rt>こうざ</rt></ruby>から <ruby>一万円<rt>いちまんえん</rt></ruby>を <ruby>引<rt>ひ</rt></ruby>き<ruby>出<rt>だ</rt></ruby>したいので お<ruby>願<rt>ねが</rt></ruby>いします。

와따시노 고-자까라 이찌망엥오 히끼다시따이노데 오네가이시마스

◆ 저는 ATM 사용법을 모릅니다.

<ruby>私<rt>わたし</rt></ruby>は ATMの <ruby>使<rt>つか</rt></ruby>い<ruby>方<rt>かた</rt></ruby>が <ruby>分<rt>わ</rt></ruby>かりません。

와따시와 에-티-에무노 쯔까이까따가 와까리마셍

◆ 계좌번호를 입력하세요.

<ruby>口座番号<rt>こうざばんごう</rt></ruby>を <ruby>入力<rt>にゅうりょく</rt></ruby>してください。

고-자방고-오 뉴-료 꾸시떼 구다사이

◆ 모든 것이 정확한지 다시 확인하세요.

すべて <ruby>正<rt>ただ</rt></ruby>しいか、<ruby>再度<rt>さいど</rt></ruby> ご<ruby>確認<rt>かくにん</rt></ruby>ください。

스베떼 다다시-까, 사이도, 고가꾸닝 구다사이

◆ 대출좀 받으려고 하는데요.

かだ
貸し出ししたいんですが。

가시다시 시다인데스가

◆ 대부계가 어디인가요?

かつ　　がかり
貸し付け係は どこですか。

가시쓰께 가까리와 도꼬데스까

◆ 주택 융자를 받을 수 있을까요?

じゅうたくゆうし　う　　こと
住宅融資を 受ける 事は できますか。

쥬-따꾸유-시오 우께루 고또와 데끼마스까

◆ 담보가 있어야 합니다.

たんぽ　　ひつよう
担保が 必要です。

단뽀가 히쓰요-데스

◆ 얼마나 필요하십니까?

ひつよう
いくら必要ですか。

이꾸라 히쓰요-데스까

◆ 보증인이 있어야 합니다.

ほしょうにん　　ひつよう
保証人が 必要です。

호쇼-닝가 히쓰요-데스

◆ 이 대출 신청서를 작성해 주십시오.

この ローン申込書を ご記入ください。
고노 론-모-시 꼬미쇼오 고끼뉴-구다사이

◆ 이자는 연간 몇 %입니까?

利息は 年間 何パーセント(%)ですか。
리소꾸와 넨깡 난빠-센또데스까

◆ 선생님의 대출 신청은 인가되었습니다.

あなたの ローンの 申し込みは 承認されました。
아나따노 론-노 모-시꼬미와 쇼-닌사레마시따

미용실 예약할 때

◆ 내일 오후 1시에 예약을 하고 싶은데 비어있습니까?

明日の 午後一時に 予約したいのですが、空いていますか。

아시다노 고고 이찌지니 요야꾸시따이노데스가 아이떼 이마스까

◆ 예약은 언제로 할까요?

予約は いつに しますか。

요야꾸와 이쓰니 시마스까

◆ 좀 이른 시간이면 좋겠습니다.

少し 早めの 時間の方が 良いです。

스꼬시 하야메노 지깡노 효-가 이-데스

◆ 어느 분의 소개로 오셨습니까?

どなたの ご紹介で いらっしゃいましたか。

도나따노　고쇼- 까이데 이랏샤이마시다까

◆ 처음 왔습니다.

初めて 来ました。

하지메떼 기마시따

◆ 파마 예약을 하고 싶은데요.

パーマの 予約をしたいです。

빠-마노 요야꾸오 시따이데스

◆ 파마하는데 얼마예요?

パーマを すると いくらですか。

빠-마오 스루또 이꾸라데스까

◆ 예약없이 오셨나요?

予約無しで いらっしゃいましたか。

요야꾸나시데 이랏샤이마시다까

◆ 커트해 주세요.

カットして ください。
갓토또 시떼 구다사이

◆ 어떻게 잘라드릴까요?

どのように 切りますか。
도노요-니 기리마스까

◆ 다듬기만 해주세요.

整えるだけで いいです。
도또노에루다께데 이-데스

◆ 머리를 드라이해 주세요.

髪に ドライヤーを かけて ください。
가미니 도라이야-오 가께떼 구다사이

◆ 짧게 자르고 싶어요.

短く 切りたいです。
미지까꾸 기리따이데스

◆ 뒷머리는 많이 자르지 마세요.

後ろ髪は そんなに 切らないで ください。
우시로가미와 손나니 기라나이데 구다사이

◆ 자연스럽게 해주세요.

ナチュラルにして ください。
나츄쮸라루니 시떼 구다사이

◆ 앞머리는 어느 정도 잘라드릴까요?

前髪は どのくらい 切りましょうか。
마에가미와 도노구라이 기리마쇼-까

◆ 앞머리는 그냥 두세요.

前髪は そのままに してください。
마에가미와 소노마마니 시떼 구다사이

◆ 다듬어 자르는 정도로 할까요?

切りそろえる くらいですか。
기리소로에루 구라이데스까

◆ 헤어스타일을 바꾸고 싶어요.

ヘアスタイルを 変えたいんです。
헤아스따이루오 가에따인데스

◆ 옆쪽만 조금 잘라주세요.

横だけ 少し 切ってください。
요코다께 스꼬시 깃떼 구다사이

◆ 옆머리를 좀더 잘라 주세요.

横髪を もう 少し 切ってください。
요꼬가미오 모우스꼬시 깃테 구다사이

◆ 가르마는 어느쪽으로 해드릴까요?

分け目は どちらに いたしましょうか。
와께메와 도찌라니 이따시마쇼-까

◆ 머리를 말려주세요.

髪を 乾かして ください。

가미오 가와까시떼 구다사이

◆ 요즘 유행하는 머리 모양으로 하고 싶어요.

最近 はやりの ヘアスタイルに したいです。

사이낑 하야리노 해아스따이루니 시따이데스

 퍼머를 할 때

◆ 파머를 해주세요.

パーマを かけて ください。

빠-마오 가께떼 구다사이

◆ 어떤 파머를 원하세요?

どんな パーマが かけたいんですか。

돈나 빠-마가 가께따인데스까

◆ 어떤 스타일을 원하십니까?

どのような スタイルを お望みですか。

도노 요-나 스따이루오 오노조미데스까

◆ 난 새로운 머리모양을 하고 싶어요.

私は 新しい ヘアスタイルに しようと 考えています。

와따시와 아따라시- 헤아스따이루니 쇼-또 강가에떼이마스

◆ 저한테는 어떤 스타일이 어울릴 것 같습니까?

私には どのような スタイルが 似合いそうですか。

와따시니와 도노요-나 스따이루가 니아이소-데스까

◆ 적당히 예쁘게 해주세요.

適当に きれいにして ください。

데끼또-니 기레이니 시떼 구다사이

◆ 지금 유행하는 머리 모양으로 해주세요.

今 流行の 髪型に して ください。

이마 하야리노 가미가따니 시떼구다사이

◆ 머리를 염색하고 싶어요.

髪を 染めたいです。

가미오 소메따이데스

◆ 갈색으로 염색해 주세요.

茶色に 染めてく ださい。

쟈이로니 소메떼 구다사이

◆ 약하게 파마를 해주세요.

少し 弱い パーマを かけて ください。

소꼬시 요와이 빠-마오 가께떼 구다사이

◆ 스트레이트 파마를 하고 싶어요.

ストレートパーマを かけたいのです。

스트레-토 빠-마오 가께따이노데스

◆ 약간 곱슬거리는 파마를 하고 싶어요.

少し カーブの 入った パーマを かけたいのです。

스꼬시 카-브노 하잇따 빠-마오 가께따이노데스

◆ 머리를 세팅해 주시겠어요?

髪を まとめて くれますか。

가미오 마도메떼 구레마스까

◆ 세게 말아주세요.

強く 巻いてく ださい。

쓰요꾸 마이떼 구다사이

이발소에서

◆ 어서 오십시오. 이쪽으로 앉으십시오.

いらっしゃいませ。こちらに お掛けください。
이랏샤이마세. 고찌라니 오까께 구다사이

◆ 예, 고마워요.

はい、どうも。
하이 도−모

◆ 이발만 부탁합니다.

散髪だけ お願いします。
산빠쓰다께 오네가이시마스

◆ 면도는?

ひげ剃りは？
히게소리와

◆ 면도를 해주세요.

ひげを 剃ってください。
히게오 솟떼 구다사이

◆ 어떻게 할까요?

どのように しましょうか。
도노요−니 시마쇼−까

◆ 다듬어 주시는데 짧게 자르지는 마세요.

手入れして 頂きたいのですが、短くは しないで
ください。

데이레시떼 이따다키따이노데스가 미지까꾸와 시나이데 구다사이

◆ 어느 정도 짧게 자를까요?

どのくらい 短く 切りましょうか。

도노 구라이 미지까꾸 기리마쇼–까

◆ 옆쪽을 조금만 잘라주세요.

横だけ 少し 切ってください。

요꼬다께 스꼬시 깃떼 구다사이

◆ 앞머리를 좀더 잘라주세요.

前髪を もっと 切ってください。

마에가미오 못또 깃떼 구다사이

◆ 알겠어요. 어느 정도 자를까요?

分かりました。どのくらい 切りましょうか。

와까리마시따. 도노구라이 기리마쇼–까

◆ 뒷머리는 많이 자르지 마세요.

後ろ髪は 長くは 切らないで ください。

우시로 가미와, 나가꾸와 기라나이데 구다사이

◆ 귀는 보이도록 해주세요.

耳は 見えるように して ください。

미미와 미에루 요–니 시떼 구다사이

◆ 스포츠형으로 해주세요.

スポーツ型に して ください。

스뽀– 쓰가따니 시떼 구다사이

◆ 콧수염을 남겨 주세요.

口ひげを 残して ください。

구찌히게오 노꼬시떼 구다사이

◆ 머리카락을 염색해 주세요.

髪の毛を 染めて ください。

가미노게오 소메떼 구다사이

◆ 양복을 드라이크리닝하고 싶어요.

洋服を ドライクリーニングしたいんです。

요-후꾸오 도라이구리-닝구 시따인데스

◆ 하루 안에 됩니까?

一日で できますか。

이찌니찌데 데끼마스까

◆ 가능한 빨리 찾고 싶어요.

できるだけ 早く して ください。

데끼루다께 하야꾸 시떼 구다사이

◆ 언제 찾으러 오면 될까요?

いつ 取りに 来れば いいですか。

이쓰 도리니 구레바 이-데스까

◆ 수요일까지 끝내 놓을게요.

水曜日まで 終わらせます。

스이요-비마데 오와라세마스

◆ 좀더 빨리는 안 될까요?

もっと 早くは できないですか。

못또 하야꾸와 데끼나이데스까

◆ 이것은 물로 빨면 줄어들까요?

これは 水で洗うと 縮みますか。

고레와 미즈데 아라우또 지지미마스까

◆ 이 얼룩은 빠질까요?

この 染みは 抜けますか。

고노 시미와 누께마수까

◆ 그 얼룬은 빠질 겁니다.

その 染は 取れる はずです。

소노 시미와 도레루 하즈데스

◆ 이 셔츠를 다림질해 주시겠어요.

この シャツに アイロンを かけて くれますか。

고노 샤쓰니 아이롱오 가께데 구레마스까

◆ 이 바지를 다려 주셨으면 하는데요?

この ズボンを プレスして もらいたいんですが。

고노 즈붕오 뿌레스시떼 모라이 따인데스가

◆ 여기서 수선을 해줍니까?

ここで 修繕して 頂けますか。
しゅうぜん　　いただ

고꼬데 슈-젠시떼 이따다께마스까

◆ 수선도 가능한가요?

お直しも してくれるんですか。
なお

오나 오시모 시떼 구레룬데스까

◆ 이 바지를 수선해 주세요.

この ズボンを お直しして ください。
なお

고노 즈봉오 오나오시 시떼 구다사이

◆ 이 바지 길이를 줄여주세요.

この ズボンの 長さを 短くして ください。
なが　　　みじか

고노 즈봉노 나가사오 미지까꾸 시떼 구다사이

◆ 허리를 줄여 주세요.

ウエストを 小さくして ください。
ちい

우에스또오 지-사꾸시떼 구다사이

◆ 바지를 좀더 줄여주세요.

ズボンを ちょっと 小さくして ください。
ちい

즈봉오 쫏또 지-사꾸 시떼 구다사이

◆ 이 단추들을 달아줄 수 있습니까?

これらの ボタンをつけて 頂^{いただ}けますか。

고레라노 보땅오 쓰께떼 이따다께마스까

◆ 옷 수선도 해주시나요?

服^{ふく}の お直^{なお}しも できますか。

후꾸노 오나오시모 데끼마스까

◆ 오늘밤까지 될까요?

今晩^{こんばん}までに できますか。

곤방마데니 데끼마스까

◆ 임대할 집을 찾고 있어요.

借りる 家を 探して います。

가리루 우찌오 사가시떼 이마스

◆ 월세는 얼마인가요?

月の 家賃は いくらですか。

쓰끼노 야찡와 이꾸라데스까

◆ 보증금은 얼마인가요?

保証金は いくらですか。

호쇼-낑와 이꾸라데스까

◆ 어느 정도의 집을 찾고 있습니까?

どのくらいの 家を お探しですか。

도노구라이노 이에오 오사가시데스까

◆ 이 아파트는 방이 몇 개인가요?

この アパートは 部屋が いくつですか。

고노 아빠-또와 헤야가 이꾸쓰데스까

◆ 지금 집을 볼 수 있나요?

今 家を 見れますか。

이마 이에오 미레마스까

◆ 지하철 역에서 가까운 곳을 원해요.

地下鉄駅から 近い所を 希望します。
지까데쓰에끼까라 지까이 도꼬로오 기보-시마스

◆ 방이 세 개인 아파트를 찾고 있어요.

部屋が 三つの アパートを 探しています。
헤야가 밋쓰노 아빠-또오 사가시떼 이마스

◆ 교통은 어때요?

交通は どうですか。
고-쓰-와 도-데스까

◆ 예산은 어느 정도로 생각하세요?

予算は どれくらいで お考えですか。
요상와 도레구라이데 오깡가에데스까

◆ 다른 집을 보여주시겠어요?

他の家を 見せて いただけますか。
호까노 이에오 미세떼 이따다께마스까

◆ 집을 보여드릴께요.

家を お見せします。
이에오 오미세시마스

◆ 이 집은 햇빛이 잘 들어요.

この 家は 日当たりが いいです。
고노 이에와 히아따리가 이-데스

◆ 전부해서 방이 몇 개 있습니까?

全部で 何部屋 ありますか。
젬부데　낭헤야 아리마스까

◆ 위치가 마음에 들지 않아요.

位置が 気に入りません

이찌가 기니이리마셍

◆ 이 아파트를 임대하겠어요.

このアパートを借ります。

고노 아빠-또오 가리마스

◆ 언제 이사올 수 있어요?

いつ引っ越しできますか。

이쓰 힛꼬시 데끼마스까

◆ 이 지역의 집값은 어떻게 되나요?

この地域の家賃はどのくらいですか。

고노 지이끼노 야찡와 도노구라이데스까

◆ 얼마나 오래 사실 거에요?

どのくらい長く住む予定ですか。

도노구라이 나가꾸 스무 요떼이데스까

◆ 오늘 일기예보는 어때요?

今日の 天気予報は どうですか。

교-노 뎅끼요호-와, 도-데스까

◆ 내일은 비가 온다고 해요.

明日は 雨だそうです。

아스와 아메다소-데스

◆ 일기예보를 보았습니까?

天気予報を 見ましたか。

뎅끼요호-오 미마시다까

◆ 일기예보에 의하면 내일은 비가 온답니다.

天気予報に よると 明日は 雨だそうです。

뎅끼요호-니 요루또 아스와 아메다 소-데스

◆ 주말 날씨는 어때요?

週末の 天気は どうですか。

슈-마쓰노 뎅끼와 도-데스까

◆ 비가 오다말다 하겠습니다.

雨が 降ったり 止んだりでしょう。

아메가 훗따리 얀다리데쇼-

◆ 오늘 일기예보로는 오전중에는 흐리고 오후에는 비가 내립니다.
今日の 天気予報では、午前中は 曇り、午後は 雨です。
교－노 뎅끼요호－데와 고젠쮸－와 구모리, 고고와 아메데스

◆ 내일은 흐리고 비가 오겠습니다.
明日は 曇り 時々雨でしょう。
아시다와 구모리 도끼도끼 아메데쇼－

◆ 비가 올 확률은 몇 퍼센트 입니까?
雨の 降る 確率は 何パーセント(%)ですか。
아메노 후루 가꾸리쓰와 난빠－센또데스까

◆ 비가 내리다.
雨が 降る。
아메가 후루

◆ 비가 그치다.
雨が 止む。
아메가 야무

◆ 상쾌한 하루가 되겠습니다.
さわやかな 一日に なるでしょう。
사와야까나 이찌니찌니 나루데쇼－

◆ 일기예보에서는 맑다고 했습니다.
天気予報では 快晴だと 言ってました。
뎅끼요호－데와 가이세이다또 앗떼마시다

◆ 만약을 위해 우산을 준비해 가는 게 좋겠어요.
念のため 傘を 持って 行くほうが いいですよ。
넨노다메　가사오 못떼 이꾸 호－가 이－데스요

◆ 오늘 날씨는 어때요?

きょう　　　　てん き
今日の 天気は どうですか。

교－노 뎅끼와 도－데스까

◆ 쌀쌀하군요.

ひ　　　び
冷え冷えしますね。

히에비에시마스네

◆ 그곳 날씨는 어때요?

てん き
そちらの 天気は どうですか。

소찌라노 뎅끼와 도－데스까

◆ 완전히 봄이네요.

はる
すっかり 春ですね。

슷까리 하루데스네

◆ 지금 몇 도입니까?

いま　なん ど
今 何度ですか。

이마 난도데스까

◆ 30도 이상 될 겁니다.

ど いじょう　　　　　　おも
30 度以上は あると 思います。

산쥬－도 이죠－와 아루또 오모이마스

◆ 올여름은 예년보다 기온이 낮습니다.

今年は 冷夏です。
고또시와 레이까데스

◆ 장마가 개어서 다행이에요.

梅雨が 明けて よかったですね。
쓰유가 아께떼　　　요깟따데스네

◆ 가을 날씨는 변덕스러워요.

秋の 天気は 変わりやすいですよ。
아끼노 뎅끼와 가와리야스이데스요

◆ 밖에는 눈이 내리고 있어요.

外は 雪が 降っていますよ。
소또와 유끼가 훗떼 이마스요

◆ 비가 올 것 같아요.

雨が 降りそうです。
아메가 후리소－데스

◆ 가장 좋아하는 계절은 언제인가요?

一番 好きな 季節は いつですか。
이찌방 스끼나 기세쓰와, 이쓰데스까

◆ 이제 곧 봄이군요.

もうすぐ 春ですね。
모－스구 하루데스네

◆ 드디어 장마가 끝났어.

ようやく 梅雨が 明けた。
요－야꾸 쓰유가 아께따

◆ 이제 여름도 막바지야.

もう 夏も 終わりだね。

오와리다네

◆ 가을이 되었어.

秋に なったね。

아끼니 낫따네

◆ 단풍을 구경하기에 좋은 때입니다.

紅葉が 見ごろです。

모미지가 미고로데스

◆ 드디어 겨울이군.

いよいよ 冬だね。

이요이요 후유다네

◆ 꽤 추워졌어.

ずいぶん 寒くなったね。

즈이붕 사무꾸 낫따네

◆ 겨울이 가고 봄이 오고 있네요.

冬が 過ぎ、春が やって 来ています。

후유가 스기, 하루가 얏떼 기떼 이마스

◆ 지금 몇 시입니까?

今、何時ですか。

이마 난지데스까

◆ 6시입니다.

六時です。

로꾸지데스

◆ 8시 5분입니다.

8時5分です。

하찌지 고훈데스

◆ 5시 15분 전이에요.

5時15分前です。

고지 쥬-고훈마에데스

◆ 5시가 다 됐어요.

5時近くです。

고지 지까꾸데스

◆ 7시 15분이에요.

7時十五分です。

시찌지 쥬-고훈데스

◆ 2시가 좀 지났습니다.

2時を ちょっと まわりました。

나지오 쫏또 마와리마시다

◆ 딱 정오입니다.

ちょうど 正午です。

죠-도 쇼-고데스

◆ 제 시계는 정확합니다.

私の 時計は 正確です。

와따시노 도께이와 세이까꾸데스

◆ 제 시계는 5분 느립니다.

私の 時計は 五分 遅いです。

와따시노 도께이와, 고훙 오소이데스

◆ 제 시계는 5분 빠릅니다.

私の 時計は 五分 早いです。

와따시노 도께이와, 고훙 하야이데스

◆ 당신 시계는 좀 빠른 것 같습니다.

あなたの 時計は ちょっと 進んでいると 思います。

아나따노 도께이와 쫏또 스슨데 이루또 오모이마스

◆ 현지 시간은 몇 시죠?

現地時間は 何時ですか。

겐찌지깡와, 난지데스까

◆ 한국과는 시차가 얼마나 나지요?

韓国とは 時差が どのくらい ありますか。

강꼬꾸또와 지사가 도노구라이 아리마스까

◆ 7시간 빠릅니다.

7時間 早いです。

시찌지깡 하야이데스

◆ 제 시계로는 11시입니다.

私の 時計では 十一時です。

와따시노 도께이데와 쥬-이찌지데스

◆ 5시가 좀 지났어요.

5時を ちょっと まわりました。

고지오 쫏또 마와리마시따

◆ 오늘은 며칠입니까?
今日は 何日ですか。
교-와 난니찌데스까

◆ 오늘은 9일입니다.
今日は 九日です。
교-와 고꼬노까데스

◆ 오늘은 무슨 요일입니까?
今日は 何曜日ですか。
교-와 낭요-비데스까

◆ 오늘은 화요일입니다.
今日は 火曜日です。
교-와 가요-비데스

◆ 오늘은 몇 월 며칠 입니까?
今日は 何月何日ですか。
교-와 낭가쓰 난니찌데스까

◆ 오늘은 12월 2일입니다.
今日は 十二月二日です。
교-와 쥬-니가쓰후쓰까데스

◆ 당신 생일은 언제인가요?

あなたの お誕生日は いつですか。

아나따노 오단죠-비와 아쓰데스까

◆ 제 생일은 10월 5일입니다.

私の 誕生日は 十月五日です。

와따시노 단죠-비와 쥬-가쓰 이쓰까데스

◆ 생년 월일은 언제입니까?

生年月日は いつですか。

세이넹 갓삐와 이쓰데스까

◆ 이번 토요일은 며칠인가요?

今度の 土曜日は 何日ですか。

곤도노 도요-비와 난니찌데스까

◆ 오늘이 무슨 특별한 날인가요?

今日は 何か 特別な 日ですか。

교-와 낭까 도꾸베쓰나 히데스까

◆ 나는 1972년 10월 15일에 태어났습니다.

私は 1972年 十月十六日生れです。

와따시와 셍규-햐꾸나나쥬-이찌넨 쥬-가쓰 쥬-로꾸니찌 우마레데스

Part 5. 여가와 취미

 여가생활

◆ 여가 시간에는 무엇을 하세요?

余暇の 時間には 何を しますか。

요까노 지깐니와 나니오 시마스까.

◆ 한가할 때는 뭘 하세요?

お暇な 時は 何を なさいますか。

오히마나 도끼와 나니오 나사이마스까

◆ 나는 온천에 자주 갑니다.

私は 温泉に よく 行きます。

와따시와 온센니 요꾸 이끼마스

◆ 주말에는 어떻게 보냈어요?

週末は どのように 過ごされましたか。

슈- 마쯔와 도노요-니 스고사레마시다까

◆ 그냥 집에 있었습니다.

家に いただけです。

이에니 이따다께데스

◆ 휴일에는 어떻게 보냈어요?

休日は どのように 過ごされましたか。

규- 지쯔와 도노요-니 스고사레마시다까

◆ 퇴근 후에는 뭘 하세요?

退社後には 何を していますか。

다이샤고니와 나니오 시떼 이마스까

◆ 나는 저녁식사 후에 TV를 봐요.

私は 夕食後に テレビを 見ます。

와따시와 유-쇼꾸고니 데레비오 미마스

◆ 저는 주말마다 등산을 해요.

私は 週末ごとに 登山を します。

와따시와 슈-마쓰 고또니 도장오 시마스

◆ 가끔 차로 드라이브를 떠나요.

時々 車で ドライブに 出かけます。

도끼도끼 구루마데 도라이브니 데까께마스

◆ 기분전환으로 어떤 것을 하세요?

気晴らしに どんな ことを なさいますか。

기바라시니 돈나 고또오 나사이마스까

◆ 낚시를 즐겨합니다.

釣りが 好きです。

쓰리가 스끼데스

◆ 일이 끝난 후에 어떻게 즐기십니까?

仕事の 後は どうやって 楽しんでますか。

시고또노 아또와 도-얏떼 다노신데 마스까

◆ 나는 TV게임쇼를 좋아합니다.

私は テレビゲームショーが 好きです。

와따시와 데레비게-무쇼-가 스끼데스

◆ 어떤 TV프로그램을 좋아하세요?

どんな テレビ番組が お好きですか。
돈나 데레비전 방구미가 오스키데스까

◆ 운동하는거 좋아하세요?

スポーツは お好きですか。
스포-쓰와 오스끼데스까

◆ 자주 근처를 산책하고 있습니다.

よく 近所を 散歩してます。
요꾸 긴죠오 산뽀시떼마스

◆ 시간이 있으면 늘 하이킹이나 피크닉을 갑니다.

時間が あれば いつも ハイキングか ピクニックに 行きます。
지깡가 아레바 이쓰모 하이낑구까 삐꾸닉꾸니 이끼마스

◆ 어제 하이킹은 즐거웠어요?

昨日の ハイキングは 楽しかったですか。
기노-노 하이낑구와 다노시깟따데스까

◆ 너무 걸어서 다리가 뻣뻣해졌어요.

歩きすぎて 足が 棒に なっちゃいましたよ。
아루끼 스기떼 아시가 보-니 낫쨔 이마시따요

◆ 취미는 무엇입니까?

趣味は 何ですか。

슈미와 난데스까

◆ 낚시를 좋아합니다.

釣りが 好きです。

쓰리가 스끼데스

◆ 얼마나 자주 낚시를 가세요?

どのくらい 頻繁に 釣りに 行っていますか。

도노구라이 힌빤니 쓰리니 잇떼 이마스까

◆ 일주일에 한 번 낚시하러 갑니다.

週に 一回、釣りに 行っています。

슈-니 잇까이 쓰리니 잇떼이마스

◆ 어떤 것에 흥미가 있습니까?

どんな ことに 興味を 持っていますか。

돈나 고또니 교-미오 못떼이마스까

＝どんな 事に 興味を お持ちですか。

돈나 고또니 교-미오 오모찌데스까

◆ 골동품 수집에 흥미가 있습니다.

骨董品集めに 興味が あります。

곳또-힝아쓰메니 교-미가 아리마스

◆ 저는 책 읽는 것을 좋아합니다.

私は 本を 読むのを 楽しんで います。

와따시와, 홍오 요무노오 다노신데 이마스

◆ 어떤 종류의 책을 좋아합니까.

どんな 種類の 本が 好きですか。

돈나 슈루이노 홍가 스끼데스까

◆ 저는 역사 소설을 좋아합니다.

私は 歴史小説が 好きです。

와따시와 레끼시쇼-세쓰가 스끼데스

◆ 이렇다 할 취미가 없어요.

これといった 趣味が ないんですよ。

고레또 잇따 슈미가 나인데스요

◆ 저의 취미는 기념우표를 모으는거에요

私の 趣味は 記念切手を 集める ことです。

와따시노 슈미와 기넹 깃떼오 아쓰메루 고또데스

◆ 여행을 좋아합니다.

旅行が 好きです。

료꼬-가 스끼데스

◆ 매년 해외여행을 갑니다.

毎年のように 海外旅行に 行くんですよ。

마이넨노요-니 가이가이료꼬-니 이꾼데스요

◆ 특별한 취미가 있으신가요?

特別な 趣味が ありますか。

도꾸베쯔나 슈미가 아리마스까

◆ 전 바둑을 좋아합니다.

私は 囲碁が 好きです。

와따시와 이고가 스끼데스

◆ 나는 그림그리기를 좋아합니다.

私は 絵を 描くのが 好きです。

와따시와 에오 가꾸크노가 스끼데스

◆ 요리하는 것을 좋아합니다

料理が 好きです。

료-리가 스끼데스

◆ 주말에는 내가 가족을 위해 요리합니다.

週末は 私が 家族のために 料理を するんですよ。

슈-마쓰와 와따시가 가조꾸노 다메니 료-리오 스룬데스요

◆ 어떠한 것에 관심이 있습니까?

どのような ものに 関心が ありますか。

도노요- 나 모노니 간싱가 아리마스까

◆ 최근에는 정원가꾸기에 빠져있습니다.

最近は ガーデニング に 凝っています。

사이낑와 가-데닝구니 곳떼이마스

◆ 내 취미는 기타를 치는 것입니다.

僕の 趣味は ギターを ひくことです。

보꾸노 슈미와 기따-오 히꾸 고또데스

◆ 사진을 찍는 것에 흥미가 있어요.

写真を 撮るのに 興味が あります。

샤싱오 도루노니 교－미가 아리마스

◆ 훌륭한 취미를 가지셨군요.

すばらしい ご趣味を お持ちに なりましたね。

스바라시－ 고슈미오 오모찌니 나리마시따네

◆ 특별히 취미라고 말할 것은 없어요.

特に 趣味と 言えるのは ありません。

도꾸니 슈미또 이에루노와 아리마셍

◆ 제 취미는 음악을 듣는 거에요.

私の 趣味は 音楽を 聞くことです。

와따시노 슈미와 옹가꾸오 기꾸 고또데스

◆ 어떤 영화를 좋아하세요?

どんな 映画が 好きですか。

돈나 에이가가 스끼데스까

◆ 액션영화를 좋아합니다.

アクション映画が 好きです。

아꾸숑 에이가가 스끼데스

◆ 영화관에는 자주 가십니까?

映画館には よく 行きますか。

에이가깐니와 요꾸 이끼마스까

◆ 예진에는 지주 갔었는데 요즘은 시간이 없어서.

以前は よく行ったのだけど、今は 時間がなくて。

이젱와 요꾸 잇따노다께도, 이마와 지깡가 나꾸떼

◆ 제일 좋아하는 남자배우는 누구입니까?

一番 好きな 男優は 誰ですか。

이찌방 스끼나 당유-와 다레데스까

◆ 나는 영화에는 별 관심이 없습니다.

私は 映画には そんなに 関心が ありません。

와따시와 에이가니와 손나니 간싱가 아리마셍

◆ 마지막 본 영화는 무엇입니까?

最後に 見た 映画は 何ですか。

사이고니 미따 에이가와 난데스까

◆ 그 영화는 어땠습니까?

その 映画は どうでしたか。

소노 에이가와 도-데시다까

◆ 그 영화의 주인공은 누구죠?

その 映画の 主人公は 誰ですか。

소노 에이가노 슈징꼬-와 다레데스까

◆ 어떤 음악을 좋아하세요?

どんな 音楽が 好きですか。

돈나 옹가꾸가 스끼데스까

◆ 특히, 클래식 음악을 좋아해요.

特に クラシック音楽が 好きです。

도꾸니 구라싯꾸옹가꾸가 스끼데스

◆ 어떤 악기를 연주할 수 있나요.

どんな 楽器を 演奏できますか。

돈나 갓끼오 엔소-데끼마스까

◆ 피아노를 연주해요.

ピアノを ひきます。

삐아노오 히끼마스

◆ 당신이 좋아하는 가수는 누구에요?

あなたが 好きな 歌手は 誰ですか。

아나따가 스끼나 가슈와 다레데스까

◆ 음악이라면 무엇이든 좋아합니다.

音楽なら 何でも 好きです。

옹가꾸나라 난데모 스끼데스

◆ 집에 있을 때는 늘 음악을 듣습니다.

家に いる 時には いつも 音楽を 聞いています。

이에니 이루 도끼니와, 이쯔모 옹가꾸오 기이떼 이마스

◆ 그의 노래는 모두 다 좋아요.

彼の 音楽は 全部 大好きです。

가레노 옹가꾸와 젠부 다이스끼데스

◆ 요즘은 어떤 음악이 유행하고 있지?

最近、どんな 音楽が はやってるの。

사이낑 돈나 옹가꾸가 하얏떼루노

◆ 비틀즈 노래를 매우 좋아해요.

ビートルズの 歌が 大好きです。

비-또루즈노 우따가 다이스끼데스

◆ 텔레비전을 켜주지 않을래?

テレビを つけてくれない？

데레비오 쓰께떼 구레나이

◆ 리모컨은 어디에 뒀지?

リモコンは どこに 置いたっけ。

리모꽁와 도꼬니 오이땃께

◆ 채널을 바꿔도 되겠니?

チャンネルを 変えても いい？

짠네루오 가에떼모 이―

◆ 텔레비전 소리를 좀더 크게 켜요.

テレビの 音を もう少し 大きくしてよ。

데레비노 오또오 모―스꼬시 오―끼꾸시떼요

◆ 텔레비전 화면이 좋지 않네.

テレビの 映りが よくないね。

데레비노 우쓰리가 요꾸나이네

◆ 저 프로그램은 시청률이 높다던데

あの 番組は 視聴率が 高いんだって。

아노 방구미와 시쬬―리쓰가 다까인닷떼

◆ 그것은 장수 프로그램이야.

あれは 長寿番組だね。

아레와 죠-쥬방구미다네

◆ 텔레비전은 자주 봅니까?

テレビを よく 見ますか。

데레비오 요꾸 미마스까

◆ 텔레비전은 평균적으로 하루에 2~3시간 봅니다.

テレビは 平均で 一日 2～3時間 見ます。

데레비와 헤이낑 이찌니찌 2-3지깡 미마스

◆ 텔레비전은 그다지 보지 않아.

テレビはあまり見ないんだ。

데레비와 아마리 미나인다

◆ 뉴스만 볼 뿐야.

ニュース番組を 見るだけだよ。

뉴-스 방구미오 미루다께다요

◆ 지금 시간은 재미 있는 것은 아부섯도 인 헤.

今の 時間は 何も おもしろい もの やってないよ。

이마노 지깡와 나니모 오모시로이 모노 얏떼나이요

◆ 매주 이 프로그램을 빠뜨리지 않고 보고있어.

毎週、この 番組を 欠かさずに 見ている。

마이슈-, 고노 방구미오 가까사즈니 미떼이루

◆ 저 프로그램은 정말 재미없어.

あの 番組は 本当に つまらない。

아노 방구미와 혼또-니 쓰마라나이

◆ 이것은 생중계야.

これは 生中継だよ。
고레와 나마쥬-께이다요

◆ 언제까지 텔레비전을 보고 있을래?

いつまで テレビを 見ているの？
이쓰마테 데레비오 미떼 이루노

◆ 텔레비전만 보고 있지말고 빨리 숙제해라.

テレビばっかり 見てないで 早く 宿題しなさい。
데레비바까리 미떼이나이데 하야꾸 슈꾸다이시나사이

◆ 케이블 텔레비전에 가입했어.

ケーブルテレビに 入ったんだよ。
게-부루 데레비니 하잇딴다요.

◆ 그 드라마는 다음주가 마지막회야.

あの ドラマは 来週で 最終回だよ。
아노 드라마와 라이슈-데 사이슈-까이다요

◆ 어떤 프로그램을 좋아합니까?

どんな 番組が 好きですか。
돈나 방구미가 스끼데스까

◆ 이 연속극은 매일 반드시 봐.

この 連続ドラマは 毎回 必ず 見ているの。
고노 렌조꾸 도라마와 마이까이 가나라즈 미떼이루노.

 스포츠를 즐길 때

◆ 어떤 스포츠를 좋아합니까?

どんな スポーツが 好^すきですか。

돈나 스포츠가 스끼데스까

◆ 스포츠라면 뭐든지 좋아합니다.

スポーツなら 何^{なん}でも 好^すきです。

스포츠나라 난데모 스끼데스

◆ 무슨 스포츠를 잘 하세요?

どんな スポーツが 得意^{とくい}ですか。

돈나 스포츠가 도꾸이데스까

◆ 사이클링과 승마를 잘 해요.

サイクリングと 乗馬^{じょうば}が 上手^{じょうず}です。

사이꾸링또 죠오바가 죠-즈데스

◆ 가장 좋아하는 스포츠는 무엇입니까?

一番^{いちばん} 好^すきな スポーツは 何^{なん}ですか。

이찌방 스끼나 스포츠와 난데스까

◆ 테니스를 가장 좋아합니다.

テニスが 一番^{いちばん} 好^すきです。

데니스가 이찌방 스끼데스

◆ 일주일에 한 번 테니스를 칩니다.
しゅう いっかい
週に 一回、テニスを やって います。
슈니 잇까이, 데니스오 얏떼 이마스

◆ 최근에 조깅을 시작했어요.
さいきん はじ
最近、ジョギングを 始めました。
사이낑, 죠깅구오 하지메마시따

◆ 나는 운동을 싫어합니다.
わたし うんどう にがて
私は 運動は 苦手です。
와따시와 운도-와 니가떼데스

◆ 나는 스포츠에 흥미가 별로 없습니다.
わたし きょうみ
私は スポーツに あまり 興味が ありません。
와따시와, 스포-츠니 아마리 교-미가 아리마셍

◆ 스포츠는 직접 하는 것보다 보는 것을 좋아합니다.
じ ぶん み ほう す
スポーツは 自分で やるより 見る 方が 好きです
ね。
스포-츠와 지분데 야루요리 미루 호-가 스끼데스네

◆ 탁구는 아주 재미있어요.
たっきゅう
卓球は とても おもしろい。
닷뀨-와 도떼모 오모시로이

◆ 수영할 줄 아세요?
すい えい
水泳 できますか。
스이에이데끼마스까

◆ 네, 수영 잘 해요.
じょうず
はい。上手です。
하이 죠오즈데스

◆ 텔레비전의 스포츠 중계는 자주 봅니다.

テレビの スポーツ中継は よく 見ます。

데레비노 스포츠 쥬-께이와 요꾸 이마스

◆ 겨울에는 스키나 스케이트를 타러가요.

冬には スキーやスケートに 行きます。

후유니와 스키-야 스께-또니 이끼마스

◆ 운동을 위해 매일 산책을 하고 있습니다.

運動の ために 毎日 散歩を しています。

운도-노 다메니 마이니찌 산뽀오 시떼 이마스

◆ 최근에 스쿼시를 시작했어요

最近 スカッシュを 始めました。

사이낑 스캇슈오 하지메마시따

◆ 스포츠로 땀을 흘리는 것은 기분이 좋아

スポーツで 汗を 流すのは 気持ちいいよ。

스포-츠데 아세오 나가스노와 기모찌이-요.

◆ 매주 토요일에 아내와 테니스를 칩니다.

毎週 土曜日に 妻と テニスを します。

마이슈- 도요-비니 쓰마또 데니스오 시마스

◆ 야구관람을 즐겨하세요?

野球を 見るのは お好きですか。

야꾸-오 미루노와오스끼데스까

◆ 네, 좋아해요.

はい。好きです。

하이　　스끼데스

◆ 어느 팀을 응원하고 있나요?

どんな チームを 応援していますか。

돈나 치-무오 오-앤시떼 이마스까

◆ 자이언트의 열렬한 팬입니다.

ジャイアンツの 大ファンです。

자이안쓰노 다이환데스

◆ 다음 시합은 언제 있습니까?

次の 試合は いつ やりますか。

쓰기노 시아이와,이쓰야리마스까

◆ 일요일에 야구시합이 있어.

日曜日に 野球の 試合が ある。

니찌요-비니 야꾸-노 시아이가 아루

◆ J리그 시합을 보는 것을 무척 좋아합니다.

Ｊリーグの 試合を 見るのが 大好きです。

제이리-구노 시아이오 미루노가 다이스끼데스

◆ 역전 기회야.

逆転の チャンスだ。

갸꾸뗀노 짠스다

◆ 타순은 몇 번이지?

打順は 何番なの？

다쥰와 난반나노

◆ 도루했어.

盗塁した。

도-루이시따

◆ 포볼로 나갔어.

フォアボールで 出塁した。

훠아보-루데 슈쓰루이시따

◆ 지난밤 야구경기에서 누가 이겼습니까?

昨夜の 野球の 試合で どっちが 勝ちましたか。

사꾸야노 야뀨-노 시아이데,돗찌가 가찌마시다까

◆ 지금 TV에서 야구중계를 하는 것은 없습니까?

今、テレビで 野球中継は やってないのですか。

이마,데레비데야뀨-쥬-께이와 얏떼 나이노데스까

◆ 삼진되어 버렸어.

三振しちゃった。

산신시 쨧따

◆ 홈런이야.

ホームランだ。
호-무란다

◆ 득점은 지금 몇 점인가요?

今 得点は 何点ですか。
이마 도꾸뎅와 난뗑데스까

◆ 타자는 누구인가요?

バッターは 誰ですか。
밧따-와 다레데스까

◆ 9회말이 되었어요.

9回の 裏になりました。
규-까이노 우라니 나라마시따

◆ 지금은 만루입니다.

今は 満塁です。
이마와 만루이데스

◆ 어느편이 이겼어요?

どちらの 方が 勝ちましたか。
도찌라노 호-가 가찌마시다까

◆ 3대3으로 비겼어요.

3対3で 引分けした。
3따이3데 히끼와께시따

◆ 어젯밤에 텔레비전에서 축구중계를 보느라 밤샛어.

ゆうべは テレビの サッカー中継を 見ていて、夜更かししちゃったよ。

유-베와 데레비노 삿까쥬-께이오 이떼이떼 요후까시 시쨋따요

◆ J리그 선수가 되고 싶어.

Jリーガーに なりたい。

제이리-가-니 나리따이

◆ 헤딩슛을 했어

ヘッディングシュートを した。

헤딩구 슈-또오 시따

◆ 그는 드리볼을 잘해

彼は フリーキックが うまい。

가레와 후리낏꾸가 우마이

◆ 멋진 센터링이었어.

すばらしい センタリングだったね。

스바라시- 센따링구닷따네

◆ 반칙이야.

反則だよ。

한소꾸다요

◆ 아깝게 슛이 빗나갔어.

惜しくも シュートが はずれた。
오시꾸모 슈-또가 하즈레따

◆ 지금 슛 아까웠어.

今の シュート、惜しかったね。
아마노 슈-또 오시깟따네

◆ 아까운 기회를 놓쳤어.

惜しい チャンスを 逃したね。
오시- 챤스오 노가시따네

◆ 패스가 좋았어.

いい パスだったね。
이- 파스닷따네

◆ 어느 팀이 이기고 있니?

どっちの チームが 勝ってるの？
돗찌노 찌-무가 갓떼루노

◆ 연장전에 들어갔어.

延長戦に 入ったよ。
엔쬬-센니 하잇따요

◆ 이거 재미있어지는데요.

これは 面白くなって きましたね。
고레와 오모시로꾸 낫떼 기마시따네

◆ 어느 팀을 응원하고 있니?

どちらの チームを 応援しているの。
도찌라노 찌-무오 오-엔시떼 이루노

◆ 어디와 어디 시합입니까?

どこと どこの 試合ですか。

도꼬또 도꼬노 시아이데스까

◆ 지금 득점은 몇 점입니까?

いま 得点は 何点ですか。

이마 도꾸뗑와 난뗀데스까

◆ 오늘 시합은 아쉬웠어.

今日の 試合は 残念だったわね。

교－노 시아이와 잔넨닷 따와네

◆ 어제 축구시합 봤어요?

昨日の サッカーの 試合 見ました？

기노－노 삿카－노 시아이 미마시따

◆ 네, 굉장한 접전이었죠.

ええ、すごい 接戦でしたよね。

에에 스고이 셋센데시따요비

◆ 업사이드를 당해 버렸어.

オフサイド とられちゃった。

오후사이도 도라레짯따

08 독서와 미술 감상을 할 때

◆ 책은 자주 읽으세요?

本は よく 読みますか。
홍와 요꾸 요미마스까

◆ 독서는 무척 좋아합니다.

読書は 大好きなんです。
도꾸쇼와 다이스끼난데스

◆ 바빠서 책을 읽을 시간이 없습니다.

忙しくて 本を 読んでいる 時間が ありません。
이소가시꾸떼 홍오 욘데이루 지깡가 아리마셍

◆ 어떤 책을 좋아하세요?

どんな 本が 好きですか。
돈나 홍가 스끼데스까

◆ 역사 소설을 좋아합니다.

歴史小説が 好きです。
레끼시쇼-세쓰가 스끼데스

◆ 한 달에 책을 몇 권 읽습니까?

1ヶ月に 何冊 本を 読みますか。
잇까게쓰니 난사쓰 홍오 요미마스까

◆ 독서의 계절 가을이네요.

読書の 季節 秋ですね。

도꾸스노 기세쓰아끼데스네

◆ 평소에 어떤 책을 읽습니까?

いつも どんな 本を 読みますか。

이쓰모 돈나 홍오 요미마스까?

◆ 닥치는대로 읽어요.

乱読なんです。

란도꾸난데스

◆ 좋아하는 작가는 누구에요?

好きな 作家は 誰ですか。

스끼나 삿까와 다레 데스까

◆ 현재의 베스트 셀러는 무엇입니까?

現在の ベストセラーは 何ですか。

겐자이노 베스또세라ー와 난데스까

◆ 어떤 그림을 좋아하세요?

どんな 絵が 好きですか。

돈나 에가 스끼데스까

◆ 수묵화를 좋아합니다.

水墨画が 好きです。

스이보꾸가가 스끼데스

◆ 미술관에 자주 가세요?

美術館に よく 行きますか。

비쥬쯔깐니 요꾸 이끼마스까

◆ 미술관에는 가끔 갑니다.

美術館にはよく行きます。
마쥬쯔깐니와 요꾸 이끼마스

◆ 이건 누구 작품인가요?

これは 誰の 作品ですか。
고레와 다레노 사꾸힌데스까

◆ 그림 그리는 것을 무척 좋아합니다.

絵を 描くのが 大好きです。
에오 가꾸노가 다이스끼데스

◆ 다음주는 무슨 좋은 전시회를 하나요?

来週は 何か いい 展示会を やってますか。
라이슈―와 나니까 이―덴지카이오 얏떼마스까

◆ 어떤 화가를 좋아하세요?

どんな 画家が 好きですか。
돈나 가까가 스끼데스까

◆ 샤갈의 미술전에 갔습니다.

シャガールの 美術展に 行きました。
샤가―루노 비쥬쓰뗀니 이끼마시다

◆ 이 그림 뭐가 뭔지 모르겠어.

この 絵、何が 何だか わからないよ。
고노에, 나니가 난다까 와까라나이요

Part 6. 초대와 약속

◆ 우리집에 식사하러 오지 않겠어요?

私の 家に 食事に 来ませんか。

와따시노 이에니 쇼꾸지니 기마셍까

◆ 조촐한 파티를 하는데 와주면 좋겠어요.

ちょっとした パーティーを やるので 来てくれる と いいですね。

춋또시따 빠-띠오 야루노데, 기떼 구레루또 이-데스네

◆ 가족 모두 함께 오십시오.

ご家族 そろって お越しください。

고가조꾸 소롯떼 오꼬시구다사이

◆ 파티 장소는 어디인가요?

パーティーの 場所は どこですか。

빠-띠-노 바쇼와 도꼬데스까

◆ 언제 함께 식사라도 합시다.

いつか 一緒に 食事でも しましょう。

이쓰까 잇쇼니 쇼꾸지데모 시마쇼-

◆ 우리집에 오시지 않겠어요?

私の 家に 来ませんか。

와따시노 이에니 기마셍가

◆ 기꺼이 가겠어요.

喜んで うかがいます。

요로꼰데 우까가이마스

◆ 오늘밤에 저와 식사하는 건 어때요?

今晩、 私と 食事は どうですか。

곤방, 와따시또 쇼구지와 도-데스까

◆ 당신을 생일파티에 초대하고 싶어요.

あなたを 誕生日の パーティーに ご招待したいん
です。

아나따오 단죠-비노 빠-띠-니 고쇼-따이시따인데스

◆ 뭐 가져갈까?

何か 持って いこうか。

나니까 못떼 이꼬-까

◆ 괜찮아, 그냥 와.

いいのよ。 手ぶらで 来てね。

이-노요　데부라데 기떼네

◆ 아무쪼록 가벼운 마음으로 오십시오.

どうぞ お気軽に いらして ください。

도-조 오끼가루니 이라시떼 구다사이

◆ 근간에 함께 식사라도 하시지요.

そのうち 一緒に 食事でも いたしましょうね。

소노우찌 잇쇼니 쇼꾸지데모 이따시마쇼-네

◆ 언제 놀러 오세요.

いつか 遊びに 来てください。

이쓰까 아소니비 기떼 구다사이

◆ 내일저녁에 시간이 있습니까?

明日の 夕方、時間が ありますか。

아시따노 유-가따, 지깡가 아리마스까

◆ 네, 있습니다.

はい、あります。

하이, 아리마스

◆ 함께 밖으로 식사하러 가지 않겠어요?

一緒に 外へ 食事に 出ませんか。

잇쇼니 소또에 쇼꾸지니 데마셍까

◆ 몇 시가 좋겠습니까?

何時が 良いですか。

난지가 요이데스까

◆ 나 외에 누가 오니?

私の ほかに 誰が 来るの？

와따시노 호까니 다레가 구루노

◆ 나까무라도 올 거야.

中村も 来るよ。

나까무라모 구루요

◆ 집에 와서 이야기라도 하지 않겠어요?

うちへ 来て おしゃべりを しませんか。

우찌에 기떼 오샤베리오 시마셍까

◆ 저희 집으로 초대하고 싶습니다.

私の家に ご招待したいと 思います。

와따시노 이에니 고쇼-따이시따이또 오모이마스

◆ 오늘은 무슨 날이에요?

今日は 何の日ですか。

교－와 난노 히데스까

◆ 오늘은 저희들의 결혼기념일입니다.

今日は 私たちの 結婚記念日です。

교－와 와따시다찌노 겟꽁기넨비데스

◆ 초대해 주셔서 감사합니다.

ご招待頂きまして ありがとうございます。
고쇼-따이 이따다키마시떼— 아리가또— 고자이마스

◆ 꼭 가겠습니다.

きっと 行きます。
깃또 이끼마스

◆ 기꺼이 가겠습니다.

喜んで 行きます。
요로꼰데 이끼마스

＝喜んで うかがいます。
요로꼰데 우까가이마스

◆ 물론 가겠습니다.

もちろん 行きます。
모찌롱 이끼마스

◆ 초대에 기꺼이 응하겠습니다.

ご招待に 喜んで 応じます。
고쇼-따이니, 요로꼰데 오-지마스

◆ 좋아요, 갈게요.

分^わかりました。行^いきます。

와까리마시다. 이끼마스

◆ 물론 저도 가야죠.

もちろん、私^{わたし}も 行^いきますよ。

모찌롱, 와따시모 이끼마스요.

◆ 좋지요.

いいですねえ。

이－데스네－

◆ 그날은 선약이 있어서요.

その日^ひは 先約^{せんやく}が ありますので。

소노히와 셍야꾸가 아리마스노데

◆ 유감스럽지만 갈 수 없습니다.

残念^{ざんねん}ながら 行^いけません。

잔넨나가라 이께마셍

◆ 가고는 싶지만 갈 수가 없네요.

行^いきたいですが、行^いけそうに ありません。

이끼따이데스가, 이께소－니 아리마셍

◆ 공교롭게 그때는 바쁩니다.

あいにく その時^{とき}は 忙^{いそが}しいんです。

아이니꾸 소노 도끼와 이소가신데스

◆ 미안하지만 그날은 안 됩니다.

すまないけど、その日^ひは だめです。

스마나이께도,　　　소노 히와 다메데스

◆ 그날은 선약이 있어서요.

その日は 先約が ありますので。

소노히와 셍야꾸가 아라마스노데

◆ 다음에 하면 어떨까요?

次に したら どうでしょうか。

쓰기니 시따라, 도-데쇼-까

◆ 고맙지만, 지금은 너무 바빠서 말이야.

ありがたいけど、今のところ 手が 離せないんだ。

아리가따 , 이마노도고로 데가 하나세나인다.

◆ 고맙지만 지금 시간이 없어요.

ありがたいが 今 時間が ないんです。

아리가따이가 이마 지깡가 나인데스

◆ 다음 기회에 하죠.

次の 機会に しましょう。

쓰기노 기까이니 시마쇼-

◆ 다시 불러 주세요.

また 誘って みてください。

마따 사솟떼 미떼 구다사이

◆ 어서 오세요. 무척 기다리고 있었습니다.

ようこそ。楽しみに お待ちして いました。

요−꼬소 다노시미니 오마찌시떼 이마시따

◆ 타나까씨, 오랜만이예요.

田中さん、しばらくですね。

다나까상,시바라꾸데스네

◆ 자, 들어오세요.

どうぞ。お入りください。

도−조.　　오하이리 구다사이

◆ 와 주셔서 감사합니다.

お越し頂き、感謝致します。

오꼬시 이따다끼 간샤이따시마스

◆ 거실로 가시지요.

居間の方へ どうぞ。

이마노 호−에 도−조

◆ 코트는 저를 주세요.

コートは 私に ください。

고−또와 와따시니 구다사이

◆ 이 쪽으로 앉으십시오.

こちらへ おかけください。
고찌라에 오까께 구다사이

◆ 자아, 편히 하십시오.

どうぞ、お楽に。
도-조 오라꾸니

＝どうぞ。くつろいで ください。
도-조 구쓰로이데 구다사이

＝どうぞ。ごゆっくり。
도-조 고윳꾸리

◆ 고마워요. 편합니다.

どうも。もう くつろいで います。
도-모 모- 구쓰로이데 이마스

◆ 밝고 멋진 집이군요.

明るい すてきな お住まいですね。
아까루이 스떼끼나 오스마이데스네

◆ 커피를 드시겠습니까?

コーヒーは いかがですか。
고-히-와 이까가 데스까

◆ (선물을 내밀며) 이거 받으세요.

これを どうぞ。
고레오 도-조

◆ 약소하지만 받아주세요.

つまらないものですが、お受け取りください。
쓰마라나이 모노데스가, 오우께도리 구다사이.

190

◆ 별것 아닙니다.

大したものでは ございません。
다이시따모노데와 고자이마셍

◆ 이런 건 가지고 오시지 않아도 되는데 고마워요.

こんな ことを なさらなくても 良かったのに。あり
がとう。
곤나 고또오 나사라나꾸떼모 요깟따노니. 아리가또ー

◆ 마음에 들었으면 좋겠습니다만.

気に入って 頂ければ 良いのですが。
기니 잇떼 이따다께레바 요이노데스가

◆ 매우 마음에 듭니다.

とても 気に入って います。
도떼모 기니잇떼 이마스

◆ 맘에 드신다니 기쁘네요.

気に入って 頂き、 嬉しいです。
기니 잇떼 이따다끼, 우레시ー데스

◆ 좀 일찍 왔나요?

ちょっと 来るのが 早すぎましたか。
춋또 구루노가 하야스기마시다까

◆ 저녁식사가 준비되었습니다.

ゆうしょく　じゅんび
夕食の 準備が できました。
유-쇼꾸노 쥰비가 데끼마시따

◆ 이쪽으로 오십시오.

こちらへ どうぞ。
고찌라에 도-조

◆ 자아, 마음껏 드십시오.

じゆう　　め　あ
どうぞ。ご自由に 召し上がって ください。
도-조　　고지유-니 메시아갓떼 구다사이

◆ 잘 먹겠습니다.

いただきます。
이따다끼마스

◆ 일본 음식은 좋아하세요?

に ほん　た　もの　す
日本の 食べ物は 好きですか。
니혼노 다베모노와 스끼데스까

◆ 이거 맛있네요. 누가 요리 하셨어요?

だれ　　りょうり
これは うまい。誰が 料理したんですか。
고레와 우마이,　　　다레가 료-리 시딴데스까

◆ 이것은 전형적인 일본 가정요리야.

これは 典型的な 日本の 家庭料理よ。

고레와 뎅께이떼끼나 니혼노 가떼이료―리요

◆ 맛있어보여

おいしそうだね。

오이시소―다네

◆ 좀더 드시겠어요?

もう ちょっと 召し上がりますか。

모― 쫏또, 메시아가리마스까

◆ 예, 더 주세요.

ええ、いただきます。

에에　이따다끼마스

◆ 뭐 좀 마실래요?

何か 飲み物は いかが。

나니까 노미모노와 이까가

◆ 커피를 주세요.

コーヒーを ください。

고―히―오 구다사이

◆ 커피에 설탕과 크림을 넣으세요?

コーヒーに 砂糖と クリームを 入れますか。

고―히―니 사또―또 구리―무오 이레마스까

◆ 멋진 저녁이었어요.

すばらしい 夕食でした。

스바라시 ― 유―쇼꾸데시따

◆ 그것 참 기쁘네요.

それは うれしいです。
소레와 우레시-데스

◆ 와 주셔서 저야말로 즐거웠어요.

来ていただいて こちらこそ 楽しかったです。
기떼 이따다이떼 고찌라꼬소 다노시깟따데스

◆ 즐거운 시간 되세요.

どうぞ お楽に。
도-조 오라꾸니

◆ 슬슬 일어나겠습니다.

そろそろ おいとまします。
소로소로 오이또마시마스

◆ 벌써 가시겠습니까?

もう お帰りですか。
모- 오까에리데스까

◆ 너무 시간이 늦었어요.

もう 時間が 遅いですから。
모- 지깡가 오소이 데스까라

◆ 정말로 가야 합니다.

本当に 帰らなければ ならないんです。
혼또-니 가에라나 께레바 나라나인데스

◆ 좀 더 계시다 가세요.

もうちょっと いいじゃないですか。
모-춋또 이-쟈 니이데스까

◆ 벌써 가게요? 좀더 있을 수 없습니까?

もう 帰るのですか。もう 少し いられないのですか。
모-가에루노 데스까　　　모-스꼬시 이라레나이노데스까

◆ 저녁을 드시고 가지 않겠습니까?

夕食を 召し上がって 行きませんか。

유-쇼꾸오 메시아갓떼 이끼마셍까

◆ 저는 괜찮습니다.

私の方は かまわないんですよ。

와따시노 호-와 가마와나인데스요

◆ 그럼 만류하지 않겠습니다.

それじゃ、お引き留めは いたしません。

소레쟈, 오히끼도메와 이따시마셍

◆ 그럼 자주 찾아와 주십시오.

では、もっと 何度も 訪ねて 来て くださいよ。

데와, 못또 난도모 다즈네떼 기떼 구다사이요

◆ 언제든지 또 오십시오.

いつでも また 来て ください。

이쓰데모 마따 기떼 구다사이

◆ 오늘 만나서 즐거웠습니다.

今日は 会えて うれしかったです。

교-와 아에떼 우레시깟따데스

◆ 저희 집에도 꼭 오십시오.

私の方にも ぜひ 来て ください。

와따시노 호-니모 제히 기떼 구다사이

◆ 그럼 조심해서 가세요.

では、気をつけて。

데와. 기오쓰께떼

◆ 퇴근 후에 시간 있어요?

たいしゃご　　じかん
退社後に お時間は ありますか。

다이 샤고니, 오지깡와 아리마스까

◆ 이번 일요일에 무슨 약속이 있습니까?

こんど　　にちようび　なに　やくそく
今度の 日曜日、何か 約束が ありますか。

곤도노 니찌요-비 나니까 약소꾸가 아리마스까

◆ 특별한 약속은 없습니다.

とくべつ　　やくそく
特別な 約束は ありません。

두꾸베쓰나 약소꾸와 아리마셍

◆ 지금 방문해도 될까요?

じゃま
これから お邪魔しても いいでしょうか。

고레까라 오쟈 마시떼모 이-데쇼-까

◆ 오늘 조금 있다가 뵐 수 있을까요?

きょう　　　　　め
今日、のちほど お目にかかれますか。

교-, 노찌호도 오메니 가까레마스까

◆ 내일 언제 찾아뵈어도 되겠습니까?

あした
明日いつうかがってもいいですか。

아시따 이쓰까 우까갓떼모 이-데스까

◆ 앞으로 30분 있다가 들러도 되겠습니까?

あと 30分くらい して 立ち寄っても いいですか。

아또 산짓뿡 구라이 시떼 다찌욧떼모 이-데스까

◆ 이번 주말은 바쁘세요?

今度の 週末は お忙しいですか。

곤도노 슈-마쯔와, 오이소 가시이데스까

◆ 특별한 계획은 없습니다.

特別な 計画は ありません。

도꾸베쓰나 게이까꾸와 아리마셍

◆ 다음주 언제 뵐 수 있을까요?

来週の いつ お目にかかれるでしょうか。

라이슈-노 이쓰 오메니 가까레루데쇼-까

◆ 금요일 빼고 언제든 좋습니다.

金曜日を 除けば、いつでも いいです。

깅요-비오 노조께바 이쓰데모 이-데스

◆ 몇 가지 의논하고 싶은 것이 있는데, 언제 만날 수 있습니까?

いくつか 話し合い たいことが あるんですが、い
つ 会えますか。

이꾸쓰까 하나시아이따이 고또가 아룬데스가, 이쓰 아에마스까

◆ 언제든지 좋아요.

いつでも いいですよ。

이쓰데모 이-데스요

◆ 오늘 밤에 시간 있어요?

今晩、お時間が ございますか。
곤방,　　오지깡가 고자이마스까

◆ 내일, 무슨 할 일이 있습니까?

明日、何か する ことが ありますか。
아시따, 나니까 스루 고또가 아리마스까

◆ 아뇨, 없습니다.

いいえ、ありません。
이–에　　　아리마셍

◆ 저와 저녁식사을 함께 하시겠습니까?

私と 夕食を いっしょに いかがですか。
와따시또 유–쇼꾸오 잇쇼니 이까가데스까

◆ 언제가 편하시겠습니까?

ご都合は いつが よろしいでしょうか。
고쓰고–와 이쓰가 요로시이 데쇼–까

◆ 드릴 말씀이 있는데 찾아 뵈어도 될까요?

お話ししに うかがっても いいですか。
오하나시시니 우까갓떼모 이–데스까

◆ 언제 시간이 되시면 뵙고 싶습니다만.

いつか お時間が あれば お目にかかりたいのです
が。
이쓰까 오지깡가 아레바 오메니 가까리따이노데스가

◆ 어디서 만나는 게 가장 좋을까요?

どこで 会うのが いちばん 都合が いいですか。

도꼬데 아우노가 이찌방 쓰고-가 이-데스까

◆ 네 회사 근처에서 만나자구.

君の 会社の 近くで 待ち合わせを しよう。

기미노 가이샤노 지까꾸데 마찌아와세오 시요-

◆ 몇 시에 만날까요?

何時に お会いしましょうか。

난지니 오아이시 마쇼-까

◆ 저녁 7시는 어떠세요?

夕方 7時は いかがですか。

유-가따 시찌지와 이까가데스까

◆ 어디에서 만날까요?

どこで 会いましょうか。

도꼬데 아이마쇼-까

◆ 7시에 네 회사 앞에서 기다릴게.

7時に 君の 会社の 前で 待っているよ。

시찌지니 기미노 가이샤노 마에데 맛떼이루요

◆ 언제가 가장 시간이 좋으세요?

いつが いちばん 都合が いいですか。

이쓰가 이찌방 쓰고-가 이-데스까

◆ 5시에 가능합니까?

5時に 可能でしょうか。

고지니 가노-데쇼-까

◆ 5시에 만납시다.

5時に お会いしましょう。

고지니 오아이시마쇼-

◆ 일이 끝나면 5시에 사무실 앞에서 만날까요?

仕事が 終わったら 5時に 事務所の前で 会いましょうか。

시고또가 오왓따라 고지니 지무쇼노 마에데 아이마쇼-까

◆ 제가 5시에 데리러 갈게요.

私が 5時に ピックアップに 行きます。

와따시가 고지니 핏꾸 앗프니 아끼마스

◆ 기무라씨의 사무실 근처에서 만나요.

木村さんの 事務所の 近くで、お会いしましょう。

기무라상노 지무쇼노 지까데, 오아이시마쇼-

◆ 토요일 오후 3시는 어때요?

土曜日の 午後 3時は どうです?

도요-비노 고고 산지와 도-데스

◆ 너만 괜찮다면 아무래도 좋아.

君さえ よければ それで いいよ。

기미사에 요께레바 소레데 이-요

◆ 신주쿠 역에서 3시 무렵에 만나기로 합시다.

新宿駅で 3時ごろ 待ち合わせましょう。
신쥬꾸 에끼데 산지고로 마찌아와세마쇼ー

◆ 네가 장소를 정해.

あなたが 場所を 決めてよ。
아나따가 바쇼오 기메떼요

◆ 늦을 때는 네 휴대폰으로 연락할게.

遅れる ときは 君の 携帯に 連絡するよ。
오꾸레루 도끼와 기미노 게이따이니 렌라꾸스루요

◆ 그럼 그때 만나자.

じゃあ、その ときに 会おう。
자ー　　　소노 도끼니 아오ー

◆ 늦지마.

遅れないでね。
오꾸레나이데네

◆ 7시에 사무실 앞에서 만날까요?

7時に 事務所の 前で 会いましょうか。
시찌지니 지무쇼노 마에데 아이마쇼ー까

◆ 몇 시까지 시간이 비어 있나요?

何時まで 時間が あいてますか。
난지마데 지깡가 아이떼마스까

◆ 오늘은 좀 그런데, 내일은 어때요?

今日は まずいけど、明日は どうです？
교ー와 마즈이께도, 아시따와 도ー데스

◆ 약속을 취소해야겠습니다.

お約束を キャンセルさせて 頂かなければ なりません。

오약소꾸오 칸세르사세테 이따다카나께레바 나리마셍

◆ 급한 일이 생겨서 갈 수 없습니다.

急用が できてしまって 行けません。

규－요－가 데끼떼 시맛떼 이께마셍

◆ 다른 날 약속하는 게 좋을 것 같군요.

別の日の 約束に した 方が 良いかと 思います。

베쓰노 히노 약소꾸니 시따호－가 요이까또 오모이마스

◆ 아쉽게도 선약이 있습니다.

あいにくと 先約が あります。

아이니꾸또 셍야꾸가 아리마스

◆ 유감스럽지만 오늘 오후는 안 되겠습니다.

残念ながら 今日の 午後は だめなんです。

잔넨나가라　교－노 고고와 다메난데스

◆ 그렇다면 내일은 어때요?

それでは、明日は どうですか。

소레데와,　아시따와 도－데스까

◆ 약속을 연기해야겠습니다.

お約束を 延して 頂かねば なりません。

오약소꾸오 노바시테 이따다께네바 나리마셍

◆ 이번 주말까지 시간이 없습니다.

今週末まで 時間が ありません。

곤슈－마쓰마데 지깡가 아리마셍

◆ 다음으로 미룰 수 있을까요?

次に 延せますか。

쓰기니 노바세마스까

◆ 제가 내일 전화 드릴께요.

私が 明日、お電話します。

와따시가 아시따 오뎅와시마스

◆ 오늘 약속 시간을 조금 앞당겼으면 하는데요.

今日の 約束時間を 少し 早めたいんですが。

교－노 약소꾸 지깡오 스꼬시 하야메따인데스가

◆ 약속 시간을 변경할 수 있을까요?

お約束の 時間を 変更できますか。

오약소꾸노 지깡오 헹꼬－ 데끼마스까

◆ 한 시간 빨리 만납시다.

一時間早めて お会いしましょう。

이찌지깡 하야메떼 오아이시마쇼－

◆ 정말로 미안합니다. 약속을 지킬 수 없습니다.

本当に すみませんが、お約束が 果たせません。

혼또－니 스미마셍가, 오약소꾸가 하따세마셍

◆ 지금은 바빠, 저녁에는 어때?

今は 忙しい。夕方は どう？

이마와 이소가시-. 유-가따와 도-

◆ 6시 이후라면 언제든지 좋아요.

6時 以後なら いつでも いいですよ。

로꾸지 이고나라 이쓰데모 이-데스요

◆ 약속을 못 지켜서 죄송합니다.

約束を 守らないで すみません。

약소꾸오 마모라나이데 스미마셍

◆ 다음 주까지 연기해 주실 수 없습니까?

来週まで 延して いただけませんか。

라이슈-마데 노바시떼 이따다께마셍까

약속 제안에 응할 때

◆ 좋아요, 그럼 그 때 만납시다.

いいですよ。じゃ、その 時に 会いましょう。

이-데스요.　　　 쟈, 소노 도끼니 아이마쇼-

◆ 저는 언제든지 좋아요. 당신은?

私は どちらでも 都合が いいですよ。あなたは？

와따시와 도찌라데모 쓰고-가 이-데스요. 아나따와

◆ 저도 그것이 좋겠습니다.

私も それで 都合が いいです。

와따시모 소레데 쓰고-가 이-데스

◆ 그럼 그 시간에 기다리겠습니다.

では、その 時間に お待ちします。

데와, 소노 지깐니 오마찌시마스

◆ 언제든지 좋으실 때 하십시오.

いつでも お好きな 時に どうぞ。

이쓰데모 오스끼나 도끼니 도-조

◆ 오늘은 곤란한데, 내일은 어때요?

今日は まずいけど、明日は どうです？

교-와 마즈이께도　　　 아시따와 도-데스

◆ 5시는 안 되지만, 7시라면 좋아요.

5時は だめだけど、7時なら いいんですが。

고지와 다메다께도, 시찌지나라 이인데스가

◆ 그게 좋겠습니다.

それで 好都合です。

소레데 고－쓰고－데스

◆ 미안해요, 아쉽게도 약속이 있어요.

すみません。あいにくと 約束が あります。

스미마셍, 　　　아이니꾸또 약소꾸가 아리마스

◆ 이번 주는 시간이 없어요.

今週は 時間が ないんです。

곤슈－와 지깡가 나인데스

◆ 미안합니다. 다른 날로 해주실 수 없을까요?

すみません。別の 日に して いただけないでしょうか。

스미마셍, 베쓰노 히니 시떼 이따다께나이데쇼－까

◆ 미안하지만 오늘은 하루 종일 바빠요.

すみませんが、今日は 一日中 忙しいのです。

스마마셍가 교－와 이찌니찌쥬－ 이소가시－노데스

◆ 오늘 오후에는 안 되겠어요.

今日の 午後は だめなんです。

교－노 고고와 다메난데스

◆ 괜찮아요. 언제든지 좋은 시간에 만나요.

いいんですよ。いつでも お好きな 時に どうぞ。

이인데스요, 　　　이쓰데모 오스끼나 도끼니 도－조

◆ 낮에는 손님이 옵니다. 저녁은 어떨까요?

昼には お客さんが 見えるんです。夕方は どうですか。

히루니와 오갸꾸상가 미에룬데스. 유-가따와 도-데스까

◆ 점심때라면 좋겠군. 식당에서 만납시다.

昼食の ときなら いいですね。食堂で 会いましょう。

쥬-쇼꾸노 도끼나라 이-데스네. 쇼꾸도-데 아이마쇼-

 기쁨과 즐거움

◆ 정말 너무 행복해요.
本当に 幸せです。
혼또-니 시아와세데스

◆ 오늘은 기분이 최고야.
今日は 上機嫌だ。
교-와 죠-끼겐다

◆ 기뻐서 어찌할 바를 모르겠다.
有頂天だ。
오쬬-뗀다

◆ 기분이 너무 좋아.
とても 気分が いい。
도떼모 기붕가 이-

◆ 하늘을 나는 기분입니다.
空を 飛ぶような 気持ちです。
소라오 도부요-나 기모찌데스

◆ 기분이 최고야.
最高の 気分だぜ。
시이꼬-노 기분다제

◆ 눈물이 나올 정도로 기쁘다.

涙の 出るほど うれしい。
나미다노 데루호도 우레시이

◆ 뭔가 좋은 일이라도 있었나요?

何か いい事でも あったのですか。
나니까 이-고또데모　앗따노데스까

◆ 꿈꾸는 듯한 기분이예요.

夢を 見ているような 気分です。
유메오 이떼 이루요-나 기븐데스

◆ 이만큼 기쁜 일은 없었어요.

これほど うれしい ことは ありません。
고레호도　우레시-고또와 아리마셍

◆ 좋아 죽겠어요.

うれしくて たまらない。
우레시꾸떼 다마라나이

◆ 이렇게 기쁜 일은 없다.

こんなに 嬉しい 事は ない。
곤나니 우레시- 고또와 나이

◆ 어머, 기뻐라.

まあ、うれしい。
마-　　우레시-

◆ 기쁘기 짝이 없습니다.

これに まさる 喜びは ありません。
고레니 마사루　요로꼬비와 아리마셍

◆ 즐거워.

たの
楽しい。
다노시-

◆ 기뻐서 기분이 들떠 있습니다.

うれ　　　　き　ぶん
嬉しくて 気分が ウキウキして います。
우레시꾸떼 기붕가 우끼우끼시테 이마스

◆ 기뻐서 말이 안 나옵니다.

　　　　　　ことば
うれしくて 言葉に なりません。
우레시꾸떼　　고또바니 나리마셍

◆ 정말 즐거웠어요.

ほんとう　　　たの
本当に 楽しかったです。
혼또-니 다노시깟따데스

◆ 기분이 좋아.

　　き　ぶん
いい 気分だ。
이- 기분다

◆ 내 생애 최고의 날입니다.

わたし　しょうがい　　さいこう　　ひ
私の 生涯で 最高の 日です。
와따시노 쇼-가이데 사이꼬-노 히데스

 슬픔과 외로움

◆ 그건 슬픈 일이야.

それは 悲しいね。

소레와 가나시-네

◆ 너무 마음이 아파요.

あまりにも 心が 痛いです。

아마리니모 고꼬로가 이따이데스

◆ 슬퍼서 울고 싶은 심정이야.

悲しくて 泣きたい 気持ちです。

가나시꾸떼 나끼따이 기모찌데스

◆ 가슴이 찢어지는 아픔이었어.

胸が 張り裂ける 思いだった。

무네가 하리사께루 오모이닷따

◆ 비참한 기분이에요.

惨めな 気分です。

미지메나 기분데스

◆ 내 마음을 아무도 몰라.

私の 心の 内を 誰も わからない。

와따시노 고꼬로노 우찌오 다레모 와까라나이

◆ 울고 싶어.
泣きたい。
나끼따이

◆ 절망적인 기분이야.
絶望的な 気分だよ。
제쓰보—떼끼나 기분다요

◆ 기운내
元気出して。
겡끼다시떼

◆ 마음이 우울해.
気が めいる。
기가　메이루

◆ 얼굴이 슬퍼 보여요.
悲しい 顔を していますね。
가나시— 가오오 시떼이마네스

◆ 무슨 일이 있어요?
何か あったのですか。
나니까 앗따노데스까

◆ 나는 쭉 슬픔에 잠겼어.
ぼくは ずっと 悲しみに くれている。
보꾸와 줏또 가나시미니 구레떼 이루

◆ 오늘은 우울해요.
今日は ゆううつだ。
교—와 유—우쓰다

◆ 비참해.

みじめだなあ。
미지메다나-

◆ 아무 것도 할 마음이 생기지 않아요.

何も やる 気が おきない。
나니모 야루 기가 오끼나이

◆ 웬지 슬퍼.

何だか 悲しい。
난다까 가나시-

◆ 나 울적해.

私、落ち込んでいるの。
와따시 오찌꼰데 이루노

◆ 정말 놀랐습니다.

本当に 驚きました。
혼또ー니 오도로끼마시따

◆ 그럴 리가 없어요.

そのような 訳が ない。
소노요ー나 와께가 나이

◆ 깜짝 놀랐잖아.

びっくりするじゃないか。
빗꾸리스루쟈 나이까

◆ 왠지 가슴이 두근거려.

何だか 胸騒ぎが するんだよ。
난다까 무나사와기가 스룬다요

◆ 놀라서 말도 안 나와.

驚いて 言葉も 出ないよ。
오도로이떼 고또바모 데나이요

◆ 전혀 예상 밖이었어.

まったく 意外だったよ。
맛따꾸 이가이닷따요

◆ 정말 뜻밖이야.
寝耳に 水だね。
네미미니 미즈다네

◆ 농담하시는 건 아니겠죠?
冗談では ないですね。
죠-단데와 나이데스네

◆ 그 말을 듣고서 너무 놀랐습니다.
その 話を 聞いて、本当に 驚きました。
소노 하나시오 기이떼, 혼또-니 오도로끼마시다

◆ 그것은 금시초문인데요.
それは 初耳です。
소레와 하쓰미미데스

◆ 생각지도 못했습니다.
思っても なかったのです。
오못떼도 나깟따노데스

◆ 망연자실했어.
あっけに とられちゃったよ。
앗께니 도라레쨧따요

◆ 설마.
まさか。
마사까

◆ 무섭군.
恐ろしい。
오소로시-

◆ 어쩐지 으스스하다.

何だか ものすごく 恐ろしい。

난다까, 모노스고꾸 오소로시ー

◆ 가슴이 두근두근 합니다.

胸が ドキドキします。

모네가 도끼도끼시마스

◆ 어머, 어떻게 아세요?

おや、どうして 分かるの？

오야, 도ー시떼 와까루노

◆ 어이없군.

あきれたね。

아끼레따네

◆ 믿을 수가 없어.

信じられない。

신지라레나이

◆ 이제 더 이상 참을 수 없어요.

もう これ 以上 耐えられないよ。

모- 고레 이죠- 다에라레나이요

◆ 이 얼마나 돈과 시간 낭비야.

なんて お金と 時間の むだなんだ。

난떼 오까네또 지깐노 무다난다

◆ 왜 투덜대고 있는 거야?

どうして ぶつぶつ 言ってるんだい。

도-시떼 부쓰부쓰 잇떼룬다이

◆ 불평좀 그만 해라.

文句を 言うのは やめろ！

몽꾸오 유-노와 야메로

◆ 뭐가 그렇게 불만이니?

何が そんなに 不満なの。

나니가 손나니 후만나노

◆ 왜 이렇게 시간이 걸리니?

なぜ こんなに 時間が かかるの。

나제 곤나니 지깡가 가까루노

◆ 10분에 맞추는 것은 무리야

十分で 間に合わせるのは 無理だよ。

짓뿐데 마니아와세루노와 무리다요

◆ 아, 지긋지긋해.

ああ、うんざりだよ。

아, 운자리다요!

◆ 어지간히 해요

いいかげんに してくれよ。

이-가겐니 시떼 구레요

◆ 너는 도움이 안 돼.

君は 役立たずだ。

기미와 야꾸다따즈다

◆ 나의 적은 급료로는 해나갈 수 없어.

私の 少ない 給料では やって いけないよ。

와따시노 스꾸나이 규-료-데와 얏떼 이께나이요

◆ 소용없게 되었어.

無駄に なったよ。

무다니 낫따요

◆ 쓸데없는 짓은 하지 마라.

もったいない ことを するな。

뭇따이나이 고또오 스루나

◆ 투덜거리지마

ぶつぶつ 言うな。

부쓰부쓰 유-나

◆ 네가 말한 것은 납득이 안 돼.

君の 言う ことは 腑に 落ちない。

기미노 유– 고또와 후니 오찌나이

◆ 어떻게 해줘요.

何とかしてよ。

난또까 시떼요

◆ 너저분하게 말참견하지 말아.

ごちゃごちゃ 口出ししないでよ。

고쨔고쨔 구찌다시 시나이데요.

◆ 머리가 돌겠다.

頭が 変に なるよ。

아따마가 헨니 나루요

◆ 넌 내 신경에 거슬려.

君は ぼくの 神経に さわるよ。

기미와 보꾸노 싱께이니 사와루요

◆ 어딘가 컨디션이 안 좋니?

どこか 具合が 悪いの？

도꼬까 구아이가 와루이노

◆ 안색이 안 좋아.

顔色が 悪いわよ。

가오이로가 와루이와요

◆ 무리하지 않는 게 좋겠어.

無理しない ほうが いいよ。

무리시나이　호-가 이-요

◆ 무슨 걱정이라도 있니?

何か 心配事でも あるの？

나니까 신빠이고또데모 아루노

◆ 기분은 어때?

気分は どう？

기붕와 도-

◆ 무슨 일이 있었니?

何か あったの？

나니까 앗따노

◆ 울적해 보이네.

ふさぎ込んでいるわね。
후사기 꼰데 이루와네

◆ 무슨 일 있니?

どうかしたの？
도－까시따노

◆ 걱정하지 마, 괜찮으니까.

気に するなよ。大丈夫だから。
기니 스루나요. 다이죠－부다까라

◆ 걱정한다고 될 일이 아닙니다.

心配して 終わる 問題では ありません。
신빠이시떼— 오와루 몬다이데와 아리마셍

◆ 걱정이 많은가 봐요.

心配事が 多いようですね。
신빠이고또가 오－이요－데스네

◆ 걱정했다고 문제가 해결되는 건 아닙니다.

心配したからと 言って 問題が 解決される 訳では
ありません。
신빠이시다까라또 잇떼, 몬다이가 가이께쓰사레루 와께데와 아리마셍

◆ 어떻게 하면 좋을까?

どうしたら いいだろうか。
노－시따라 이－다로－까

◆ 걱정 말아요.

ご心配 要りません。
고신빠이 이리마셍

◆ 그건 걱정할 일이 아닙니다.

それは 心配する 事では ありません。

소레와, 신빠이스루 고또데와 아리마셍

◆ 무리하지 않는게 좋겠어.

無理しない ほうが いいよ。

무리시나이 호-가 이-요

◆ 평소와는 모습이 달라

いつもと 様子が 違うわ。

이쯔모노또 요-스가 지가우와

◆ 어떤 변명도 듣고 싶지 않아.

どんな 言い訳も 聞きたくない。

돈나 이-와께모 기끼따꾸 나이

◆ 더 이상은 못참겠어.

もう 我慢できない。

모- 가망데끼나이

◆ 변명하지 마.

言い訳を するな。

이- 와께오스루나

◆ 몇 번이나 얘기해야 알겠니?

何度 言ったら わかるの。

난도 잇따라 와까루노

◆ 바보 취급하지 마!

ばかに するな！

바까니 스루나!

◆ 나를 모욕하지 마.

ぼくを 侮辱するなよ。

보꾸오 부죠꾸스루나요

◆ 정말 뻔뻔스럽구나.

なんて 厚かましいんだ。
난떼 아쓰까마시인다

◆ 쓸데없는 간섭이야.

よけいな お世話だ。
요께이나 오세와다

◆ 너한테 화를 내고 있는 거야.

あなたに 腹を立てて いるのよ。
아나따니 하라오 다떼데 이루노요

◆ 이제 참을 수 없어.

もう 我慢できないんだ。
모- 가만데끼나인다

◆ 뻔뻔스럽게도 잘도 말하는군.

ぬけぬけと よく 言うよ。
누께누께또 요꾸 유-요

◆ 화가 나.

頭に きた。
아따마니 기따

◆ 왜 그렇게 화가 났어요?

何で そんなに おこったんですか。
난데 손나니 오꼿딴데스까

◆ 큰소리 지르지 마라.

大声を 出すな。
오-고에오 다스나

◆ 참는 것도 한계가 있어요.

我慢するのも 限界が あります。
가만스루노모 겡까이가 아리마스

◆ 당신, 나한테 화났습니까?

あなた、私に 腹が 立ったんですか。
아나따, 와따시니 하라가 닷딴데스까

◆ 이제 지겨워.

もう うんざりだ。
모- 운자리다

◆ 흔히 있는 일이야.

よく あること だよ。
요꾸 아루 고또다요

◆ 걱정하지 말아요.

くよくよするなよ。
꾸요꾸요 스루나요

＝気にするなよ。
기니스루나요

◆ 자, 힘을 내세요.

さあ、元気を 出して。
사ー, 겡끼오 다시떼

◆ 잊어버리세요.

忘れて ください。
와스레떼 구다사이

◆ 실망하지 마.

がっかりするなよ。
갓까리스루나요

◆ 그렇게 심각하게 생각할 것은 없어.

そんなに 深刻に 考える こと ないよ。
손나니 싱꼬꾸니 강가에루 고또 나이요

◆ 그런 일도 종종 있습니다.

そういう ことも よく あります。
소-유- 고또모 요꾸 아리마스

◆ 대수로운 일도 아니야.

大した 問題じゃないよ。
다이시따 몬다이쟈 나이요

◆ 인생이란 그런 거예요.

人生なんて そんなものですよ。
진세이난떼 손나 모노데스요

◆ 충심으로 위로의 말씀을 드립니다.

衷心から お悔やみ申し上げます。
쥬-싱까라　오꾸야미 모-시아게마스

◆ 운이 나빴구나.

運が 悪かったね。
웅가 와루깟따네

◆ 괜찮아.

大丈夫よ。
다이죠-부요

◆ 누구에게나 있을 수 있는 일이야.

誰にだって ある ことだよ。
다레니 닷떼 아루 고또다요

◆ 흔히 있는 실수야.

よく ある 間違いだよ。
요꾸 아루 마찌가이다요

◆ 또 기회는 있어.

また チャンスは あるわ。
마따 짠스와 아루와

◆ 운이 없었군요.

ついてませんでしたね。
쓰이떼 마센데시따네

◆ 삼가 조의를 표합니다.

弔意を 表します。
죠-이오 아라와시마스

◆ 정말로 안 됐습니다.

本当に お気の毒です。
혼또-니 오끼노 도꾸데스

◆ 이 세상이 끝난 것은 아니잖아요?

この世の 終りと いう わけでも ないでしょう。
고노요노 오와리또 유- 와께데모 나이데쇼-

230

◆ 후회하고 있어.

後悔しているんだ。
고-까이시데 이룬다

◆ 바보 같은 짓을 하고 말았어.

ばかな ことを してしまった。
바까나 고또오 시떼 시맛따

◆ 그런 짓을 하는게 아니었어.

そんな ことを するんじゃなかった。
손나 고또오 스룬쟈 나깟따

◆ 그런 짓을 하다니 나도 경솔했어.

そんな ことを するなんて 私も 軽率だった。
손나 고또오 스루난떼 와따시모 게이소쓰닷따

◆ 내가 한 일을 후회하고 있어요.

自分の した ことを 後悔している。
지분노 시따 고또오 고-까이시떼 이루

◆ 이제 되돌릴 수가 없어.

もう 取り返しが つかないよ。
모- 도리까에시가 쓰까나이요.

◆ 이제 어쩔 도리가 없어.

もう どうしようも ないよ。

모- 도-시요-모 나이요.

◆ 그건 거짓말이야.

それは 嘘だ。

소레와 우소다

◆ 거짓말 하지 마.

嘘を つくな。

우소오 쓰꾸나

◆ 바보 같은 소리 하지 마.

ばかを 言うな！

바까오 유-나

◆ 시치미 떼지 마!

とぼけるな！

도보께루나

◆ 생트집은 그만 두세요.

言いがかりは やめて ください。

이-가까리와 야메떼 구다사이

◆ 너는 나를 속였어.

君は 私を かついだだろう。

기미와 와따시오 가쓰이다다로-

◆ 후회하지 말아요.

後悔しないで ください。

고-까이시나이데 구다사이

◆ 좀더 노력했더라면 좋았을 텐데.

もっと がんばったら よかったのに。
못또 간밧따라 요깟따노니

◆ 거짓말은 이제 듣고 싶지 않아.

うそは もう 聞きたくない。
우소와 모- 기끼따꾸나이

◆ 후회하고 있어요.

後悔して います。
고-까이시떼 이마스

Part 8. 병원

 건강관리

◆ 어떻게 그렇게 건강하세요?

どうして そんなに お元気なのですか。

도-시떼 손나니 오겡끼나노데스까

◆ 일찍 자고 일찍 일어나는 것이 건강의 비결입니다.

早寝早起きが 健康の 元です。

하야네 하야오끼가 겡꼬-노 모또데스

◆ 늘 운동하세요?

いつも 運動して いますか。

이쓰모 운도-시떼 이마스까

◆ 매일 아침 조깅을 하고 있습니다.

毎朝、ジョギングして います。

마이아사 조깅구시떼 이마스

◆ 참 건강하시네요.

本当に お元気ですね。

혼또-니 오겡끼데스네

◆ 좀 안색이 안 좋은 것 같군요.

ちょっと 顔色が すぐれないようですね。

쫏또 가오이로가 스구레나이요-데스네

◆ 의사에게 진찰을 받는 게 좋을 것 같습니다.

医者に 診てもらった ほうがいいと 思います。

이샤니 미떼 모랏따 호-가 이-또 오모이마스

◆ 요즘 체력이 떨어지는 게 느껴져.

この頃、体力の 衰えを 感じるよ。

고노고로, 다이료꾸노 오도로에오 간지루요.

◆ 좀 쉬는 게 어때요?

少し 休んだら どうです?

스꼬시 야슨다라 도-데스

◆ 저는 걷기가 건강에 좋다고 생각해요.

私は 歩くのが 健康に いいと 思って います。

와따시와 아루꾸노가 겡꼬-니 이-또 오못떼 이마스

◆ 서로 자신의 몸을 돌봐야 해.

お互いに 身体には 気をつけなくちゃ。

오따가이니 신따이니와 기오 쓰께나꾸쨔

◆ 운동은 건강과 장수의 열쇠입니다.

運動は 健康と 長生きの 鍵です。

운도-와 겡꼬-또 나가이끼노 가기데스

◆ 담배를 끊어야 해요.

たばこを やめなければ なりません。

다바꼬오　　야메나께레바 나리마셍

◆ 저는 무척 건강해요.

私は すごく健康です。

와따시와 스고꾸 겡꼬-데스

◆ 오늘 기분은 어때요?

今日の ご気分は。

교-노 고끼붕와

◆ 기운이 없어 보이네요.

元気が ないようですね。

겡끼가 나이요-데스네

◆ 계단을 오르면 숨이 차.

階段を 上ると 息が きれるんだ。

가이당오 노보루또 이끼가 기레룬다

◆ 의사가 술을 끊으라고 했어.

医者から 酒を やめなさいと 言われたんだ。

이샤까라 사께오 야메나사이또 이와레딴다

◆ 잠시 누워 있는 게 좋겠어요.

しばらく 横に なった ほうが いいですよ。

시바라꾸　요꼬니 낫따 호-가 이-데스요

◆ 당신한테 감기가 옮은 것 같아요.

あなたから 風邪を 移されたようです。

아나따까라 가제오 우쓰사레따요-데스

◆ 머리가 깨지듯이 아픕니다.

頭が 割れるように 痛みます。

아따마가 와레루요-니 이따미마스

◆ 열을 재보면 어때요?

熱を 計ってみたら?

네쓰오 하깟떼 미따라

◆ 미열이 있는 것 같습니다.

微熱が あるようです。

비네쓰가 아루요-데스

◆ 더 이상 악화되지 않았으면 좋겠습니다만.

これ 以上 悪く ならないと いいのですが。

고레 이죠- 와꾸루 나라나이또 이-노데스가

◆ 두통인데, 좀처럼 낫지 않습니다.

頭痛ですが、なかなか 治りません。

즈쓰-데스가 나까나까 나오리마셍

◆ 이번 감기는 잘 떨어지지 않아요.

今回の 風邪は なかなか 治りません。

공까이노 가제와 나까나까 나오리마셍

◆ 체중은 어느 정도 입니까?

体重は どのくらいですか。

다이쥬-와 도노 구라이데스까

◆ 하루 일을 쉬면 좋겠어요.
<ruby>一日<rt>いち にち</rt></ruby> <ruby>仕事<rt>しごと</rt></ruby>を <ruby>休<rt>やす</rt></ruby>むと いいですよ。
이찌니찌 시고또오 야스무또 이-데스요

◆ 약간 체중이 늘어났습니다.
いくらか <ruby>体重<rt>たいじゅう</rt></ruby>が <ruby>増<rt>ふ</rt></ruby>えました。
이꾸라까 다이쥬-가 후에마시다

◆ 얼마나 체중을 줄이고 싶니?
どれぐらい <ruby>体重<rt>たいじゅう</rt></ruby>を <ruby>減<rt>へ</rt></ruby>らしたいの?
도레구라이 다이쥬-오 헤라시따이노

◆ 적어도 5킬로 그램은 줄이고 싶어.
<ruby>最低<rt>さい てい</rt></ruby>で 5キロは <ruby>減<rt>へ</rt></ruby>らしたいわ。
사이떼이데 5끼로와 헤라시따이와

◆ 어제보다는 훨씬 컨디션이 좋아요.
<ruby>昨日<rt>きのう</rt></ruby>よりは はるかに <ruby>体<rt>からだ</rt></ruby>の <ruby>調子<rt>ちょうし</rt></ruby>が いいです。
기노-요리와, 하루까니 가라다노 쵸-시가 이-데스

 접수창구

◆ 진찰 받으러 왔어요.

診察して いただきたいんですが。
신사쓰시떼 이따다끼따인데스가

◆ 진료를 원하십니까?

何科の 受診を ご希望ですか。
나니까노 쥬싱오 고끼보-데스까-

◆ 접수는 어디에서 하나요?

受付は どちらでしょうか。
우께쓰께와 도찌라데쇼-까

◆ 몇 시에 선생님에게 진찰을 받을 수 있나요?

何時に 先生に 診ていただけますか。
난지니 센세이니 미떼 이따다께 마스까

◆ 이 병원에서의 진료는 처음입니까?

この 病院での 受診は 初めてですか。
고노 뵤-인데노 쥬싱와 하지메떼데스까

◆ 보험증은 가지고 계신가요?

保険証は お持ちでしょうか。
호껜쇼-와 오모찌데쇼-까

◆ 네, 가지고 있습니다.

はい、持<ruby>も</ruby>っています。

하이 못떼이마스

◆ 의료보험증은 여기에 제출합니까?

健康保険証は こちらへ 提出するのですか。

겡꼬-호껜쇼-와 고찌라에 데이슈쯔스루노데스까

◆ 이 용지에 기입을 부탁합니다.

この 用紙に 記入をお 願いします。

고노 요-시니 기뉴-오 오네가이 시마스

◆ 이 병원은 몇 시부터 몇 시까지인가요?

病院は 何時から 何時までですか。

뵤-잉와 난지까라 난지마데데스까

◆ 진찰실은 어디인가요?

診察室は どこですか。

신사쓰시쓰와 도꼬데스까

◆ 예약이 필요합니까?

予約が 必要ですか。
（よやく　ひつよう）
요야꾸가 하쓰요-데스까

◆ 진료 예약을 하고 싶어요.

診療の 予約を したいです。
（しんりょう　よやく）
신료-노 요야꾸오 시따이데스

◆ 야마모또 선생님에게 진료 예약을 하고 싶습니다.

山本先生に 診察の 予約を お願いします。
（やまもと せんせい　しんさつ　よやく　ねが）
야마모또 센세이니 신사쓰노 요야꾸오 오네가이시마스

◆ 어디 아프세요?

どこか 痛みますか。
（いた）
도꼬까 이따미마스까

◆ 항상 위가 거북합니다.

いつも 胃に 不快感が あります。
（い　ふかいかん）
이쓰모 이니 후까이깡가 아리마스

◆ 전에 오신 적이 있습니까?

以前 いらっしゃった 事が ありますか。
（い ぜん　こと）
이젱 이랏샷따 고또가 아리마스까

◆ 진찰은 오늘이 처음입니다.

診ていただくのは 今日が 初めてです。

미떼 이따다꾸노와 −교−가 하지메떼데스

◆ 오늘 오후, 진찰 받을수 있나요?

今日の 午後、診ていただけますか。

교−노 고고, 미떼 이따다께마스까

◆ 내일 오전이라면 가능합니다.

あしたの 午前なら 可能です。

아시따노 고젠나라 가노−데스

◆ 야마모또씨, 안으로 들어오십시오.

山本さん、中に お入りください。

야마모또상　나까니 오하이리구다사이

◆ 어디가 아프신가요?

どこが 痛いのですか。

도꼬가 이따이노데스까

◆ 여기가 아픕니다.

ここが 痛いのです。

고꼬가 이따이노데스

◆ 언제부터 아프기 시작했나요?

いつから 痛み始めましたか。

이쓰까라 이따미하지메마시다까

◆ 여기 엎드려 누우세요

ここに うつぶせに 寝てください。

고꼬니 우쓰부세니 네떼 구다사이

◆ 여기를 누르면 아픕니까?

ここを 押すと 痛いですか。

고꼬오 오스또 이따이데스까

◆ 청진기를 델 테니 셔츠를 벗으세요.

聴診器を 当てますので、シャツを 脱いでください。

죠-싱끼오 아떼마스노데 샤쓰오 누이데 구다사이

◆ 저는 어디가 안 좋습니까?

私は どこが 悪いのですか。

와따시와 도꼬가 와루리노데스까

◆ 독감인 것 같습니다.

インフルエンザのようですね。

인뿌루엔자노요-데스네

◆ 단순한 감기입니까?

ただの 風邪ですか。

다다노 가제데스까

◆ 지금까지 큰 병을 앓은 적은 없습니다.

今まで 大きな 病気を したことは ありません。

이마마데, 오-끼나 뵤-끼오 시따 고또와 아리마셍

◆ 검사를 받을 필요가 있습니까?

検査を 受ける 必要が ありますか。

겐사오 우께루 히쓰요-가 아리마스까

◆ 예, 혈액과 소변 검사를 합니다.

ええ、血液と 尿の 検査を します。

에-　게쓰에끼또 뇨-노 겐사오 시마스

◆ 체혈을 할 테니까 소매를 걷어 주세요.

採血を しますので、そでを まくって ください。

사이께쓰오 시마스노데 소데오 마꿋떼 구다사이

◆ 세게 주먹을 쥐세요.

強く こぶしを 握って ください。
쓰요꾸 고부시오 니깃떼 구다사이

◆ 주사 바늘을 꽂을 때 조금 따끔해요.

針を 刺す とき、ちょっと チクッと しますよ。
하리오 사스도 끼 쫏또 찌꿋또 시마스요

◆ 혈압을 재겠습니다.

血圧を 測ります。
게쓰아쓰오 하까리마스

◆ 검사 결과를 알려주세요.

検査の 結果を 教えて ください。
겐사노 겟까오 오시에떼 구다사이

◆ 결과는 1주일 후에 나옵니다.

結果は 1週間後に 出ます。
겟까와 잇슈-깡고니 데마스

◆ 어떤 치료를 하는 겁니까?

どんな 治療を するのですか。
돈나 지료-오 스루노데스까

◆ 입원할 필요가 있습니까?

入院する 必要が ありますか。
뉴-인스루 히쓰요-가 아리마스까

◆ 어느 정도면 좋아집니까?

どれぐらいで よくなりますか。
도레 구라이데 요꾸 나리마스까

◆ 아랫배가 살살 아픕니다.

<ruby>下<rt>した</rt></ruby>っ<ruby>腹<rt>ぱら</rt></ruby>が しくしくと <ruby>痛<rt>いた</rt></ruby>みます。

시땃빠라가 시꾸시꾸또 이따미마스

◆ 우유를 마시면 설사를 합니다.

<ruby>牛乳<rt>ぎゅうにゅう</rt></ruby>を <ruby>飲<rt>の</rt></ruby>むと <ruby>下痢<rt>げり</rt></ruby>します。

규－뉴－오 노무또 게리시마스

◆ 배에 가스가 찹니다.

<ruby>腹<rt>はら</rt></ruby>に ガスが たまります。

하라니 가스가 다마리마스

◆ 설사가 심해요.

<ruby>下痢<rt>げり</rt></ruby>が ひどいのです。

게리가 히도이노데스

◆ 콧물이 흐르고 열이 나요.

<ruby>鼻水<rt>はなみず</rt></ruby>が <ruby>出<rt>で</rt></ruby>て <ruby>熱<rt>ねつ</rt></ruby>が あります。

하나미즈가 데떼 네쓰가 아리마스

◆ 체온을 재 보겠습니다.

<ruby>体温<rt>たいおん</rt></ruby>を <ruby>測<rt>はか</rt></ruby>って <ruby>見<rt>み</rt></ruby>ます。

다이옹오 하깟떼 미마스

◆ 미열이 있는 것 같습니다.

微熱が あるようです。

비네쓰가 아루요-데스

◆ 진찰하겠습니다.

診察します。

신사쓰시마스

◆ 셔츠좀 걷어올려 보실래요?

ちょっと シャツを 上げてください。

죳또 샤쓰오 아게떼 구다사이

◆ 여기를 만지면 아프십니까?

ここを 触ると 痛いですか。

고꼬오 사와루또 이따이데스까

◆ 온몸이 욱신욱신 쑤셔요.

全身が ずきずきと 痛みます。

젠신가 즈끼즈끼또 이따미마스

◆ 몇 가지 검사를 해봐야겠는데요.

いくつか 検査を しなければ なりません。

이꾸쓰까　겐사오 시나께레바 나리마셍

◆ 엑스레이 촬영과 혈액검사입니다.

レントゲン撮影と 血液検査です。

렌또겐사쓰에이또 게쓰에끼겐사데스

◆ 검사 결과를 알려주시겠어요?

検査の 結果を 教えて いただけますか。

겐사노 겟까오　오시에떼 이따다께마스까

◆ 증상이 심각한가요?

しょうじょう しんこく
症状が 深刻ですか。

쇼-죠-가 싱꼬꾸데스까

◆ 혈압이 오른 것 같은데요.

けつ あつ あ おも
血圧が 上がっていると 思いますが。

게쓰아쓰가 아갓떼 이루또 오모이마스가

◆ 입원해야 합니까?

にゅういん
入院しなければ ならないのですか。

뉴-인시나 께레바 나라나이노데스까

◆ 요즘 소화가 잘 안 돼요.

ごろ い
この頃、胃が もたれるんです。

고노고로, 이가 모따레룬데스

◆ 명치 언저리가 쓰리고 아픕니다.

むねや
胸焼けが します。

무네야께가 시마스

◆ 치료는 어떻게 하면 되나요?

ちりょう
治療は どうしたら いいですか。

지료-와 도-시따라 이-데스까

◆ 며칠 정도면 다 낫겠어요?

なんにち た ぜんかい
何日ぐらい 経つと 全快しますか。

난니찌구라이 따쓰또 젱까이시마스까

◆ 내일 또 와야 하나요?

あした こ
明日 また 来なければ なりませんか。

아시따 마따 고나께레바 나리마셍까

◆ 식중독인가요?

食中毒でしょうか。

쇼꾸쥬도꾸데－쇼－까

◆ 기분이 안 좋고 토할 것 같습니다.

気分が 悪くて、吐きそうです。

기붕가 와루꾸떼, 하끼소－데스

◆ 미끄러져 넘어졌어요.

滑って ころびました。
스벳떼 고로비마시따

◆ 발목을 삐었습니다.

足首を ねんざしました。
아시꾸비오 넨자시마시따

◆ 걸으면 발목이 아픕니다.

歩くと 足の付け根が 痛いのです。
아루꾸또 아시노 쓰께네가 이따이노데스

◆ 발목이 부어 올랐습니다.

足首が 腫れて 来ました。
아시꾸비가 하레떼 기마시따

◆ 여기가 아픕니다.

ここが 痛いです。
고꼬가 이따이데스

◆ 차갑게 하는 것이 좋습니까?

冷やした ほうが いいのですか。
히야시따 호－가　　　　이－노데스까

◆ 요리를 하다가 손을 데었습니다.

料理の 時、手に 火傷を しました。

료-리노 도끼 데니 야께도오 시마시따

◆ 물집이 생겼어.

水ぶくれに、なったわ 。

미즈부꾸레니 낫따와

◆ 상처를 소독했어요?

傷口を 消毒しましたか。

기즈 구찌오 쇼-도꾸 시마시다까

◆ 아니, 물로 씻기만 했어.

いや、水で 洗った だけだよ。

이야, 미즈데 아랏따 다께다요

◆ 응급 조치가 필요합니다.

応急手当が 必要です。

오-뀨-데아떼가 히쓰요-데스

◆ 흉터가 남을까요?

傷跡が 残りますか。

기즈아또가 노꼬리 마스까

◆ 아뇨, 얼마 후면 없어집니다.

いいえ、しばらく すれば 消えますよ。

이-에 시바라꾸 스레바 기에마스요

◆ 감염될 염려가 있나요?

感染の 恐れが ありますか。

간센노 오소레가 아리마스까

◆ 진통제를 처방해 드릴까요?

<ruby>鎮痛剤<rt>ちんつうざい</rt></ruby>を <ruby>処方<rt>しょほう</rt></ruby>しましょうか。

진쓰－자이오 쇼호－시마쇼－까

◆ 오른쪽 팔의 뼈가 부러졌습니다.

<ruby>右腕<rt>みぎうで</rt></ruby>の <ruby>骨<rt>ほね</rt></ruby>が <ruby>折<rt>お</rt></ruby>れました。

미기우데노 호네가 오레마시다

◆ 깁스를 해야겠습니다.

ギブスを します。

기브스오 시마스

◆ 주사를 놓겠습니다.

<ruby>注射<rt>ちゅうしゃ</rt></ruby>を <ruby>打<rt>う</rt></ruby>ちます。

쥬－샤오 우찌마스

◆ 눈이 가려워요.

目が かゆいです。

메가 가유이데스가

◆ 눈이 아파서 눈물이 나요.

目が痛くて 涙が 出ます。

메가 이따꾸데 나미다가 데마스

◆ 눈이 충혈되어 있어요.

目が 充血して います。

메가 쥬-께쓰시떼 이미스

◆ 당신의 시력은 어느 정도 입니까?

あなたの 視力は どれくらいですか。

아나따노 시료꾸와 도레꾸구라이데스까

◆ 눈이 침침하고 안 보이는데요.

目が かすんで よく 見えません。

메가 가슨데 요꾸 미에마셍

◆ 아파서 눈을 뜰 수가 없습니다.

痛くて 目を 開けて いられません。

이따꾸떼 메오 아께떼 이라레마셍

◆ 저는 원시입니다.

私は 遠視です。

와따시와 엔시데스

◆ 시력검사를 하러 왔습니다.

視力検査の ために 来ました。

시료구겐사노 다메니 기마시따

◆ 안경을 맞추려고 하는데 검사 받을 수 있나요?

眼鏡を 作りたいのですが 検査を 受けられますか。

메가네오 쓰꾸리 따이노데스가 겐사오 우께라레마스까

◆ 안경을 맞추게 처방전을 써주세요.

メガネを つくる ための 処方箋を 書いてください。

메가네오 쓰꾸루 다메노 쇼호-셍오 가이떼 구다사이

◆ 왼쪽눈에 다레끼가 났어요.

左の目に ものもらいが できました。

히다리노 메니 모노모라이가 데끼마시따

◆ 눈꼽이 낍니다.

目脂が たまります。

메야니가 다마리마스

◆ 눈에 염증이 생겼어요.

目が 炎症しています。

메가 엔쇼-시떼 이마스

◆ 안약좀 주세요.

目薬を ください。

메구스리오 구다사이

◆ 식사할 때 이가 아픕니다.
食事の 時に 歯が 痛いのです。
쇼꾸지노 도끼니 하가 이따이노데스

◆ 잇몸에 염증이 있어요.
歯茎が 炎症して います。
하구끼가 엔쇼-시떼 이마스

◆ 잇몸에서 피가 납니다.
歯茎から 血が 出ています。
하구끼까라 지가 데떼 이마스

◆ 차가운 물을 마실 때마다 몹시 아픕니다.
冷たい 水を 飲むたびに ひどく 痛いんです。
쓰메따이 미즈오 노무 다비니 히도꾸 이따인데스

◆ 이가 하나 흔들거립니다.
歯が 一本 ぐらぐらして います。
하가 잇뽕 구라구라시떼 이마스

◆ 그 이는 치료가 안 되나요?
その 歯は 助かりませんか。
소노 하와 다스까리마셍까

◆ 통증이 있나요?

痛みが ありますか。

이따미가 아리마스까

◆ 네, 심한 통증이 있어요.

はい、激しい 痛みが あります。

하이　　하게시— 이따미가 아리마스

◆ 충치가 몇 개 있는 것 같습니다.

虫歯が 何本か あると 思います。

무시바가 난봉까 아루또 오모이마스

◆ 입을 크게 벌리세요.

口を 大きく 開けて ください。

구찌오 오—끼꾸 아께떼 구다사이

◆ 뽑아버려야 될 것 같습니다.

抜かなければ なりませんね。

누까나께레바 나리마센네

◆ 음식물이 이에 잘 끼입니다.

食べ物が よく 歯に 挟まります。

다베모노가 요꾸 하니 하사마리마스

◆ 잇몸에 가끔 약간의 통증이 있습니다.

歯肉に ときどき 鈍い 痛みが あります。

하나꾸니 도끼도끼 니부이 이따미가 아리마스

◆ 이를 규칙적으로 닦으세요.

規則正しく 歯を 磨いて ください。

기소꾸 다다시꾸 하오 미가이떼 구다사이

◆ 적어도 하루에 두 번은 이를 닦아야 합니다.

少なくとも、一日に 二回は 歯を 磨かなければ なりません。

스꾸나꾸또모, 이찌니찌니 니까이와 하오 미가까나께레바 나리마셍

◆ 알겠습니다.

分かりました。

와까리마시따

◆ 어떤 칫솔을 쓰면 좋을까요?

どんな 歯ブラシを 使うと いいでしょうか。

돈나 하부라시오 쓰까우또 이-데쇼-까

◆ 보험이 됩니까?

保険が ききますか。

호껭가 기끼마스까

◆ 치과 검진은 정기적으로 받고 있어.

歯の 検診は 定期的に 受けているんだ。

하노 겐싱와 데이끼떼끼니 우께떼 이룬다.

◆ 덕분에 충치는 없어.

おかげで 虫歯は ないんだよ。

오까게데 무시바와 나인다요

◆ 외과 병동은 어디입니까?

<ruby>外<rt>げ</rt></ruby><ruby>科<rt>か</rt></ruby><ruby>病<rt>びょう</rt></ruby><ruby>棟<rt>とう</rt></ruby>は どこですか。

게까뵤−또−와 도꼬데스까

◆ 야마모토씨 병실은 어디입니까?

<ruby>山本<rt>やまもと</rt></ruby>さんの <ruby>病室<rt>びょうしつ</rt></ruby>はどこですか。

야마모또상노 뵤−시쯔와 도꼬데스까

◆ 야마모토씨, 어떻게 된 겁니까?

<ruby>山本<rt>やまもと</rt></ruby>さん、どうしたんですか。

야모마또상, 도−시 딴데스까

◆ 예, 교통사고로 가볍게 다쳐서요.

ええ、<ruby>交通事故<rt>こうつうじこ</rt></ruby>で <ruby>軽<rt>かる</rt></ruby>い <ruby>怪我<rt>けが</rt></ruby>を しまして。

에−, 고−쓰−지꼬데 가루이 게가오 시마시떼

◆ 그거 큰일 날뻔 했군요.

それは <ruby>大変<rt>たいへん</rt></ruby>でしたね。

소레와 다이헨데시따네

◆ 무엇이든 편히 생각하고 느긋하게 마음먹으세요.

<ruby>何<rt>なん</rt></ruby>でも <ruby>気楽<rt>きらく</rt></ruby>に <ruby>考<rt>かんが</rt></ruby>えて ゆったりして ください。

난데모 기라꾸니 강가에떼, 윳따리시떼 구다사이

◆ 뭔가 필요한 것이 있니?

何か 持って きて ほしい ものが ある？

나니까 못떼 기떼 호시- 모노가 아루

◆ 아직은 안정을 취하는게 좋아.

まだ 安静を 取る ほうが 良い。

마다 안세이오 도루 호-가 요이

◆ 생각보다 훨씬 건강해 보여.

思ったより ずっと 元気そうですね。

오못따요리 줏또 겡끼소-데스네

◆ 꼭 곧 건강해질 겁니다.

きっと すぐ 元気に なりますよ。

깃또 스구　　겡끼니 나리마스요

◆ 아무쪼록 몸조리 잘 하세요.

くれぐれも お大事に。

구레구레모　　오다이지니

◆ 그럼 또 내일 올게.

じゃあ、また 明日 来るわ。

쟈-,　　마따 아시따 구루와

◆ 내일 건강검진이야.

あした けんこうしんだん
明日 健康診断だね。

아시따 겡꼬— 신단다네

◆ 전날밤 9시 이후에는 아무것도 먹으면 안 돼.

まえ ばん じ いご なに た
前の晩 9時 以後は 何も 食べちゃ いけないんだ。

마에노 방 구지 이고와 나니모 다베쨔 이께나인다

◆ 건강진단을 받으러 왔습니다.

けんこうしん だん き
健康診断の ために 来ました。

겡꼬—신단노 다메니 기마시따

◆ 마지막으로 건강진단을 받은 것은 2년 전입니다.

ぜんかい けんこうしん だん う ねんまえ
前回 健康診断を 受けたのは 2年前です。

젱까이 겡꼬—신당오 우께다노와 니넨마에데스

◆ 체혈을 할 테니까 소매를 걷어주세요.

さい けつ
採血を しますので、そでを まくって ください。

사이께쯔오 시마스노데 소데오 마꿋떼 구다사이

◆ 심전도를 찍을 테니까 반듯이 누우세요.

しんでんず ね
心電図を とりますので あおむけに 寝てください。

신덴즈오 도리마스노데 아오무께니 네떼 구다사이

◆ 위내시경을 삼키기 전에 목에 마취를 합니다.

い　　　　　　の　　まえ　　　　　　ますい
胃カメラを 飲む 前に のどの 麻酔を します。

이가메라오 노무 마에니 노도노 마스이오 시마스

◆ 마취액이 목에 머물러 있게 해주세요.

ますいえき
麻酔液を のどに とどめて おいて ください。

마스이에끼오 노도니 도도메떼 오이떼 구다사이

◆ 이 선까지 소변을 넣어주세요.

せん　　　　にょう　　い
この線まで 尿を 入れて ください。

고노 센마데　　뇨-오 이레떼 구다사이

◆ 결과는 언제 나오지?

けっ　か　　　　　　　　で
結果は いつ 出るの？

겟까와 이쓰 데루노

◆ 결과는 1주일 후에 나옵니다.

けっ　か　　　しゅうかん　ご　　　　で
結果は 1週間後に 出ます。

겟까와 잇슈-깡고니 데마스

◆ 특히 나쁜 데는 없었어.

とく　　わる
特に 悪いところは なかったよ。

도꾸니 와루이 도꼬로와 나깟따요

◆ 정상으로 되돌아왔어.

リバウンドが きちゃった。

리바운도가 기쨧따

◆ 운동 부족이 원인인 것 같아.

うんどう　ぶそく　　　げん　いん
運動不足が 原因らしい。

운도-후소꾸가 겡잉라시-

◆ 빈혈 기미가 있습니다.

貧血気味なんです。

힝께쓰 기미난데스

◆ 수치가 약간 좋아졌어.

数値が 幾分 よく なった。

스-찌가 이꾸봉 요꾸 낫따

◆ 치과 검진은 정기적으로 받고 있어.

歯の 検診は 定期的に 受けているんだ。

하노 겐싱와 데이끼떼끼니 우께떼 이룬다.

처방전과 복용법

◆ 이 처방전대로 약을 지어주세요.

この 処方箋で 薬を ください。

고노 쇼호-셍데 구스리오 구다사이

◆ 처방전 가져오셨나요?

処方箋 お持ちですか。

쇼호-셍 오모찌데스까

◆ 처방전을 써 주시겠어요?

処方箋を 書いて 頂けますか。

쇼호-셍오 가이떼 이따다께마스까

◆ 처방전은 다 되었나요?

処方箋は できましたか。

쇼호-셍와 데끼마시따까

◆ 처방전 없이는 이 약은 살 수 없습니다.

処方箋なしでは この 薬は 買えません。

쇼호-셍나시데와 고노 구리스와 가에마셍

◆ 그것들은 처방전을 요하는 의약품입니다.

それらは 処方箋を 必要とする 医薬品です。

소레라와 쇼호-셍오 히쓰요-또 스루 이야꾸힌데스

◆ 약은 몇 번 먹나요?

くすり　なんかい　の
薬は 何回 飲みますか。
구리스와 낭까이 노미마스까

◆ 이 약은 어떻게 복용하죠?

くすり　　　　　　ふくよう
この 薬は どうやって 服用しますか。
고노 구스리와 도−얏떼 후꾸요−시마스까

◆ 한 번에 몇 알 먹으면 되나요?

いっかい　　　なんじょう　の
一回に 何錠 飲めば いいですか。
잇까이니 난죠− 노메바 이−데스까

◆ 매식후와 자기 전에 드세요.

まいしょくご　　　ね　　まえ　　　の
毎食後と 寝る 前に 飲んで ください。
마이쇼꾸고또 네루 마에니 논데 구다사이

◆ 식사 전에 복용해야 하나요?

しょくぜん　ふくよう
食前に 服用しますか。
쇼꾸젠니 후꾸요−시마스까

◆ 권장된 복용량을 초과하지 마세요.

すす　　　　　　　　ふくようりょう　こ
進められている 服用量を 超えないで ください。
스스메라데떼 이루 후꾸요−료−오 고에나이데 구다사이

◆ 4시간마다 드세요.

じ かん　　　　　　の
4時間ごとに 飲んで ください。
요지깡 고또니 논데 구다사이

◆ 이 약은 얼마나 오랫동안 복용해야 하나요.

くすり　　　　　　　　あいだ ふくよう
この 薬は どのくらいの 間 服用しなければ なりませんか。
고노 구스리와 도노구라이노 아이다 후꾸요−시나께레바 나리마셍까

◆ 부작용은 없나요?

副作用は ありませんか。
후꾸사요-와 아리마셍까

◆ 바르는 약은 3시간 간격으로 바르세요.

塗り薬は 3時間おきに 塗って ください。
누리구스리와 산지깡오끼니 눗떼 구다사이

◆ 식 간에 드세요.

食事と 食事の 間に 飲んで ください。
쇼꾸지또 쇼꾸지노 아이다니 논데 구다사이

◆ 감기약 주세요.

風邪薬を ください。
かぜぐすり
가제 구스리오 구다사이

◆ 피로한 눈에는 무엇이 잘 듣습니까?

疲れ目には 何が効きますか
つか め なに き
쓰까레메니와 나니가 기끼마스까

◆ 변비에는 무엇이 좋을까요?

便秘には 何が いいでしょうか。
べんぴ なに
벤삐니와 나니가 이-데쇼-까

◆ 이 약은 효과가 있을까요?

この 薬は 効果が あるでしょうか。
くすり こうか
고노 구스리와 고-까가 아루데쇼-까

◆ 이 약을 먹으면 나을 겁니다.

この 薬を 飲めば 治るでしょう。
くすり の なお
고노 구스리오 노메바 나오루데쇼-

◆ 잘 듣는 기침약은 있습니까?

よく 効く せき止めは ありますか。
き ど
요꾸 기꾸 세끼도메와 아리마스까

◆ 이 약으로 통증이 가라앉을까요?

この 薬で 痛みが とれますか。

고노 구스리데 이따미가 도레마스까

◆ 진통제를 주세요.

鎮痛剤を ください。

진쓰－자이오 구다사이

◆ 처방없이 수면제를 살 수 있나요?

処方なしで 睡眠薬を 買えるでしょうか。

쇼호－나시데 스이밍야꾸오 가에루데쇼－까

◆ 소형 구급상자를 주세요.

小型の 救急箱を ください。

고가따노 규－뀨－바꼬오 구다사이

◆ 거즈와 반창고를 주세요.

ガーゼと 絆創膏を ください。

가－제또 반소－꼬－오 구다사이

◆ 소화제좀 주세요.

消化剤を ください。

쇼－까자이오 구다사이

◆ 붕대와 탈지면을 주세요.

包帯と 脱脂綿を ください。

호－따이또 닷시 멩오 구다사이

◆ 아스피린을 주십시오.

アスピリンを お願いします。

아스삐링오 오네가이시마스

◆ 두통약 있습니까?

頭痛薬は ありますか。
즈쯔-야꾸와 아리마스까

◆ 소화불량에는 무엇이 좋습니까?

消化不良には 何が いいですか。
쇼-까후료-니와 나니가 이-데스까

◆ 항생제 있습니까?

抗生剤 ありますか。
고-세이자이 아리마스까

◆ 그런 항생제는 처방전 없이 팔 수 없습니다.

そのような 抗生剤は 処方箋なしでは 売れません。
소노요-나 고-세이-자이와 쇼호-셍나시데와 우레마셍

 전화를 걸 때

◆ 여보세요. 요시다씨 댁인가요?

もしもし、吉田さんの お宅ですか。
모시모시, 요시다산노 오다꾸데스까

◆ 다나까 선생님은 계세요?

田中先生は おられますか。
다나까 센세이와 오라레마스까

◆ 아니요, 지금 외출중입니다.

いいえ。今、外出して います。
이-에　　이마 가이슈쓰시떼 이마스

◆ 여보세요. 야마구찌씨 좀 바꿔 주시겠어요?

もしもし、ちょっと 山口さんに 替わって 頂けますか。
모시모시, 쫏또 야마구찌상니 가왔떼 이따다께마스까

◆ 네, 잠시 기다려 주세요.

はい。少々 お待ちください。
하이　　쇼-쇼- 오마찌구다사이

◆ 여보세요, 스즈끼씨입니까?

もしもし、鈴木さんですか。
모시모시, 스즈끼산데스까

◆ 몇 번에 거셨어요?

何番へ おかけですか。
난방에 오까께데스까

◆ 거기는 다나까씨 사무실입니까?

そちらは 田中さんの 事務所でしょうか。
소찌와라 다나까상노 지무쇼 데쇼－까

◆ 그렇습니다만 누구세요?

そうですが、どなた様でしょうか。
소－데스가　　도나따사마데쇼－까

◆ 저는 기무라라고 합니다.

こちらは 木村と 申します。
고찌라와 기무라또 모－시마스

◆ 전화 받으시는 분은 누구신가요?

お電話に 出てる 方は どちらさまですか。
오뎅와니 데떼루 가따와 도찌라사마데스까

◆ 경리부 하마나씨와 통화를 하고 싶은데요.

経理部の 浜田さんと お話ししたいんですが。
게이리부노 하마다상또 오하나시 시따인데스가

◆ 바쁘신 것 같은데 이만 끊을게요.

忙しそうなので これで 切ります。
이소가시소－ 나노데 고레데 기리마스

◆ 여보세요, 다나까니? 나 기무라야.

もしもし、田中かい？こちら 木村だ。
모시모시, 다나까까이, 고찌라 기무라다

◆ 여보세요 요시다씨를 부탁드릴 수 있습니까?

もしもし、吉田さんを お願いできますか。

모시모시, 요시다상오 오네가이 데끼마스까

◆ 지금 다른 전화를 받고 있습니다만.

今、ほかの 電話に 出ておりますが。

이마 호까노 뎅와니 데떼 오리마스가

◆ 그렇습니까? 나중에 다시 한 번 걸게요.

そうですか。あとで もう 一度 かけ直します。

소-데스까 아또데 모-이찌도 가께나오시마스

◆ 5분 후에 다시 걸게요.

五分後に かけ直します。

고훙 고니 가께나오시마스

◆ 끊어졌는데 다시 한 번 연결해 주세요.

切れて しまったので、もう 一度 つないで ください。

기레떼 시맛따노데 모-이찌도 쯔나이데 구다사이

◆ 하루코는 있나요?

春子は いますか。

하루꼬와 이마스까

◆ 미안합니다, 번호를 잘못 걸었습니다.

すみません、番号を かけ間違えました。

스미마셍, 방고-오 가께 마찌가에마시따

전화를 받을 때

◆ 전화좀 받으실래요?

でんわ　　　　　　　　で
電話に ちょっと 出てくれますか。

뎅와니 죳또 데떼 구레마스까

◆ 제가 전화를 받겠습니다.

わたし　でんわ　　で
私が 電話に 出ましょう。

와따시가 뎅와니 데마쇼ー

◆ 접니다만 누구십니까?

わたし　　　　　　　　さま
私ですが、どちら様でしょうか。

와따시데스가 도찌라사마데쇼ー까

◆ 저는 다나까입니다.

たなか
こちら 田中です。

고찌라 다나까데스

◆ 다나까씨, 전화왔습니다.

たなか　　　でんわ
田中さん、電話です。

다나까상 뎅와데스

◆ 누구한테서 왔어요?

だれ
誰からでしょうか。

다레 까라데쇼ー까

◆ 전화 바꿨습니다. 다나까입니다.

代わりました。田中です。

가와리마시따. 다나까데스

◆ 누구십니까?

どなたでしょうか。

도나따데쇼-까

◆ 잠시만 기다리세요.

少々 お待ちください。

쇼-쇼- 오마찌 구다사이

◆ 전데요.

私ですが。

와따시데스가

◆ 누구를 바꿔드릴까요?

誰に お代わり 致しましょうか。

다레니 오까와리 이따시마쇼-까

◆ 미안합니다. 다른 전화를 받고 있습니다.

すみません。今 別の 電話に 出ております。

스미마셍. 이마 베쓰노 뎅와니 데떼 오리마스

◆ 다나까씨, 기무라 선생님한테 전화입니다.

田中さん、木村先生から お電話です。

다나까상, 기무라 센세이까라　　　오뎅와데스

◆ 2번 전화입니다.

2番の 電話です。

니반노 뎅와데스

276

◆ 전화를 거시는 분은 누구신가요?

電話かけている 方は どなたさまでしょうか。

뎅와가께떼이루 가따와 도나따사마데쇼-까

◆ 내방에서 받을게요

私の 部屋で 電話に 出ます。

와따시노 헤야데 뎅와니 데마스

◆ 담당자 분과 연결해 드리겠습니다.

担当の 者に おつなぎします。

단또-노 모느니 오쓰나기시마스

◆ 몇 번에 거셨어요?

何番へ おかけですか。

난방에 오까께데스까

◆ 총무부입니다. 무슨 일이십니까?

総務部です。何で ございましょうか。

소-무부데스　　난네 고자이마쇼-까

◆ 용건이 뭔지 여쭤봐도 될까요?

ご用件を うかがえますか。

고요-껭오 우까가에마스까

◆ 그녀는 지금 집에 없는데요.

<ruby>彼女<rt>かのじょ</rt></ruby>は <ruby>今<rt>いま</rt></ruby> <ruby>留守<rt>るす</rt></ruby>なんですが。

가노죠와 이마 루스난데스가

◆ 언제쯤 돌아오나요?

いつ<ruby>頃<rt>ごろ</rt></ruby> <ruby>戻<rt>もど</rt></ruby>られますか。

이쓰고로 모도라레마스까

◆ 이제 곧 돌아올 거예요.

もうすぐ <ruby>戻<rt>もど</rt></ruby>る はずです。

모ー스구 모도루 하즈데스

◆ 죄송합니다만 지금 통화 중입니다.

すみませんが、ただいま <ruby>話<rt>はな</rt></ruby>し<ruby>中<rt>ちゅう</rt></ruby>です。

스미마셍가　　　　다다이마 하나시쮸ー데스

◆ 기다리시겠어요?

お<ruby>待<rt>ま</rt></ruby>ち<ruby>頂<rt>いただ</rt></ruby>けますか。

오마찌 이따다께마스까

◆ 알겠습니다. 기다리겠습니다.

わかりました。<ruby>待<rt>ま</rt></ruby>つ ことに します。

와까리마시따.　　　마쓰 고또니 시마스

◆ 지금 다른 전화를 받고 있는데요.

今、ほかの 電話に 出ているのですが。

이마 호까노 뎅와니 데떼 이루노데스가

◆ 지금 회의중이십니다.

ただいま、会議中です。

다다이마, 가이기 쮸-데스

◆ 지금 출장중입니다.

今 出張中です。

이마 슛쬬-쮸-데스

◆ 방금 점심을 먹으러 나갔는데요.

ただいま 昼食に 出ておりますが。

다다이마　　쥬-쇼꾸니 데떼 오리마스가

◆ 방금 나갔는데요.

たった今、出掛けました。

닷따이마,　　데 까께마시다

◆ 나중에 다시 전화해 주시겠어요?

後で 再度 お電話頂けますか。

아또데 사이도 오뎅와이따다께마스까

◆ 기무라씨의 통화가 끝나려면 얼마나 기다리면 될까요?

木村さんの 電話が 終わるまで、どのくらい 待て
ば いいでしょうか。

기무라상노 뎅와가 오와루마데, 도노구라이 마떼바 이-데쇼-까

◆ 10분 후에 다시 전화해 주시겠어요?

十分後に 再度、お電話頂けますか。

짓뿡고니 사이도 오뎅와 이따다께마스까

◆ 전화 드리라고 할까요?

お電話するよう、お伝えしましょうか。
오뎅와 스루요- 오쓰따에 시마쇼-까

◆ 미안합니다. 아직 출근하지 않았습니다.

すみません。まだ 出社して おりません。
스미마셍. 마다 슛샤시떼 오리마셍

◆ 지금 자리에 안 계십니다.

ただいま 席を はずして おります。
다다이마 세끼오 하즈시떼 오리마스

◆ 메시지를 전해드릴까요?

伝言を お伝えしましょうか。
뎅공오 오쓰따에 시마쇼-까

◆ 아니요, 나중에 다시 걸게요.

いいえ、後で 掛け直します。
이-에, 아또데 가께나오시마스

◆ 오늘은 이미 퇴근하셨습니다.

今日は もう 帰宅しました。
교-와 모- 기따꾸 시마시따

◆ 1시간 정도 후에 돌아오실 겁니다.

一時間ほどで 戻る はずです。
이찌지깡 호도데 모도루 하즈데스

◆ 잠깐 자리를 비웠어요.

ちょっと 席を はずして おります。
춋또 세끼오 하즈시떼 오리마스

◆ 메모 전해드릴까요?

何か 伝言は ありますか。

나니까 뎅공와 아리마스까

◆ 저한테 전화해 달라고 전해주세요

私に 電話するよう、お伝えください。

와따시니 뎅와스루요-,　　오쓰따에 구다사이

◆ 기무라한테 전화가 왔다고 전해주십시오.

木村から 電話が あったと お伝えください。

기무라까라 뎅와가 앗따또 오쓰따에 구다사이

◆ 예, 전해 드리겠습니다.

ええ、伝えて おきます。

에　　쓰따에떼 오끼마스

◆ 메시지를 전해 드릴까요?

伝言を お伝えしましょうか。

뎅공오 오쓰따에 시마쇼-까

◆ 네, 그러세요.

ええ、どうぞ。

에- 도-조

◆ 기무라는 그쪽 전화번호를 알고 있나요?

木村は そちらの 電話番号を 知って いますか。

기무라와 소찌라노 뎅와방고오 싯떼이마스까

◆ 만약을 위해 제 전화번호를 남겨 놓겠습니다.

念のため、私の 電話番号を 残して おきます。

넨노다메 와따시노 뎅와방고-오 노꼬시떼 오끼마스

◆ 제 휴대폰으로 전화해 달라고 전해주세요.

私の 携帯に 電話を くださるよう お伝えください。

와따시노 게이따이니 뎅와오 구다사루요- 오쓰따에 구다사이

◆ 나한테 전화온 것 없나요?

私に 電話は ありませんでしたか。

와따시니 뎅와와 아리마센데시다까

◆ 세 건의 전화가 왔었어요.

三件の 電話が ありました。

상껜노 뎅와가아리마시다

◆ 책상에 메모 올려놨어요.

机の 上に メモを 置きました。

쓰꾸에노 우에니, 메모오 오끼마시따

◆ 기무라씨가 다시 전화하겠데요.

木村さんが 再度 電話すると 言って いました。

기무라상가 사이도, 뎅와스루또 잇떼 이마시따

◆ 여기 전화번호 있어요.

ここに 電話番号が あります。

고꼬니 뎅와방고-가 아리마스

◆ 기무라씨는 무슨 용건으로 전화했던가요?

木村さんは 何の ご用で、電話したのですか。

기무라상와 난노 고요-데 뎅와시따노데스까

◆ 급한 용무래요.

急用だそうです。

규-요-다소-데스

◆ 전화상으로는 그말 밖에 안 하던데요.

電話では それしか 言って いませんでした。

뎅와데와 소레시까 잇떼 이마센데시따

◆ 전하실 말씀이 있으세요?

伝言が ありますか。

뎅공가 아리마스까

◆ 어떻게 연락할 방법이 없나요?

何とか 連絡する 方法は ありませんか。

난또까 렌라꾸스루 호-호-와 아리마셍까

◆ 이 번호는 밤에 연락이 가능해요.

この 番号は 夜に 連絡できます。

고노 방고-와 요루니 렌라꾸 데끼마스

◆ 그렇게 전할게요.

そう お伝えします。

소- 오쓰따에시마스

잘못 걸었을 때

◆ 몇 번으로 전화하셨어요?

何番に おかけですか。
난방니 오까께 데스까

◆ 번호가 틀린 것 같은데요.

番号を お間違えのようですが。
방고-오 오마찌가에노요-데스가

◆ 전화 잘못 거셨어요.

番号を お間違えですよ。
방고-오 오마찌가에데스요

＝電話番号を 間違えています。
뎅와방고-오 마찌가에떼 이마스

◆ 죄송합니다.

すみません。
스미마셍

◆ 여기에는 그런 사람 없는데요.

ここには そのような 名前の 方は いません。
고꼬니와 소노요-나 나마에노 가따와 이마셍

◆ 422-1234 아닌가요?

よんににの いちにさんよんでは ありませんか。
욘니니노 이찌니산욘 데와 아리마셍까

◆ 틀립니다. 이쪽은 422-1243입니다.

違います。こちらは 422-1243です。
지가이마스 고찌라와 욘니니노 이찌니욘산데스

◆ 미안합니다. 제가 전화를 잘못 걸었습니다.

すみません。私が 掛け間違えました。
스미마셍. 와따시가 가께마찌가에마시다

◆ 거긴 몇 번이세요?

そちらは 何番ですか。
소찌라와 난반데스까

◆ 전화번호는 맞는데 그런 사람은 없습니다..

電話番号は 合っていますが、そのような 人は いません。
뎅와방고−와 앗떼 이마스가, 소노요−나 히또와 이마셍

◆ 나까무라의 전화번호는 두 달 전에 바뀌었어요.

中村の 電話番号は 二ヶ月前に 変わりました。
나까무라노 뎅와방고−와, 니까게쯔마에니 가와리마시따

◆ 이 회사에는 나까무라라는 사람은 없습니다.

当社には 中村という 者は おりません。
도−샤니와 나까무라또 유− 모노와 오리마셍

◆ 몇 번에 거셨습니까?

何番へ おかけですか。
난방에 오까께데스까

◆ 죄송합니다. 잘못 걸었습니다.

すみません。間違えました。
스미마셍 마찌가에 마시따

◆ 전화 감이 멀어.

でんわ　とお
電話が 遠いね。
뎅와가 도-이네

◆ 전화에 잡음이 많습니다.

でんわ　ざつ おん　おお
電話に 雑音が 多いです。
뎅와니 자쯔옹가 오-이데스

◆ 전화가 혼선입니다.

でんわ　こん せん
電話が 混線して います。
뎅와가 곤센시떼 이마스

◆ 끊었다가 다시 걸겠습니다.

き
切ってから かけなおします。
깃떼 까라 가께나오시마스

◆ 수화기를 더 가까이 대세요.

じゅわき　ちか
受話器を 近づけて ください。
쥬와끼오 지까즈께떼 구다사이

◆ 이 전화는 고장입니다.

でんわ　こしょう
この 電話は 故障して います。
교노 뎅와와 고쇼-시떼 이마스

◆ 무엇이 문제입니까?
<ruby>何<rt>なに</rt></ruby>が <ruby>問題<rt>もんだい</rt></ruby>ですか。
나니가 몬다이데스까

◆ 전화가 연결되지 않습니다.
<ruby>電話<rt>でんわ</rt></ruby>が <ruby>繋<rt>つな</rt></ruby>がらないのです。
뎅와가 쓰나가라나이노데스

◆ 전화가 계속 끊어지는군요.
<ruby>電話<rt>でんわ</rt></ruby>が よく <ruby>切<rt>き</rt></ruby>れます。
뎅와가 요꾸 기레마스

◆ 확인한 후에 다시 전화드리겠습니다.
<ruby>確認<rt>かくにん</rt></ruby>の <ruby>上<rt>うえ</rt></ruby>、<ruby>再度<rt>さいど</rt></ruby> お<ruby>電話<rt>でんわ</rt></ruby>させて <ruby>頂<rt>いただ</rt></ruby>きます。
가꾸닌노 우에, 사이도 오뎅와사세떼 이따다끼마스

◆ 나중에 다시 걸겠습니다.
<ruby>後<rt>あと</rt></ruby>で かけ<ruby>直<rt>なお</rt></ruby>します。
아또데 가께나오시마스

◆ 연결이 안 좋은 것 같아.
<ruby>接続<rt>せつぞく</rt></ruby>が よくない みたいだね。
세쓰조꾸가 요꾸나이 미따이다네

◆ 좀 전화가 먼데요.
ちょっと <ruby>電話<rt>でんわ</rt></ruby>が <ruby>遠<rt>とお</rt></ruby>いのですが。
춋또 뎅와가 도-이노데스가

◆ 실례했습니다. 전화가 끊어져 버렸습니다.
<ruby>失礼<rt>しつれい</rt></ruby>しました。<ruby>電話<rt>でんわ</rt></ruby>が <ruby>切<rt>き</rt></ruby>れて しまいました。
시쓰레이 시마시따. 뎅와가 기레떼 시마이마시따.

◆ 지금 얘기해도 괜찮니?

今、話しても いい？

이마, 하나시떼모 이-

◆ 이렇게 아침 일찍 전화해서 미안해.

こんなに 朝早く 電話して ごめんなさい。

곤나니 아사 하야꾸　뎅와시떼 고멘나사이

◆ 무슨 일 있어?

何か あったのですか。

나니까 앗따노데스까

◆ 잠을 깨운 거니?

起こしてしまったかな。

오꼬시떼 시맛따까나

◆ 메시지를 받았어.

メッセージを 受け取ったよ。

멧세-지오 우께돗따요

◆ 지금 막 당신에게 전화하려던 중이었어요.

ただ今、あなたに 電話を するところでした。

다다이마, 아나따니 뎅와오 스루 도꼬로데시따

◆ 아— 그렇습니까?

あ、そうですか。
아 소—데스까

◆ 지금 전화해도 괜찮아요?

今 電話を かけて 大丈夫ですか。
이마뎅와오 가께떼 다이죠—부데스까

◆ 전화를 기다리고 있었어.

電話を 待っていたんだよ。
뎅와오 맛떼 이딴다요

◆ 미안하지만 지금 아주 바쁩니다.

すみませんが、今 とても 忙しいのです。
스미마셍가, 이마 도떼모 이소가시이노데스

◆ 잠깐 기다려, 누가 왔어.

ちょっと 待って。誰か 来たわ。
춋또 맛떼. 다레까 기따와

◆ 이제 그만 통화해야겠어.

そろそろ 失礼しなくては。
소로소로 시쓰레이— 시나꾸떼와

◆ 나중에 다시 한 번 걸께요.

後で もう一度 かけ直します。
아또데 모—이찌도 가께나오시마스

◆ 휴대폰으로 전화하는 겁니까?

けい たい
携帯からですか。
게이따이까라데스까

◆ 여보세요, 들립니까?

き
もしもし、聞こえますか。
모시모시.   기꼬에마스까

◆ 휴대폰 감이 안좋아서 못 알아듣겠는데요.

けい たい　　　でん ぱ　　　　　　　　　　　　　き
**携帯の 電波が よくないので、聞きとれないんで
すが。**
게이따이노 덴빠가 요꾸나이노데 기끼도레나인데스가

◆ 내 휴대폰 번호가 바뀌었어.

わたし　　けい たい　　　　ばんごう
私の 携帯の 番号が 変わったの。
와따시노 게이따이노 방고-가 가왓따노

◆ 용건은 문자로 보낼께요.

ようけん　　　　　　　　　　い
用件は メールで 入れます。
요-껭와 메-루데 이레마스

◆ 제 휴대전화 번호에요. 아무 때나 전화하세요.

わたし　　けい たい ばんごう　　　　　　　　　　　　　　でんわ
私の 携帯番号です。 いつでも お電話 ください。
와따시노 게이따이방고-데스. 이쓰데모 오뎅와 구다사이

◆ 교환을 통해야 합니까?

こうかんだい　とお
交換台を 通さないと いけませんか。
고ー깐다이오 도ー사나이또 이께마셍까

◆ 교환은 몇 번입니까?

こうかん　　なん　ばん
交換は 何番ですか。
고ー깡와 난반데스까

◆ 1번 다이얼입니다.

いちばん
一番ダイアルです。
이찌방다이아루데스

◆ 장거리 전화를 걸고 싶은데요

ちょうきょり　でんわ　　　か
長距離電話を 掛けたいのですが。
죠ー꾜리뎅와오 가께따이노데스가

◆ 먼저 001을 누른 후에 다음에 전화번호를 눌러주세요

さき　　　　　　　お　　　　　　　つぎ　でんわ　ばんごう　　　お
**先に 001を 押してから、次に 電話番号を 押して
ください。**
사끼니 001오 오시떼까라 쓰기니 뎅와반고ー오 오시떼구다사이

◆ 수신자 부담으로 전화하고 싶습니다.

でんわ
コレクトコールで 電話したいのです。
고레꾸또 코ー루데 뎅와시따이노데스

◆ 전화번호와 받는 분 성함을 말씀해 주시겠어요?

電話番号と 受取人の お名前を お教え頂けますか。

뎅와방고ー또 우께도리닌노 오나마에오 오오시에 이따다께마스까

◆ 전화를 끊고 기다려 주세요.

電話を 切って、お待ち下さい。

뎅와오 깃떼, 오마찌구다사이

◆ 연결됐습니다. 말씀하세요.

つながりました。お話しください。

쓰나가리마시따 오하나시구다사이

◆ 네, 감사합니다.

はい、感謝致します。

하이, 간샤이따시마스

◆ 서울과 통화 도중에 전화가 끊어졌어요.

ソウルと 電話の 途中 切れました。

소우루또 뎅와노 도쮸ー 기레마시따

◆ 그대로 기다려 주세요

そのまま お待ちください。

소노마마 오마찌구다사이

◆ 통화한 시간과 요금을 알려주시겠어요?

かかった 時間と 料金を 教えて くれませんか。

가깟따 지깐또 료ー낑오 오시에떼 구레마셍까

◆ 한국에 직접 전화하는 방법을 가르쳐 주시겠어요?

韓国へ 直接 電話する 方法を 教えて くれますか。

강꼬구에 죠꾸세쓰 뎅와스루 호ー호ー오 오시에떼 구레마스까

◆ 서울에 콜렉트 콜로 해주세요

ソウルへ コレクトコールに してくれますか。
소우루에 코레꾸또 코－루니 시떼구레마스까

◆ 미안합니다. 통화를 취소해 주시겠어요?

すみません、通話を 取り消して もらえますか。
스미마셍, 쓰－와오 도리께시떼 모라에마스까

◆ 끊어져 버렸는데, 어떻게 하면 될까요?

切れて しまったので、どうしたら いいでしょうか。
기레떼 시맛따노데, 도－시따라 이－데쇼－까

◆ 이 근처에 맛있게 하는 음식점은 없습니까?

この 近^{ちか}くに おいしい レストランは ありませんか。

고노 지까꾸니 오이시- 레스또랑와 아리마셍까

◆ 어떤 레스토랑에 가고 싶으세요?

どんな レストランに 行^いきたいですか。

돈나 레스또랑니 이끼따이데스까

◆ 특별히 가고 싶은 식당이 있나요?

特^{とく}に 行^いきたい レストランが ありますか。

도꾸니 이따이이 레스또랑가 아리마스까

◆ 맛있는 중국음식을 먹었으면 좋겠어요.

おいしい 中国料理^{ちゅうごく りょうり}が 食^たべたいと 思^{おも}います。

오이시- 쥬-고꾸료-리가 다베따이또 오모이마스

◆ 적당한 가격에 맛있는 가게는 있습니까?

手頃^{てごろ}な 値段^{ね だん}で おいしい 店^{みせ}は ありますか。

데고로나 네당데 오이시- 미세와 아리마스까

◆ 어디 좋은 데 없나요?

どこか いい ところは ありませんか。

도꼬까 이- 도꼬로와 아리마셍까

◆ 피자는 어때요?

ピザは どうですか。

삐자와 도-데스까

◆ 좋은 생각입니다. 피자 배달시킵시다.

いい 考えです。ピザの 出前に しましょう。

이- 강가에데스. 피자노 데마에니 시마쇼-

◆ 그곳은 이 지역에서 유명한 곳인가요?

そこは この 地域で 有名な 所ですか。

소꼬와, 고노 지이끼데 유-메이나 도꼬르데스까

◆ 그 식당은 이 도시에서 유명해요.

その レストランは この 都市で 有名です。

소노 레스또랑와 고노 도시데 유-메이데스

◆ 그곳 음식이 아주 맛있습니다.

そこの 食べ物が とても おいしいです。

스꼬노 다베모노가 도떼모 오이시-데스

◆ 그 가게는 매우 신선한 해산물을 사용해요.

その 店は とても 新鮮な 海産物を 使っています。

소노 미세와 도떼모 신센나 가이산부쓰오 쓰깟떼이마스

◆ 식당이 많은 곳은 어디입니까?

レストランが 多いのは どの 辺りですか。

레스또랑가 오-이노와 도노 아따리데스까

◆ 가장 가까운 식당은 어디입니까?

一番 近い レストランは どこですか。

이찌방 지까이 레스또랑와 도꼬데스까

◆ 걸어서 갈 수 있습니까?

歩いて 行けますか。
아루이떼 이께마스까

◆ 이곳 사람들이 자주 가는 식당이 있습니까?

地元の 人が よく 行く レストランは ありますか。
지모또노 히또가 요꾸 이꾸 레스또랑와 아리마스까

◆ 이 지역 사람에게 인기 있는 가게입니까?

地元の 人に 人気が ある 店ですか。
지모또노 히또니 닝끼가 아루 미세데스까

◆ 이 레스토랑은 마음에 듭니까?

この レストランは 気に入りますか。
고노 레스또랑와 기니 이리마스까

◆ 좋은 것 같습니다.

いいと 思います。
이-또 오모이마스

◆ 이 근처의 유명한 식당을 소개해 주시겠어요?

この辺の おいしい 店を 紹介して ください。
고노 헨노 오이시- 미세오 쇼-까이시떼 구다사이

◆ 에찌고야라는 맛있는 가게가 있어요.

越後屋と いう おいしい 店が あるんですが。
에찌고야또유- 오이시- 미세가 아룬데스가

◆ 맛있는 집을 소개해 주세요.

何か おいしい 店を 紹介して ください。
나니까 오이시- 미세오 쇼-까이시떼 구다사이

 식당예약

◆ 여기서 예약할 수 있나요?

ここで 予約できますか。

고꼬데 요야꾸 데끼마스까

◆ 예약이 필요한가요?

予約が 必要ですか。

요야꾸가 히쓰요- 데스까

◆ 아니요. 그냥 오셔도 됩니다.

いいえ、予約なしで 結構です。

이-에, 요야꾸나시데 겟꼬-데스

◆ 그 식당을 예약해 주세요.

その レストランに 予約して ください。

소노 레스또랑니 요야꾸시떼 구다사이

◆ 오늘밤 예약하고 싶은데요.

今晩、席を 予約したいのです。

곤방 세끼오 요야꾸 시따이노데스

◆ 죄송합니다만, 오늘밤은 이미 예약으로 꽉 차 있습니다.

すみませんが、今晩は 既に 予約で いっぱいです。

스미마셍가 곤방와 스데니 요야꾸데 잇빠이데스

◆ 손님은 몇 분이십니까?

お客様は 何人ですか。
（きゃくさま　なんにん）

오갸꾸사마와 난닌데스까

◆ 몇 시에 오실 예정이십니까?

何時に いらっしゃる 予定ですか。
（なんじ　よてい）

난지니 이랏샤루 요떼이 데스까

◆ 오후 6시 반에 5명 갑니다.

午後 六時半に 五人で 行きます。
（ごご　ろくじはん　ごにん　い）

고고 로꾸지한니 고닌데 이끼마스

◆ 전원 같은 자리로 해주세요.

全員 いっしょの 席で お願いします。
（ぜんいん　せき　ねが）

젠잉 잇쇼노 세끼데 오네가이시마스

◆ 금연석으로 부탁합니다.

禁煙席に して ください。
（きんえんせき）

깅엔세끼니 시떼구다사이

◆ 오후 6시에 4명 자리를 부탁해요.

午後6時に 4人の 席を お願いします。
（ごご　ろくじ　よにん　せき　ねが）

고고 로꾸지니 요닌노 세끼오 오네가이시마스

◆ 몇 시라면 자리가 납니까?

何時なら 席を とれますか。
（なんじ　せき）

난지나라 세끼오 도레마스까

◆ 7시 정도면 자리가 날 것 같습니다.

7時くらいでしたら 席が 空きそうです。
（しちじ　せき　あ）

시찌지구라이데시따라 세끼가 아끼소-데스

◆ 거기는 어떻게 갑니까?

そちらへは どうやって 行くのですか。
소찌라에와 도-얏떼 이꾸노데스까

＝そこへは どのようにして 行きますか。
소꼬에와 도노요-니 시떼 이끼마스까

◆ 성함을 말씀해 주시겠어요?

お名前を うかがえますか。
오나마에오 우까가에마스까

◆ 죄송합니다만 예정보다 늦을 것 같은데요.

すみませんが 予定より 遅くなりそうです。
스미마셍가 요떼이요리 오소꾸나리소-데스

◆ 복장규제는 있나요?

服装の 規制は あるんですか。
후꾸소-노 기세이와 아룬데스까

◆ 예약시간을 변경하고 싶은데요.

予約時間を 変更したいんですが。
요야꾸지깡오 헹꼬-시따인데스가

◆ 네, 언제라도 변경 가능 합니다.

はい、いつでも 変更できます。
하이, 이쓰데모 헹꼬-데끼마스

◆ 미안합니다. 예약을 취소하고 싶어요.

すみません。予約を 取り消したいのです。
스미마셍. 요야꾸오 도리께시따이노데스

◆ 안녕하세요. 예약하셨나요?

こんばんは。ご予約は いただいていますか。
곤방와. 고요야꾸와 이따다이떼 이마스까

◆ 어서 오세요. 몇 분이신가요?

いらっしゃいませ。何名様でしょうか。
이랏샤이마세. 난메이사마데쇼-까

◆ 자리 있습니까?

席が ありますか。
세끼가 아리마스까

◆ 네, 마침 하나 비어 있습니다.

はい、一つ ちょうど 空いて います。
하이　히또쓰 죠-도 아이떼이마스

◆ 좌석까지 안내해 주십시오.

席まで 案内して いただけますか。
세끼마데 안나이시떼 이따다께마스까

◆ 이쪽으로 오세요.

こちらへ どうぞ。
고찌라에 도-조

◆ 몇 시 정도면 자리가 납니까?

何時なら 席を とれますか。
난지나라 세끼오 도레마스까

◆ 얼마나 기다려야 하나요?

どのくらい 待てば いいですか。
도노구라이 마떼바 이-데스까

◆ 15분에서 20분 될 것 같습니다만.

15分か 20分だと 思いますが。
쥬-고훙까 니짓뿐다또 오모이마스가

◆ 우리 앞에 몇 팀이나 기다리고 있습니까?

前に 何組 待っているんですか。
마에니 낭구미 맛떼 이룬데스까

◆ 한 잔 하면서 기다릴까?

飲みながら 待って いようか。
노미니가라 맛떼 이요-까

◆ 이렇게 붐빌 줄은 몰랐어.

こんなに 込んでいるとは 思わなかったな。
곤나니   곤데 이루또와 오모와나깟따나

◆ 안내해 드릴 때까지 기다려 주십시오.

ご案内するまで、お待ちください。
고안나이 스루마데, 오마찌 구다사이

◆ 동석해도 괜찮을까요?

相席しても いいでしょうか。
아이끼시떼모 이-데쇼-까

◆ 조용한 안쪽 자리로 부탁해요.

静かな 奥の席に お願いします。
시즈까나 오꾸노세끼니 오네가이시마스

◆ 창가 자리로 주세요.

窓側の 席を お願いします。
마도가와노 세끼오 오네가이시마스

◆ 흡연석으로 드릴까요?

喫煙席に しましょうか。
기쓰엔세끼니 시마쇼―까

◆ 금연석으로 부탁드립니다.

禁煙席に お願いします。
깅엔세끼니 오네가이시마스

◆ 저기 빈 테이블로 옮겨도 되겠습니까?

そこの 空いている テーブルに 移っても よろしい
でしょうか。
소꼬노 아이떼이루 데―브루니 우쯧떼모 요로시― 데쇼―까

◆ 죄송합니다만, 거기는 예약석입니다.

すみませんが、そこは 予約席です。
스미마셍가   소꼬와 요야꾸세끼데스

◆ 주문하시겠습니까?

ご注文よろしいですか。

고쥬-몽 요로시-데스까

◆ 메뉴 좀 주세요.

メニューを お願いします。

메뉴-오　오네가이시마스

◆ 네, 알겠습니다.

はい、かしこまりました。

하이 가시꼬마리마시따

◆ 지금 주문하시겠습니까?

今、注文されますか。

이마, 쥬-몽 사레마스까

◆ 조금 있다 주문하겠습니다.

ちょっと 後で 注文します。

쫏또 아또데 쥬-몬시마스

◆ (종업원을 부르며) 주문 좀 받으세요.

注文を したいのですが。

쥬-몽오 시따이노데스가

◆ 주문 하셨습니까?

注文しましたか。
쥬-몬 시마시다까

◆ 이미 주문했습니다.

もう 注文しました。
모- 쥬-몬시마시따

◆ 오늘의 특별요리가 뭐죠?

今日の スペシャルの 料理は 何ですか。
교-노 스뻬샤루노 료-리와 난데스까

◆ 여기서 잘하는 요리는 무엇입니까?

ここの 自慢料理は 何ですか。
고꼬노 지망료-리와 난데스까

◆ 이건 어떻게 먹으면 됩니까?

これは どうやって 食べたら いいですか。
고레와 도-얏떼 다베따라이-데스까

◆ 오늘의 추천 요리는 돈까스 정식입니다.

今日の おすすめの 料理は とんかつ定食です。
교-노 오스스메노료-리와 돈까쓰 데이쇼꾸데스

◆ 그럼 그것을 주십시오.

では、それを お願いします。
데와, 소레오 오네가이시마스

◆ 저도 같은 걸로 주세요.

私にも 同じ 物を お願いします。
와따시니모 오나지 모노오 오네가이시마스

◆ 빨리 되는 것 있습니까?

早く 出来上がる ものは ありますか。
하야꾸 데끼아가루 모노와 아리마스까

◆ 라면이 제일 빠릅니다.

ラーメンが 一番 早いのです。
라-멩가 이찌방 하야이노데스

◆ 바로 됩니까?

すぐ できますか。
스구 데끼마스까

◆ 좀 급한데요, 뭐가 빨리 되나요?

急いでいるんですが、何が 早く できますか。
이소이데 이룬데스가, 나니가 하야꾸 데끼마스까

◆ 빨리 좀 해주세요.

早く やってください。
하야꾸 얏떼 구다사이

◆ 이 가게에서 잘하는 요리는 무언가요?

この店の 自慢料理は 何ですか。
고모 미세노 지망료-리와 난데스까

◆ 이것은 무슨 요리인가요?

これは どういう 料理ですか。
고레와 도-유- 료-리데스까

05 식사하면서

◆ 맛은 어때요?

味(あじ)は どうですか。
아지와 도-데스까

◆ 이 요리 맛있네요.

この 料理(りょうり) うまいですね。
고노 료-리 우마이데스네

◆ 한 그릇 더 주세요.

お代(か)わりを ください。
오까와리오 구다사이

◆ 김치 좀 더 주세요.

キムチ お代(か)わりください。
기무찌 오까와리 구다사이

◆ 많이 집으세요.

たくさん 取(と)って くださいね。
닥상 돗떼 구다사이네

◆ 무엇이든 잘 먹어요.

何(なん)でも よく 食(た)べます。
난데모 요꾸 다베마스

◆ 스테이크 괜찮아요?

ステーキは 大丈夫ですか。
스떼-키와 다이죠-부 데스까

◆ 아주 맛있어요.

すごく おいしいです。
스고꾸 오이시-데스

◆ 이것 좀 맛볼래요?

これ 味見して 見ますか。
고레, 아지미시떼 미마스까

◆ 유감스럽지만 입에 맞지 않는군요.

残念ながら 口に 合いません。
잔넨나가라 구찌니 아이마셍

◆ 싫으면 남기셔도 됩니다.

お嫌いでしたら 残しても いいんですよ。
오끼라이데시따라 노꼬시떼모 이인데스요

◆ 모두 나눠서 먹고 싶은네요.

皆で 分けて 食べたいのですが。
민나네 와께떼 다베따이노데스가

◆ 작은 접시를 갖다 주시겠어요?

小皿を 持って 來て もらえますか?
고사라오 못떼기떼 모라에마스까

◆ 수프 맛은 어때요?

スープの 味は どうですか。
스-뿌노 아지와 도-데스까

◆ 맛있네요.

美味しいです。
오이시-데스

◆ 어떤 음식을 좋아하세요?

どんな 食べ物が お好みですか。
돈나 다베모노가 오꼬노미데스까

◆ 지금까지 먹은 중에서 최고로 맛있었습니다.

今まで 食べた うちで 最高に おいしかったです。
이마마데 다베따 우찌데 사이꼬-니 오이시깟따데스

◆ 오늘저녁은 내가 낼게요.

今夜は 私の おごりです。
공야와 와따시노 오고리데스

◆ 커피 한 잔 마실까요?

コーヒーを 一杯 飲みましょうか。
고-히-오 잇빠이 노미마쇼-까

◆ 물 한 잔 주세요.

水を 一杯 ください。
미즈오 잇빠이 구다사이

◆ 이 식당 아주 좋네요.

この レストラン、いいですね。
고노 레스또랑 이-데스네

◆ 단골이에요.

お得意さんです。
오도꾸이상데스

◆ 주문한 요리가 아직 나오지 않았습니다.

注文した 料理が まだ 来ておりません。

쥬-몬시따 료-리가 마다 기떼 오리마셍

◆ 정말 죄송합니다. 바로 확인해 보겠습니다.

大変 申し訳ございません。 すぐ 確認致します。

다이헹 모-시와께 고자이마셍. 스구 가꾸닝이따시마스

◆ 주문을 확인해 주실래요?

注文を 確かめてください。

쥬-몽오 다시까메떼 구다사이

◆ 어느 정도 기다려야 합니까?

どのくらい待ちますか。

도노구라이 마찌마스까

＝どのくらい 待つ 必要が ありますか。

도노구라이 마쓰 히쓰요-가 아리마스까

◆ 벌써 30분이나 기다리고 있습니다.

もう 三十分も 待っております。

모- 산짓뿡모 맛떼 오리마스

◆ 아직 시간이 많이 걸립니까?

まだ だいぶ 時間が かかりますか。

마다 다이부 지깡가 가까리마스까

◆ 좀 서둘러 주시겠어요?

ちょっと 急_{いそ}いで 頂_{いただ}けますか。

쫏또 이소이데 이따다께마스까

◆ 이것은 주문하지 않았습니다.

これは 注文_{ちゅうもん}して いません。

고레와 쥬-몬시떼 이마셍

◆ 이것은 제가 주문한 것과는 다릅니다.

これは 私_{わたし}が 注文_{ちゅうもん}した ものとは 違_{ちが}います。

고레와 와따시가 쥬-몬시따 모노또와 지가이마스

◆ 이것 아직 덜 익은 거 같아요.

これは まだ 火_ひが 通_{とお}っていないようです。

고레와 마다 히가 도옷떼 이나이요-데스

◆ 이 수프 식었습니다.

この スープは 冷_さめて います。

고노 스-뿌와 사메떼 이마스

◆ 수프 좀 데어주시겠습니까?

スープを 暖_{あたた}めて もらえますか。

스-뿌오 아따다메떼 모라에마스까

◆ 글라스가 조금 더러운 것 같습니다.

グラスが 少_{すこ}し 汚_{よご}れているようです。

구라스가 스꼬시 요고레떼이루요-데스

◆ 죄송합니다. 바꾸겠습니다.

申_{もう}し 訳_{わけ}ありません。 取_とり 替_かえます。

모-시와께 아리마셍　　　도리 까에마스

◆ 콜라에 뭔가 들어가 있습니다.

コーラに 何<ruby>なに</ruby>か 入<ruby>はい</ruby>っています。

고ー라니 나니까 하잇떼이마스

◆ 새것으로 바꿔 주세요.

新<ruby>あたら</ruby>しいものに 替<ruby>か</ruby>えてください。

아따라시ー 모노니 가에떼 구다사이

◆ 이 요리를 데워주세요.

この 料理<ruby>りょうり</ruby>を 暖<ruby>あたた</ruby>めてください。

고노 료ー리오 아따다메떼 구다사이

◆ 너무 매워요.

辛<ruby>から</ruby>すぎます。

가라스기마스

◆ 이 포크는 더러워요. 다른 것으로 바꿔 주세요.

この フォークは 汚<ruby>よご</ruby>れてます。別<ruby>べつ</ruby>のと 替<ruby>か</ruby>えて くれませんか。

고노 훠ー쿠와 요고레떼이마스. 베쓰노또 가에떼 구레마셍까

◆ 접시가 깨졌어요.

お皿<ruby>さら</ruby>が 割<ruby>わ</ruby>れています。

오사라가 와레떼 이마스

◆ 오랜만에 한 잔 할까요?

久しぶりに 一杯 やりましょうか。

히사시부리나 잇빠이 야리마쇼-까

◆ 무엇을 마시겠습니까?

何を 飲みますか。

니니오 노미마스까

◆ 우선 맥주를 주세요.

とりあえず ビールを ください。

도리아에즈 비-루오 구다사이

◆ 어떤 술을 제일 좋아합니까?

どんな お酒が 一番 好きですか。

돈나 오사께가 이찌방 스끼데스까

◆ 저는 맥주를 가장 좋아합니다.

私は ビールが 一番 好きです。

와따시와 비-루가 이찌방 스끼데스

◆ 소주는 어때?

焼酎は どうだい。

쇼-쭈-와 도-다이

◆ 맥주는 어느 브랜드로 하시겠습니까?

ビールは どの ブランドに しますか。
비-루와 도노 브란도니 시마스까

◆ 일본 브랜드는 거의 모두 있습니다.

日本の 銘柄は ほとんど 全部 あります。
니혼노 메아가라와 호똔도 젠부 아리마스

◆ 맥주 한 병 주십시오.

ビール 一本下さい。
비-루, 잇뽕 구다사이

◆ 안주는 무엇으로 하시겠어요?

おつまみは 何に なさいますか。
오쓰마미와 나니니 나사이마스까

◆ 한 병 더 주세요.

もう 一本 お代わりください。
모- 잇뽕 오까와리 구다사이

◆ 네, 알겠습니다. 조금만 기다려 주세요.

はい、かしこまりました。少々 お待ちください。
하이   가시꼬마리마시따   쇼-쇼- 오마찌구다사이

◆ 더 마실래요?

もっと 飲みますか。
못또 노미마스까

◆ 한 병 더 마셔요.

もう 一本 飲みましょう。
모- 잇뽕 노미마쇼-

◆ 생맥주 있습니까?

生ビールは ありますか。
나마비-루와 아리마스까

◆ 생맥주 두 잔 주세요.

生ビール 二つ ください。
나마비-루 후따쓰 구다사이

◆ 맥주가 별로 차갑지 않네요.

ビールが あまり 冷えて いません。
– 아마리 히에떼 이마셍

◆ 너무 많이 마신 것 같아요.

飲み過ぎのようですね。
노미스기노 요- 데스네

＝飲み過ぎたみたいだ。
노미스기따미따이다

◆ 뭘 위해 건배를 할까요?

何の 乾杯を しましょうか。
난노 간빠이오 시마쇼-까

◆ 모두의 건강을 위하여, 건배!

皆の 健康の ために、乾杯！
민나노 겡꼬-노 다메니, 간빠이

◆ 그렇게 마셔도 괜찮니?

そんなに 飲んで 大丈夫？
손나니 논데 다이죠-부

◆ 2차 안 갈래?

二次会 に 行かない？
니지까이니 이까나이

◆ 오늘저녁은 적당히 마시자.

今夜は ほどほどに しようよ。
공야와　　호도호도니 쇼－요

◆ 노래방에 가자.

カラオケに 行こうよ。
가라오께니 이꼬－요

◆ 계산서 좀 가져다주시겠어요?

かんじょうがき　ねが
勘定書 お願いします。
간죠-가끼 오네가이시마스

◆ 전부해서 얼마입니까?

ぜん ぶ
全部で おいくらですか。
젠부데 오이꾸라 데스까

◆ 여기서 계산하나요?

しはら
ここで 支払いますか。
고꼬데 시하라이마스까

かんじょう
＝ここで 勘定しますか。
고꼬데 간죠-시마스까

◆ 이건 무슨 요금이죠?

りょうきん　　なん
この 料金は 何ですか。
고노 료-낑와 난데스까

きんがく　　　なん
＝この 金額は 何ですか。
고노 깅가꾸와 난데스까

◆ 도대체 어떻게 이런 금액이 나옵니까?

きんがく
いったい どうして こんな 金額に なるんですか。
잇따이 도-시떼 곤나 깅가꾸니 나룬데스까

◆ 계산이 틀린 것 같은데요

計算が 間違っているようです。
게이상가 마찌갓떼 이루요-데스

◆ 다시 확인하겠습니다.

再度、確認いたします。
사이도 가꾸닝이따시마스

◆ 각자 냅시다.

別々に 払いましょう。
베쓰베쓰니 하라이마쇼-

◆ 이건 제가 내겠습니다.

これは 私が 支払い致します。
고레와 와따시가 시하라이 이따시마스

◆ 신용카드 받으세요?

クレジットカードでも いいですか。
구레짓토 가-도데모 이-데스까

＝クレジットカードは 使えますか。
구레짓토가-도와 쓰까에마스까

◆ 현금으로 하시겠어요, 카드로 하시겠어요?

現金に しますか、カードに しますか。
겡낀니 시마스까 가-도니 시마스까

◆ 현금으로 낼게요.

現金で 払います。
겡낀데 하라이마스

◆ 봉사료는 포함되어 있습니까?

サービス料は 入っていますか。
사－비스료－와 하잇떼 이마스까

＝サービス料込みですか。
사－비스료－꼬미데스까

◆ 거스름돈이 틀린 것 같은데요.

おつりが 違って いるようですが。
오쓰리가 지갓떼이루 요－데스가

＝おつりが 間違って いるようですが。
오쓰리가 마찌갓떼이루요－데스가

◆ 영수증을 주세요.

領収書を ください。
료－슈－쇼오 구다사이

＝レシートを ください。
레시－또오 구다사이

 페스트푸드점에서

◆ 치즈버거와 콜라를 주세요.

チーズバーガーと コーラを ください。
지즈바가또 고라오 구다사이

◆ 샌드위치 두 개 주세요.

サンドイッチ 二つ ください。
산도잇찌 후따쓰 구다사이

◆ 5분 정도 걸리니, 잠시만 기다려 주세요.

五分くらい かかりますので、もう しばらく お待ちください。
고훙구라이 가까리마스노데, 모－시바라꾸 오마찌구다사이

◆ 여기서 드실 건가요? 가져가실 건가요?

ここで 召し上がりますか？ お持ち帰りですか。
고꼬데 메시아가리마스까, 오모찌까에리데스까

◆ 여기에서 먹을 거에요.

ここで 食べます。
고꼬데 다베마스

◆ 가지고 갈 거에요.

持って 帰ります。
못떼 가에리마스

◆ 어떤 음료로 하시겠어요?

お飲み物は 何に なさいますか。
오노미모노와 나니니 나사이마스까

◆ 환타 M사이즈로 주세요.

ファンタの エムを ください。
환따노 엠오 구다사이

◆ 콜라에 얼음을 빼주세요.

コーラは 氷なしで お願いします。
고－라와 고－리나시데 오네가이시마스

＝コーラに 氷を 入れないで ください。
고－라니 고－리오 이레나이데 구다사이

◆ 어떤 사이즈를 원하십니까?

どの サイズに しますか。
도노 사이즈니 시마스까

◆ 가장 작은 사이즈를 주십시오.

一番 小さい サイズを ください。
이찌방 지－사이 사이즈오 구다사이

◆ L사이즈로 주세요.

エルサイズを お願いします。
에루 사이즈오 오네가이시마스

◆ 네, 알겠습니다.

はい、かしこまりました。
하이 가시꼬마리마시따

◆ 겨자 넣어주세요.

マスタードを 付<ruby>つ</ruby>けて ください。

마스따-도오 쓰께떼 구다사이

◆ 케첩을 주세요.

ケチャップを ください。

케찻뿌오 구다사이

◆ 마요네즈를 바르겠습니까?

マヨネーズは つけますか。

마요네즈와 쓰께 마스까

◆ 아뇨, 됐습니다.

いいえ、結構<ruby>けっこう</ruby>です。

이-에 겟꼬-데스

Part 11. 쇼핑

01 가게를 찾을 때

◆ 실례합니다. 이 근처에 백화점이 있나요?

すみません。この辺りに デパートはありませんか。

스미마셍 고노 아따리니 데빠－또와 아리마셍까

◆ 쇼핑센터는 어디에 있습니까?

ショッピングセンターは どこに ありますか。

쇼삥구 센따－와 도꼬니 아리마스까

◆ 할인점은 어디에 있습니까?

割引店は どこに ありますか。

와리비끼뗑와 도꼬니 아리마스까

◆ 가장 가까운 슈퍼는 어디에 있습니까?

一番近い スーパーは どこですか。

이찌방 지까이 스빠와 도꼬데스까

◆ 이 도시의 쇼핑가는 어디입니까?

この 町の 商店街は どこですか。

고노 마찌노 쇼－뗑가이와 도꼬데스까

◆ 뭘 사고 싶은데요?

何が 買いたいですか。

나니가 가이따이데스까

◆ 친구에게 선물로 줄 화장품을 좀 사려구요

友達に あげる 化粧品を 買いたいんですが。

도모다찌니 아게루 게쇼-힝오 가이따인데스가

◆ 여기에서 멉니까?

ここから 遠いですか。

고꼬까라 도-이 데스까

◆ 아뇨, 그렇게 멀지 않습니다.

いいえ、そんなに 遠く ありません。

이-에　　손나니 도-꾸 아리마셍

◆ 세일은 어디에서 하고 있습니까?

バーゲンは どこで やっていますか。

바-겡와　　　도꼬데 얏떼 이마스까

◆ 면세점은 있습니까?

免税店は ありますか。

멘제이뗑와 아리마스까

◆ 네, 이층에 있습니다.

はい、二階に あります。

하이　　니까이니 아리마스

◆ 편의점을 찾고 있어요.

コンビニを 探しています。

곤비니오 사가시떼 이마스

◆ 영업시간은 몇 시부터 몇 시까지입니까?

営業時間は 何時から 何時までですか。

에이교-지깡와 난지까라　　난지마데데스까

◆ 몇 층에 식당가가 있습니까?

なん かい　　　しょくどうがい
何階に 食堂街が ありますか。

낭까이니 쇼꾸도-가이가 아리마스까

◆ 식당가는 지하 1층에 있습니다.

しょくどうがい　　ち か いっ かい
食堂街は 地下 一階に あります。

쇼꾸도-가이와 지까 잇까이니 아리마스

◆ 신사복 매장은 어디입니까?

しんしふく
紳士服コーナーは どこですか。

신시후꾸 고-나와 도꼬데스까

◆ 보석은 어디에서 살 수 있어요?

ほう せき　　　　　　　か
宝石は どこで 買えますか。

호-세끼와 도꼬데 가에마스까

◆ 아동복은 몇 층에 있나요?

こども ふく　　　なん かい
子供服は 何階に ありますか。

고도모후꾸와 낭까이니 아리마스까

◆ 기념품은 어디에서 파나요?

き ねん ひん　　　　　　う
記念品は どこで 売って いますか。

기넹힝와 도꼬데　　　웃떼 이마스까

◆ 일본에서 가장 유명한 백화점은 어디에 있습니까?

に ほん　　　いちばん ゆうめい
日本で 一番 有名な デパートは どこに ありますか。

니혼데 이찌방 유-메이나 데빠-또와　　　도꼬니 아리마스까

 물건을 찾을 때

◆ 찾으려는 물건이 있으세요?

何か お探しですか。
나니까 오사가시 데스까

◆ 그냥 구경하고 있어요.

ちょっと 見ているだけです。
쫏또 미떼이루다께데스

◆ 손님, 무엇을 도와드릴까요?

お客様、どのような 御用でしょうか。
오갹사마　도노요-나 고요-데쇼-까

◆ 어떤 종류를 찾고 계신가요?

どんな 種類を お探しですか。
돈나 슈루이오　오사가시데스까

◆ 아내에게 선물할 것을 찾고 있습니다.

妻への プレゼントを 探して います。
쓰마에노 뿌레젠또오 사가시떼 이마스

◆ 특별히 찾으시는 상표가 있으세요?

探している ブランドは ありますか。
사가시떼이루 부란도와　아리마스까

◆ 필요한 것이 있으시면 말씀하십시오.

何か 御用が ありましたら、お知らせください。
나니까 고요-가 아리마시따라,　　　　오시라세 구다사이

◆ 여기 잠깐 봐 주시겠어요?

ここ、ちょっと、見て頂けますか。
고꼬, 쫏또,　　　미떼 이따다께마스까

◆ 이건 여성용 인가요?

これは 女性用ですか。
고레와, 죠세이요-데스까

◆ 어떤 브랜드를 찾으세요?

どんな ブランドを 探しているんですか。
돈나 부란도오　　　　사가시떼 이룬데스까

◆ 나이키요.

ナイキです。
나이끼데스

◆ 아내에게 줄 선물을 찾고 있습니다.

妻に あげる プレゼントを 探しています。
쓰마니 아게루 뿌레젠또오 사가시떼 이마스

◆ 좀처럼 마음에 드는 것이 보이질 않네요.

なかなか 気に入るのが 見当たらないですね。
나까나까 기니 이루노가　　　미아따라나이데스네

◆ 청바지 있어요?

ジーパンは ありますか。
지-빵와 아리마스까

◆ 저걸 보여 주세요.

あれを 見せて ください。

아레오 미세떼 구다사이

◆ 이것과 같은 것은 있습니까?

これと 同じも のは ありますか。

고레또 오나지 모노와 아리마스까

◆ 캐주얼한 것을 찾고 있습니다.

カジュアルな ものを 探しています。

가쥬아루나 모노오 사가시떼 이마스

◆ 여자친구에게 선물할 목걸이를 찾고 있어요.

彼女に プレゼントする ネックレスを 探しているんです。

가노죠니 뿌레젠또스루 넥꾸레스오 사가시떼 이룬데스

◆ 이것은 어떠세요?

これは いかがですか。

고레와 이까가데스끼

◆ 이 모델의 텔레비전을 찾고 있는데요.

この モデルの テレビを 探してるんですが。

고노 모데루노 데레비오 사가시떼룬데스가

◆ 그 상품의 제조는 작년으로써 종료되었습니다.

その 商品の 製造は 去年を もって 終了させて いただきました。

소노 쇼-힌노 세이조-와 교넹오 못떼 슈-료-사세떼 이따다끼마시따

◆ 어서 오세요.

いらっしゃいませ。
이랏샤이마세

◆ 어떤 스타일을 찾으세요?

どんな スタイルを お探^{さが}しですか。
돈나 스따이루오　　　오사가시데스까

◆ 이것이 최신 상품인가요?

これが 最新^{さいしん}の 商品^{しょうひん}ですか。
고레가 사이신노 쇼-힌데스까

◆ 이 디자인이 요즘 유행하나요?

この デザインは 流行^{はや}っていますか。
고노 데자잉와 하얏떼 이마스까

◆ 다른 디자인은 있나요?

他^{ほか}の デザインは ありますか。
호까노 데자잉와 아리마스까

◆ 저것을 보여주세요.

あれを 見^みせて ください。
아레오 미세떼 구다사이

◆ 너무 화려하군요.

おしゃれすぎます。
오샤레스기마스

◆ 이것보다 수수한 것을 찾고 있어요.

これより 地味<ruby>じみ</ruby> な ものを 探<ruby>さが</ruby>しています。
고레요리 지미나 모노오 사가시떼이마스

◆ 다른 것을 보여주시겠어요?

別<ruby>べつ</ruby> の ものを 見<ruby>み</ruby>せて 頂<ruby>いただ</ruby>けますか。
베쓰노 모노오 미세떼 이따다께마스까

◆ 이것은 어떠세요?

これは いかがですか。
고레와 이까가데스까

◆ 이거 어울립니까?

これ 似合<ruby>にあ</ruby>いますか。
고레 니아이 마스까

◆ 손님한테 어울릴 것 같은데요.

お客様<ruby>きゃくさま</ruby> に 似合<ruby>にあ</ruby>いそうです。
오갸꾸사마니 니아이소−데스

◆ 입어봐도 됩니까?

着<ruby>き</ruby>てみても いいですか。
기떼 미떼모 이−데스까

◆ 한 번 입어 보세요.

一度<ruby>いちど</ruby> 、試着<ruby>しちゃく</ruby> を して 見<ruby>み</ruby>せてください。
이찌도 시쨔꾸오 시떼 미세떼 구다사이

◆ 사이즈가 얼마죠?

サイズは おいくつですか。
사이즈와 오이꾸쓰데스까

◆ 사이즈를 잘 모르는데요.

サイズを よく 分かりません。
사이즈오 요꾸 와까리마셍

◆ 탈의실이 어디죠?

試着室は どこですか。
시쨔꾸시쓰와 도꼬데스까

◆ 좀 끼이네요.

ちょっと きついですね。
쫏또 기쓰이데스네

◆ 좀 더 큰 사이즈 있습니까?

もうちょっと 大きい サイズが ありますか。
모-쫏또　　　　　오-끼- 사이즈가 아리마스까

◆ 딱 맞네요.

ぴったりです。
삣따리 데스

◆ 이거 다른 색상으로 있어요?

これ 違う 色は ありますか。
고레 지가우 이로와 아리마스까

◆ 무슨 색이 있나요?

何色が ありますか。
나나이로가 아리마스까

◆ 파랑, 빨강, 하양이 있습니다.

青、赤、白が あります。

아오 아까 시로가 아리마스

◆ 일본 제품입니까?

日本製ですか。

니혼세이데스까

◆ 이거 얼마죠?

これ いくらですか。
고레 이꾸라데스까

◆ 200엔입니다.

200円です。
니햐꾸엔데스

◆ 너무 비싸네요. 깎아주실래요?

高すぎます。負けて くれませんか。
다까스기마스.　　　마께떼 구레마셍까

◆ 죄송합니다만 이미 20% 할인가격인 걸요.

**申し訳ございませんが、もう 20% 割引きに なって
います。**
모-시와께고자 이마셍가 모- 니짓빠센토 와리비끼니 낫떼이마스

◆ 더 싼 것은 없나요?

もっと 安い 物は ありませんか。
못또 야스이 모노와 아리마셍까

◆ 좀 비싸군요.

ちょっと 高いですね。
쫏또 다까이데스네

◆ 조금 싸게 해주세요.

少し 安くなりませんか。
스꼬시 야스꾸나리마셍까

◆ 깎아주면 사겠습니다.

負けてくれたら 買います。
마께떼 구레따라　　가이마스

◆ 이것은 세일하는 중인가요?

これは セール中ですか。
고레와 세ー루 쮸ー데스까

◆ 이걸로 하겠습니다. 선물용으로 포장해 주세요.

これに します。ギフト用に 包んで ください。
고레니 시마스　　기후또요ー니 쓰쓴데 구다사이

◆ 지불은 어떻게 하시겠어요?

お支払は どうなさいますか。
오시하라이와 도ー나사이 마스까

◆ 현금으로 지불히겠습니다.

現金で 払います。
겡낑데 하라이마스

◆ 카드로 지불이 되나요?

カードで 支払いできますか。
가ー도데 시하라이 데끼마스까

◆ 죄송합니다. 현금만 받습니다.

すみません。現金しか 扱って いません。
스미마셍　　겡낑시까 아쓰깟떼 이마셍

◆ 현금으로 지불하면 더 싸게 해주시나요?

現金払いなら 安くなりますか。
겡낑바라이나라 야스꾸 나리마스까

◆ 할부로 살 수 있나요?

分割払いで 買えますか。
붕까쓰 바라이데 가에마스까

◆ 두 개 사면 깎아주나요?

二つ 買ったら 値引きして もらえますか。
후따쓰 갓따라　　네비끼시떼 모라에마스까

◆ 여행자용 수표라도 괜찮아요?

旅行者用の 小切手でも いいですか。
료꼬-샤요-노 고깃떼데모 이-데스까

◆ 가격은 적당하군요. 그걸 주세요.

値段は 手頃ですね。それを ください。
네당와 데고로데스네　　소레오 구다사이

◆ 저거 얼마죠?

あれ いくらですか。
아레 이꾸라데스까

◆ 이 파란 거 말인가요?

この 青色ですか。
고노 아오이로데스까

◆ 영수증 하나 주시겠어요?

レシートを くださいませんか。
레시-또오 구다사이마셍까

포장과 배송

◆ 선물용으로 포장해 드릴까요?

ギフト用で 包装しましょうか。

기후또요–데 호–소–시마쇼–까

◆ 네, 선물용으로 포장해 주세요.

はい。ギフト用に 包装してください。

하이　기후또요–니 호–소–시떼구다사이

◆ 같이 포장해 주세요.

一緒に 包装してください。

잇쇼니 호–소–시떼 구다사이

◆ 이것들을 따로따로 싸 주세요.

これらを 別々に 包んで もらえますか。

고레라오 베쓰베쓰니 쓰쓴데 모라에미스까

＝これらを 別々に 包んでください。

고레라오 베쓰베쓰니 쓰쓴데구다사이

◆ 봉투에 담을까요?

袋に 入れますか。

후꾸로니 이레마스까

◆ 종이백에 넣어주세요.

紙のバックに 入れて ください。

가미노 밧꾸니 이레떼 구다사이

◆ 이것을 넣을 박스좀 얻을수 있나요?

これを 入れる ボックスを いただけますか。
고레오 이레루 복꾸스오 이따다께 마스까

◆ 포장비도 내야 하나요?

包装代も 払うんですか。
호－소－다이모 하라운데스까

◆ 제 호텔까지 배달해 줄 수 있습니까?

私の ホテルまで、配達して 頂けますか。
와따시노 호떼루마데, 하이다쓰시떼 이따다께마스까

◆ 언제 배달해 주시겠습니까?

いつ 配達して 頂けますか。
이쓰 하이다쓰시떼 이따다께마스까

＝いつ 届けて もらえますか。
이쓰 도도께데 모라에마스까

◆ 오늘 중으로 배달해 주었으면 하는데요?

今日中に 届けて ほしいのです。
교－쥬－니 도도께떼 호시－노데스

◆ 별도의 요금이 듭니까?

別料金が かかりますか。
베쓰료－킹가 가까리마스까

◆ 이 주소로 보내주세요.

この 住所に 送って ください。
고노 쥬－쇼니 오꿋떼 구다사이

◆ 이 카드를 첨부해서 보내주세요.

この カードを 添えて 送って ください。

고노 가-도오 소에떼 오꾸떼 구다사이

◆ 한국의 제 주소로 보내 주시겠어요?

韓国の 私の 住所宛に 送って もらえますか。

강고꾸노 와따시노 쥬-쇼아떼니 오꼿테 모라에마스까

◆ 한국까지 며칠 정도 걸립니까?

韓国まで 何日くらい かかりますか。

강꼬꾸마데 난니찌구라이 가까리마스까

◆ 항공편으로 얼마나 듭니까?

航空便なら いくら かかりますか。

고-꾸-빈나라 이꾸라 가까리마스까

◆ 항공편으로 부탁합니다.

航空便で お願いします。

고-꾸-빈데 오네가이시마스

◆ 환불이 가능한가요?

<ruby>払<rt>はら</rt></ruby>い<ruby>戻<rt>もど</rt></ruby>して <ruby>頂<rt>いただ</rt></ruby>けますか。

하라이모도시떼 이따다께마스까

◆ 반품해 주세요.

<ruby>返品<rt>へんぴん</rt></ruby>して ください。

헨삥시떼 구다사이

＝<ruby>返品<rt>へんぴん</rt></ruby> お<ruby>願<rt>ねが</rt></ruby>いします。

헨삥 오네가이시마스

◆ 교환할 수 있습니까?

<ruby>交換<rt>こうかん</rt></ruby>して <ruby>頂<rt>いただ</rt></ruby>けますか。

고－깐시떼 이따다께마스까

◆ 네, 교환 가능합니다.

はい、<ruby>交換<rt>こうかん</rt></ruby>できます。

하이　고－깡데끼마스

◆ 여기에 흠집이 있습니다.

ここに <ruby>傷<rt>きず</rt></ruby>が あります。

고꼬니 기즈가 아리마스

◆ 어디 좀 보여 주시겠어요?

ちょっと <ruby>見<rt>み</rt></ruby>せて ください。

죳또 미세떼 구다사이

◆ 새것으로 바꿔 드리겠습니다.

新しい ものと お取り替えします。

아따라시- 모노또 오또리까에 시마스

◆ 구입시에 망가져 있었습니까?

ご購入時に 壊れて いましたか。

고고-뉴-도끼니 고와레떼 이마시다까

◆ 샀을 때는 몰랐습니다.

買った ときには 気がつきませんでした。

갓 따 도끼니와 기가 쓰끼마센데시따

◆ 다른 것으로 바꿔 주시겠습니까?

別の ものと 取り替えて いただけますか。

베쓰노 모노또 도리까에떼 이따다께마스까

◆ 영수증은 가지고 계십니까?

レシートは お持ちですか。

레시-또와 오모찌데스까

◆ 예, 가지고 있습니다.

はい、持っています。

하이　　못떼이마스

◆ 어제 샀습니다.

昨日 買いました。

기노- 가이마시따

◆ 아직 쓰지 않았습니다.

まだ 使って いません。

마다 쓰깟떼 이마셍

◆ 몇 번인가 사용했을 뿐인데 망가졌습니다.

<ruby>何回<rt>なんかい</rt></ruby>か <ruby>使<rt>つか</rt></ruby>っただけで、<ruby>壊<rt>こわ</rt></ruby>れて しまいました。

낭까이까 쓰깟따다께데,　　　　　고와레떼 시마이마시따

◆ 수리해 주든지 환불해 주시겠어요?

<ruby>修理<rt>しゅうり</rt></ruby>するか、お<ruby>金<rt>かね</rt></ruby>を <ruby>返<rt>かえ</rt></ruby>して いただけますか。

슈－리스루까 오까네오 가에시떼 이따다께마스까

◆ 이것을 교환하고 싶은데요.

これを <ruby>交換<rt>こうかん</rt></ruby>したいんですが。

고레오 고－깐시따인데스가

◆ 무슨 문제라도 있나요?

<ruby>何<rt>なに</rt></ruby>か <ruby>問題<rt>もんだい</rt></ruby>でも。

나니까 몬다이데모

◆ 사이즈가 맞지 않아요.

サイズが <ruby>合<rt>あ</rt></ruby>いませんでした。

사이즈가 아이마센데시따

◆ 여기가 더럽습니다.

ここが <ruby>汚<rt>よご</rt></ruby>れて いるんです。

고꼬가 요고레떼 이룬데스

◆ 어디로 가면 되나요?

どこに <ruby>行<rt>い</rt></ruby>けば いいのですか。

도꼬니 이께바 이－노데스까

Part 12. 교통

◆ 어디 가세요?

どこへ いらっしゃるのですか。
도꼬에 이랏샤루노데스까

◆ 길을 잃었나요?

道に 迷って いらっしゃるのですか。
미찌니 마욧떼 이랏샤루노데스까

◆ 네, 그렇습니다. 여기는 어느 근처인가요?

はい、そうなのです。ここは どの 辺りですか。
하이 소-나노데스　　　　고꼬와 도노 아따리데스까

◆ 죄송합니다. 여기에 어떻게 가야 하는지 알려주세요.

すみません。ここへの 行き方を 教えて ください。
스미마셍　　　고꼬에노 이끼까따오　　오시에떼 구다사이

◆ 곧장 가십시오.

まっすぐに 行ってください。
맛스구니 잇떼구다사이

◆ 국립 박물관은 어떻게 가나요?

国立博物館は どう 行けば いいですか。
고꾸리쓰 하꾸부쓰깡와 도- 이께바 이-데스까

◆ 저기에서 좌회전 하면 됩니다.

あそこで 左<ひだり>に 曲<ま>がると いいです。

아소꼬데 히다리니 마가루또 이-데스

◆ 찾기 쉬운가요?

見<み>つけ 易<やす>いですか。

미쓰께 야스이데스까

◆ 네, 매우 찾기 쉬워요

はい、とても 見<み>つかり 易<やす>いです。

하이　　도떼모 미쓰까리야스이데스

◆ 제가 약도를 그려드릴게요.

私<わたし>が 略図<りゃくず>を 書<か>いて あげます。

와따시가 랴꾸즈오 가이떼 아게마스

◆ 호의에 감사드려요

ご好意<こうい> ありがとう。

고고-이 아리가또-

◆ 어기시 기깝습니까?

ここから 近<ちか>いのですか。

고꼬까라 지까이노데스까

◆ 걸어서 갈 수 있는 거리입니까?

歩<ある>いて いける 距離<きょり>ですか。

아루이떼 이께루 교리데스까

◆ 여기서 걸어서 약 5분 정도 걸려요.

ここから 歩<ある>いて ほんの 五分<ごふん>ほどです。

고꼬까라 아루이떼　　혼노 고훙 호도데스

◆ 이 주소는 어떻게 가면 되나요?

この 住所へは どう 行けば いいのですか。

고노 쥬-쇼에와 도- 이께바 이-노데스까

◆ 저도 그쪽으로 가니 따라오세요.

私も そちらの 方向へ 行きますから お連れしましょう。

와따시모 소찌라노 호-꼬-에 이끼마스까라 오쓰레시마쇼-

◆ 이 길을 곧장 가세요.

この 道を 真っ直ぐ 行って ください。

고노 미찌오 맛스구　　　잇떼 구다사이

◆ 미안합니다. 잘 모르겠어요.

すみません。よく わかりません。

스미마셍.　　　요꾸 와까리마셍

◆ 다른 사람에게 물어보세요.

だれか ほかの 人に 聞いて ください。

다레까 호까노 히또니 기-떼 구다사이

◆ 경찰에게 물어보는 게 좋겠네요.

警察に 聞いた 方が いいです。

게이사쓰니 기이따 호-가 이-데스

◆ 책방을 찾고 있는데 이 근처에 있습니까?

本屋を 探してるんですが、この 辺に ありますか。

홍야오 사가시떼룬데스가 고노 헨니 아리마스까

◆ 두 번째 모퉁이에서 왼쪽으로 도세요.

二つ目の 角を 左に 曲がりなさい。

후따쓰메노 가도오 히다리니 마가리나사이

 버스를 이용할 때

◆ 버스 정류장은 어디인가요?

バス停は どこですか。
바스데이와 도꼬데스까

◆ 건너편에 있습니다.

向こう側に あります。
무꼬-가와니 아리마스

◆ 이 버스는 도쿄 역까지 가나요?

この バスは 東京駅まで 行きますか。
고노 바스와 도-꾜- 에끼마데 이끼마스까

◆ 시내로 가려면 이느 버스를 타야 하나요?

市内に 行くには どの バスに 乗りますか。
시나이니 이꾸니와 도노 바스니 노리마스까

◆ 이 버스 지브리 미술관까지 가나요?

この バス、ジブリ美術館まで 行きますか。
고노 바스,　지브리 비쥬쓰깡마데 이끼마스까

◆ 네, 갑니다.

はい、行きます。
하이 이끼마스

◆ 오사카행 버스는 어디에서 탑니까?

大阪行きの バスは どこで 乗りますか。
오－사까유끼노 바스와 도꼬데 노리마스까

◆ 곧장 가시면 있습니다.

まっすぐ 行ったら あります。
맛스구 잇따라 아리마스

◆ 오사카행 버스는 몇 번인가요?

大阪行きの バスは 何番ですか。
오－사까 유끼노 바스와 난방데스까

◆ 2번 버스를 타십시오.

2番の バスに お乗りなさい。
니반노 바스니 오노리 나사이

◆ 버스는 몇 분마다 있습니까?

バスは 何分ごとに ありますか。
바스와 난뿡고또니 아리마스까

◆ 5분마다 있습니다.

五分ごとに あります。
고훙고또니 아리마스

◆ 어디서 내려야 하나요?

どこで 降りますか。
도꼬데 오리마스까

◆ 다음에서 내리세요.

次で 降りて ください。
쓰기데 오리떼 구다사이

◆ 갈아타야 합니까?

乗り換えなければ なりませんか。
노리까에 나께레바 나리마셍까

◆ 버스 요금은 얼마인가요?

バスの 料金は いくらですか。
바스노 료-낑와 이꾸라데스까

◆ 이 버스는 오사카역을 지나가나요?

この バスは 大阪駅を通りますか。
고노 바스와 오-사까에끼오 도-리마스까

◆ 어디에서 버스표를 사나요?

どこで 切符を 買いますか。
도꼬데 깃뿌오 가이마스까

◆ 이 버스 어디로 가는 겁니까?

この バスは どこ 行きですか。
고노 바스와 도꼬 유끼데스까

◆ 여기에 요금을 넣으면 됩니까?

ここに 料金を 入れれば いいんですか。
고꼬니 료-낑오 이레레바 이인데스까

◆ 여기가 내려야 할 곳인가요?

ここが 降りる ところですか。
고꼬가 오리루 도꼬로데스까

◆ 버스를 잘못 탔어요.

バスを 乗り間違えて しまいました。
바스오 노리마찌가에떼 시마이마시따

◆ 여기서 내려주세요.

ここで 降<ruby>お</ruby>ろして ください。

고꼬데 오로시떼 구다사이

◆ 오사카에 가려면 이 버스가 편해.

大阪に 行くには この バスが 便利だよ。

오－사까니 이꾸니와 고노 바스가 벤리다요

◆ 버스는 좀처럼 시간대로 안와.

バスは なかなか 時間通りに 来ない。

바스와 나까나까 지깐 도－리니 고나이

◆ 버스 정류장까지 걸어서 5분입니다.

バス停まで 歩いて 五分です。

바스데이마데 아루이떼 고훈데스

◆ 가장 가까운 역은 어디입니까?
いちばん ちか えき
一番 近い 駅は どこですか。
이찌방 지까이 에끼와 도꼬데스까

◆ 지하철 노선도를 주시겠습니까?
ちかてつ ろ せん ず
地下鉄の 路線図を ください。
지까데쓰노 로센즈오 구다사이

◆ 예, 여기 있어요.

はい、ここに あります。
하이, 고꼬니 아리마스

◆ 표는 어니에서 살 수 있습니까?
きっぷ か
切符は どこで 買えますか。
깃뿌와 도꼬데 가에마스까

◆ 자동판매기로 살 수 있습니다.
じどうはんばいき か
自動販売機で 買えますよ。
지도-한바이끼데 가에마스요

◆ 자동매표기는 어디에 있습니까?
じどう きっ ぷ はんばいき
自動切符販売機は どこですか。
지도-깃뿌한바이끼와 도꼬데스까

◆ 이 자동판매기 사용법을 가르쳐 주시겠습니까?
この 自動切符販売機の 使い方を 教えてくれますか。
코노 지도-깃뿌한바이키노 쓰까이카따오 오시에떼 구레마스까

◆ 먼저 돈을 넣고, 이 금액의 버튼을 누르십시오.
先に お金を 入れて、この 金額の ボタンを 押して
ください。
사끼니 오까네오 이레떼, 고노 깅가꾸노 보땅오 오시떼구다사이

◆ 신주쿠로 가려면 어느 선을 타면 됩니까?
新宿へ 行くには どの線に 乗れば いいですか。
신주쿠에 이꾸니와　　 도노센니 노레바 이-데스까

◆ 2호선을 타세요.
二号線に 乗りなさい。
니고-센니 노리나사이

◆ 신주쿠까지는 얼마입니까?
新宿までは いくらですか。
신쥬쿠마데와 이꾸라데스까

◆ 신주쿠 역까지 전철로 몇 분 걸립니까?
新宿駅まで 電車で 何分 かかりますか。
신쥬쿠에끼마데 덴샤데 난뿡 가까리마스까

◆ 이 지하철은 신주쿠역에 갑니까?
この 地下鉄は 新宿駅に 行きますか。
고노 지까데쓰와, 신쥬쿠에끼니 이끼마스까

◆ 신주쿠역은 몇 번째입니까?
新宿駅は いくつ目ですか。
신주쿠에끼와 이꾸쓰메데스까

◆ 어디서 갈아타면 좋겠습니까?

どこで 乗り換えれば いいですか。

도꼬데 노리까에레바 이－데스까

◆ 다음은 어디입니까?

次は どこですか。

쓰기와 도꼬데스까

◆ 어느 쪽으로 내려야 합니까?

どちら側から 降りますか。

도찌라가와까라 오리마스까

◆ 왼쪽 문으로 내려 주십시오.

左側の ドアから 降りてください。

히다리가와노 도아까라 오리떼구다사이

◆ 출구는 어디인가요?

出口は どこですか。

데구찌와 도꼬데스까

◆ 몇 분 가격으로 옵니까?

何分おきに 来ますか。

난뿡 오끼니 기마스까

◆ 택시보다 지하철이 빠릅니다.

タクシーより 地下鉄の ほうが 速いです。

다꾸시－요리 지까데쓰노 호－가 하야이데스

◆ 환승역은 어디입니까?

乗換駅は どこですか。

노리까에에끼와 도꼬데스까

◆ 나고야까지의 표를 구입하고 싶은데요.

名古屋までの 切符を 買いたいんですが。

나고야마데노　깃뿌오 가이따인데스가

◆ 일등석으로 주세요.

一等席を ください。

잇또-세끼오 구다사이

◆ 특급으로 왕복료는 얼마입니까

特急の 往復料はいくらですか。

돗뀨-노 오-후꾸료-와 이꾸라데스까

◆ 나고야까지 특급은 20,000엔입니다.

名古屋までの 特急は 20,000円に なります。

나고야마데노 돗뀨-와 2망엔니 나리마스

◆ 급행열차는 나고야역에서 섭니까?

急行列車は 名古屋駅で 止まりますか。

규-꼬-렛사와 나고야에끼데 도마리마스까

◆ 몇 시에 나고야행 열차가 있습니까?

名古屋行きの 列車は 何時に ありますか。

나고야 유끼노 렛샤와 난지니 아리마스까

◆ 1시간마다 있습니다.

一時間毎に あります。
いちじかん ごと

이찌지깡고또니 아리마스

◆ 나고야까지 몇 시간 걸립니까?

名古屋まで 何時間 かかりますか。
な ご や　なんじかん

나고야마데 난지깐 가까리마스까

◆ 2시간 정도 걸립니다.

二時間くらい 掛かります。
に じ かん　か

니지깡구라이 가까리마스

◆ 이 열차는 예정대로 출발합니까?

この 列車は 予定通りですか。
れっしゃ　よてい どう

고노 렛샤와 요떼이도-리데스까

◆ 나고야행 열차는 어디입니까?

名古屋行きの 列車は どこですか。
な ご や ゆ　れっしゃ

나고야유끼노 렛샤와 도꼬데스까

◆ 2번 홈은 어디입니까?

二番ホームは どこですか。
に ばん

니방호-무와 도꼬데스까

◆ 2번 홈은 건너편에 있습니다.

二番ホームは 向こう 側に あります。
に ばん　む　がわ

니방호-무와　무꼬-가와니 아리마스

◆ 나고야에 몇 시에 도착합니까?

名古屋には 何時に 着きますか。
な ご や　なんじ　つ

나고야니와 난지니 쓰끼마스까

◆ 미안합니다. 이 자리에 누가 있습니까?

すみません。この席に 誰か いますか。
스미마셍　　　　고노 세끼니 다레까 이마스까

◆ 거기는 제자리입니다.

そこは 私の席です。
소꼬와 와따시노 세끼데스

◆ 표를 보여 주십시오.

乗車券を 拝見します。
죠-샤껭오 하이껜시마스

◆ 네, 여기 있습니다.

はい、どうぞ。
하이　　　도-조

◆ 열차를 놓쳤어요.

乗り遅れて しまいました。
노리오꾸레떼 시마이마시다

◆ 다음 열차는 몇 시인가요?

次の 列車は 何時ですか。
쓰기노 렛샤와 난지데스까

◆ 식당차는 딸려 있습니까?

食堂車は ついて いますか。
쇼꾸도-샤와 쓰이떼 이마스까

◆ 더 이른 열차가 있나요?

もっと 早い 列車が ありますか。
못또 하야이 렛샤가 아리마스까

◆ 급행열차가 있나요?

急行列車が ありますか。
きゅうこうれっしゃ

규-꼬- 렛샤가 아리마스까

◆ 급행열차는 나고야역에서 섭니까?

急行列車は 名古屋駅で 止まりますか。
きゅうこうれっしゃ　　な ご や えき　　と

규-꼬-렛샤와 나고야에끼데 도마리마스까

 택시를 이용할 때

◆ 택시 승강장은 어디에 있습니까?

タクシー乗り場は どこですか。
다꾸시- 노리바와 도꼬데스까

◆ 택시는 어디서 잡을 수 있습니까?

タクシーは どこ で拾えますか。
다꾸시-와 도꼬데 히로에마스까

◆ 택시!

タクシー！
다꾸시!

◆ 어디까지 모셔드릴까요?

どちらまででしょうか。
도찌라마데데쇼-까

◆ 힐튼 호텔로 가주세요.

ヒルトンホテルまで お願いします。
힐튼호떼루마데 오네가이시마스

◆ 트렁크를 열어주세요.

トランクを 開けて ください。
도랑꾸오 아께떼 구다사이

◆ 이 짐을 트렁크에 넣어주시겠어요?

この 荷物を トランクに 入れてもらえますか。

고노 니모쓰오 도랑꾸니 이레떼모라에마스까

◆ 이 주소로 가 주십시오.

この 住所まで お願いします。

고노 쥬-쇼마데 오네가이시마스

◆ 네, 알겠습니다.

はい、かしこまりました。

하이 가시꼬마리마시따

◆ 하네다 공항으로 가 주세요. 얼마나 걸릴까요?

羽田空港へ お願いします。 どのくらい かかりますか。

하네다구-꼬에 오네가이시마스. 도노구라이 가까리마스까

◆ 9시까지 도착할 수 있을까요?

九時までに 着くでしょうか。

구지마데니 쓰꾸데쇼-까

◆ 지금 교통이 막혀서 1시간 정도 걸립니다.

今 渋滞で 一時間くらい かかります。

이마 쥬-따이데 이찌지깡구라이 가까리마스

◆ 최대한 빨리 가 주세요.

なるべく 急いで ください。

나루베꾸 이소이데 구다사이

◆ 가장 가까운 길로 가주세요.

一番 近い 道を 選んで ください。

이찌방 지까이 미찌오 에란데 구다사이

◆ 조금 더 빨리 갈 수 없을까요?

もう少し 早く 行って もらえませんか。

모- 스꼬시 하야꾸 잇떼 모라에마셍까

◆ 여기서 오른쪽으로 돌아주세요.

ここを 右に 曲がってください。

고꼬오 미기니 마갓떼 구다사이

◆ 이제 다 왔습니까?

もうすぐ、着きますか。

모-스구,　쓰끼마스까

◆ 이제 다 왔습니다.

もうすぐ、着きます。

모-스구　스끼마스

◆ 좀 더 앞까지 가주세요.

もう少し 先まで 行ってください。

모-스꼬시 사끼마데 잇떼 구다사이

◆ 여기에서 세워주세요.

ここで 止めてください。

고꼬데 도메떼 구다사이

◆ 영수증이 필요하십니까?

レシートは 要りますか。

레시-또와 이리마스까

◆ 아니요, 필요 없습니다.

いいえ、要りません。

이-에 이리마셍

◆ 어디서 차를 빌릴 수 있습니까?

どこで 車を 借りられますか。

도꼬데 구루마오 가리라레마스까

◆ 예약은 하셨습니까?

予約は されていますか。

요야꾸와 시레떼이마스까

◆ 네, 했습니다.

はい、しています。

하이 시떼이마스

◆ 어떤 차가 있습니까?

どのような 車が ありますか。

도노요-나 구루마가 아리마스까

◆ 여러 종류의 차가 있습니다.

色々な 種類の 車が あります。

이로이로나 슈루이노 구루마가 아리마스

◆ 렌터카 목록을 보여주시겠어요?

レンタカーリストを 見せて もらえますか。

렌따카- 리스또오　미세떼 모라에마스까

◆ 어떤 자동차를 얼마동안 사용하실 겁니까?

どんな 車を どのくらい 使う 予定ですか。

돈나 구루마오 도노구라이 쓰까우 요떼이데스까

◆ 이 차를 3일간 빌리겠습니다.

この 車を 三日間 借ります。

고노 구루마오 밋까깡 가리마스

◆ 대형차가 있습니까?

大型車は ありますか。

오오가따샤와 아리마스까

◆ 중형차는 어떻습니까?

中型車は いかがですか。

쥬-가따샤와 이까가 데스까

◆ 요금은 하루에 얼마입니까?

料金は 一日で いくらですか。

료-낑와 이찌니찌데 이꾸라데스까

＝一日当りの 料金は いくらですか。

이찌니찌아따리노 료-낑와 이꾸라데스까

◆ 좀 싸게 안 될까요?

もう少し 安く なりませんか。

모-스꼬시 야스꾸 나리마셍까

◆ 그 요금에 보험은 포함되어 있나요?

その 料金に 保険は 含まれて いますか。

소노 료낀니 호껭와 후꾸마레떼 이마스까

◆ 보험처리가 되나요?

<ruby>保険処理<rt>ほけんしょり</rt></ruby>が できますか。

호껭 쇼리가 데끼마스까

◆ 사용한 후에는 어떻게 돌려드리나요?

<ruby>使<rt>つか</rt></ruby>った <ruby>後<rt>あと</rt></ruby>は どう <ruby>返<rt>かえ</rt></ruby>しますか。

쓰깟따 아또와 도－가에시마스까

◆ 가솔린은 가득 채워서 돌려주나요?

ガソリンは <ruby>満<rt>まん</rt></ruby>タンに して <ruby>返<rt>かえ</rt></ruby>すのですか。

가소링와 만땅니 시떼 가에스노데스까

◆ 면허증을 좀 보여주시겠어요?

<ruby>免許証<rt>めんきょしょう</rt></ruby>を <ruby>見<rt>み</rt></ruby>せて いただけますか。

멩꾜쇼－오 미세떼 이따다께마스까

◆ 여기 있어요. 제 국제면허증이에요.

はい、どうぞ。<ruby>私<rt>わたし</rt></ruby>の <ruby>国際運転免許証<rt>こくさいうんてんめんきょしょう</rt></ruby>です。

히이, 도－조. 와따시노 고꾸사이 운뗑 멩꾜쇼－데스

◆ 오토메틱 밖에 운전하지 못합니다.

オートマチックしか <ruby>運転<rt>うんてん</rt></ruby>できません。

오－또마찟꾸시까 운뗀데끼마셍

◆ 무슨 보험에 가입하시겠습니까?

どのような <ruby>保険<rt>ほけん</rt></ruby>に <ruby>加入<rt>かにゅう</rt></ruby>しますか。

도노요－나 효껭니 가뉴－시마스까

◆ 종합보험에 들어주세요.

<ruby>総合保険<rt>そうごうほけん</rt></ruby>を かけて ください。

소－고－호껭오 가께떼 구다사이

◆ 저는 초보 운전자입니다.

私は 初歩ドライバーです。

와따시와 쇼호 도라이바-데스

◆ 우에노 공원은 이 길로 가면 됩니까?

上野公園は この 道で いいんでしょうか。

우에노 고-엥와 고노 미찌데 이인데쇼-까

◆ 교차로에서 좌회전 하세요

交差点で 左側に 曲がって ください。

고-사뗀데 히다리가와니 마갓떼구다사이

◆ 도로지도는 있나요?

道路地図は ありますか。

도-로 지즈와 아리마스까

◆ 후지산까지 몇 킬로미터 입니까?

富士山まで 何キロですか。

후지산마데 낭끼로 데스까

◆ 차로 후지산까지 어느 정도 걸립니까?

車で 富士山まで どのくらい かかりますか。

구루마데 후지산마데 도노구라이 가까리마스까

◆ 어느 길로 가는 것이 가장 가깝나요?

どの 道を 通るのが 一番 近いの？

도노 미찌오 도-루노가 이찌방 지까이노

◆ 우회도로로 가는 게 가까워.

バイパスを 通った ほうが 近い。

바이빠스오 돗-따 호-가 지까이

◆ 타세요. 댁까지 모셔 드리지요.

乗ってください。お宅まで お供いたします。

놋떼 구다사이, 오다꾸마데 오토모이따시마스

◆ 안전벨트를 매세요.

シートベルトを 締めて ください。

시-토베루또오 시메떼 구다사이

◆ 조심해요. 도로가 좀 미끄러우니까.

気をつけて。道路が ちょっと 滑りやすいから。

기오 쓰게떼.　　도-로가 죳또 스베리야스이까라

◆ 속도를 줄이세요.

スピードを 落として ください。

스삐-도오　　오또시떼 구다사이

◆ 이 근처에 주유소가 있나요?

この近くに ガソリンスタンドは ありますか。
고노 지까꾸니 가소린스딴도와 아리마스까

◆ 여기에 주차해도 되나요?

ここに 車を 駐車しても いいですか。
고꼬니 구루마오 쥬－샤시떼모 이－데스까

◆ 10리터만 넣어주세요.

十リットルだけ 入れてください。
쥬－릿또루 다께 이레떼 구다사이

◆ 점점 휘발유가 다 떨어지고 있어.

そろそろ ガソリンが 切れかかっている。
소로소로 가소링가 기레가깟데 이루

◆ 어떤 걸로 넣어 드릴까요?

どちらを 入れましょうか。
도찌라오 이레마쇼－까

◆ 보통입니까? 그렇지 않으면 고급입니까?

レギュラーですか。 それとも ハイオクですか。
레규라－데스까.　　소레또모 하이오꾸 데스까

◆ 주유구를 열어 주시겠어요?

タンクを 開けて いただけますか。

당꾸오 아께떼 이따다께마스까

◆ 가득 채워 주세요.

満タンに して ください。

만딴니 시떼 구다사이

◆ 여기서 세차 할 수 있나요?

ここで 洗車できますか。

고꼬데, 센 샤데끼마스까

◆ 시동이 안 걸려요.

エンジンが かからないんです。
엔징가 가까라나인데스

◆ 차에 어딘가 이상이 있나요?

車の どこかに 異常が ありますか。
구루마노 도꼬까니 이죠-가 아리마스까

◆ 엔진 오일을 점검해 주세요.

エンジンオイルを 点検して ください。
엔진 오이루오 뎅껜시떼 구다사이

◆ 펑크가 났는데 수리해 주세요.

パンクしたので、修理して ください。
빵꾸시따노데, 슈-리시떼 구다사이

◆ 배터리가 떨어졌는데 , 충전해 주세요.

バッテリーが あがっちゃったので、充電して ください。
밧떼리-가 아갓짯따노데, 쥬-덴시떼 구다사이

◆ 타이어 공기압을 살려주세요.

タイヤの 空気圧を 調べて ください。
다이야노 구-끼아쓰오 시라베떼 구다사이

◆ 엔진 상태가 이상합니다. 봐주시겠어요?

エンジンの 調子が おかしいです。調べてください。

엔진노 죠-시가 오까시-데스. 시라베떼 구다사이

◆ 브레이크가 잘 안 듣습니다.

ブレーキが よく 利きません。

부레-끼가 요꾸 기끼마셍

◆ 타이어의 공기 압력이 낮은 것 같습니다.

タイヤの 空気圧が 低いようです。

다이야노 구-끼아쓰가 히꾸이요-데스

◆ 어떤 업종에 종사하세요?

どんな 業種に お勤めですか。
돈나 교-슈니 오쓰또메데스까

◆ 저는 공무원입니다.

私は 公務員です。
와따시와 고-무인데스

◆ 저는 기술자입니다.

私は エンジニアです。
와따시와 엔지니아데스

◆ 저는 내과 의사입니다.

私は 内科の 医者です。
와따시와 나이까노 이샤데스

◆ 저는 택시기사입니다.

私は タクシーの 運転手です。
와따시와 다꾸시-노 운뗀슈데스

◆ 차를 운전하신 지 얼마나 되셨어요?

車の 運転を 始めてから どのくらい なりますか。
구루마노 운뗑오 하지메떼까라 도노구라이 나리마스까

◆ 회사원입니다.

会社員です。
가이샤인데스

◆ 어떤 일을 하세요?

どんな お仕事を されて いますか。
돈나 오시고또오 사레떼 이마스까

◆ 이 직업은 마음에 드세요?

この 職業は 気に入って いますか。
고노 쇼꾸교-와 기니 잇떼 이마스까

◆ 저는 직업을 바꿀까 생각중입니다.

私は 職業を 変えようか と考えて います。
와따시와 쇼꾸교-오 가에요-까또 강가에떼 이마스

◆ 저는 교사입니다.

私は 教師です。
와따시와 교-시데스

◆ 어느 회사에 근무하세요?

どの 会社に 勤めて いますか。

도노 가이샤니 쓰또메떼 이마스까

◆ 회사는 어디에 있나요?

会社は どこに あるんですか。

가이샤와 도꼬니 이룬데스까

◆ 어디서 일하세요?

どこで 働いて いますか。

도꼬데 하따라이떼 이마스까

◆ 어느 부서입니까?

部署は どこですか。

부쇼와 도꼬데스까

◆ 저는 이 회사에서 영업을 하고 있습니다.

私は この 会社で 営業を やっています。

와따시와 고노 가이샤데 에이교-오 얏떼이마스

◆ 일은 어때요?

仕事は どうですか。

시고또와 도-데스까

◆ 일은 그다지 힘들지 않아요.

仕事は そんなに 大変じゃないですよ。
시고또와 손나니 다이헨쟈 나이데스요

◆ 어떤 직위를 담당하고 계세요?

どのような ポストを ご担当されているのですか。
도노요-나 뽀스토오 고단또- 사레떼 이루노데스까

◆ 언제 지금 회사에 입사했나요?

いつ 今の 会社に 入社されましたか。
이쓰 이마노 가이샤니 뉴-샤사레마시다까

◆ 회사가 마음에 드세요?

会社が 気に入っていますか。
가이샤가 가니잇떼 이마스까

◆ 현재 근무하는 곳은 어떻습니까?

現在 働いている 所は どうですか。
겐자이 하따라이떼이루 도꼬로와 도-데스까

◆ 회사까지 어떻게 가세요?

会社までは どうやって 行くんですか。
가이샤마데와 도-얏떼 이꾼데스까

◆ 통근시간은 어느 정도 걸립니까?

通勤時間は どれくらい かかるんですか。
쓰-낀 지깡와 도레구라이 가까룬데스까

◆ 당신은 직장에 갈 때 어떻게 가나요?

あなたは 職場に 行く 時に どのようにして 行きますか。
아나따와 쇼꾸바니 이꾸 도끼니 도노요-니시떼 이끼마스까

◆ 직장과 집은 가깝나요?

しょくば　　いえ　　ちか
職場と 家は 近いですか。

쇼꾸바또 이에와 지까이 데스까

◆ 보통 버스를 타고 갑니다.

ふつう　　　　　　の　　　　い
普通 バスに 乗って 行きます。

후쓰 – 바스니 놋떼 이끼마스

◆ 직장 가까이에 지하철역이 없습니다.

しょくば　　ちか　　　　ちかてつ　　えき
職場の 近くに 地下鉄の 駅が ありません。

쇼꾸바노 지까꾸니 지까데쓰노 에끼가 아리마셍

구직문의

◆ 구인광고를 보고 전화 드렸어요.

求人広告を 見て 電話しました。
규-징고-꼬꾸오 미떼 뎅와시마시따

◆ 신문에 게재된 구인광고를 보고 전화했어요.

新聞に 掲載された 求人の 件で お電話しました。
신분니 게이사이사레따 규-진노 껜데 오뎅와시마시따

◆ 어떤 직종에 자리가 비어있습니까?

どんな 職種に 空きが あるのですか。
돈나 쇼꾸슈니 아끼가 아루노데스까

◆ 비서직 자리가 있습니까?

秘書の 職に 空きは ありますか。
히쇼노 쇼꾸니 아끼와 아리마스까

◆ 아직 모집하고 있습니까?

まだ 募集していますか。
마다 보슈-시떼 이마스까

◆ 그 직종의 경력이 필요합니까?

その 職種の 経歴が 必要ですか。
소노 쇼꾸슈노 게이레끼가 히쓰요-데스까

◆ 응모 조건은 무엇입니까?

応募の 条件は 何ですか。

오-보노 죠-껭와 난데스까

◆ 3년 이상의 경력은 필요합니다.

三年 以上の 経歴は 必要です。

산넹 이죠-노 게이레끼와 히쓰요-데스

◆ 어떻게 지원하면 되나요?

どのように 応募すれば いいでしょうか。

도노요-니 오-보스레바 아-데쇼-까

◆ 이력서를 한 통 팩스로 넣어주세요.

履歴書を 一通 ファックスして ください。

리레끼쇼오 잇쯔- 홧쿠스시떼 구다사이

◆ 이력서는 어디로 보낼까요?

履歴書は どちらへ 送りましょうか。

리레끼쇼와 도찌라에 오꾸리 마쇼-까

◆ 이력서를 한 통 우송해 주세요.

履歴書を 一通 郵送して ください。

리레끼쇼오 잇쓰- 유-소-시떼 구다사이

◆ 이메일로 이력서를 접수 받나요?

イーメールで 履歴書を 受け付けて いますか。

이-메-루데 리레끼쇼오 우께쓰께떼 이마스까

◆ 유감이지만 모두 마감되었어요.

残念ながら すべて 締め切りました。

잔넹나가라　스베떼 시메끼리마시따

◆ 일본어 이력서가 필요한가요?

にほんご　　りれきしょ　　ひつよう
日本語の 履歴書が 必要ですか。

니홍고노 리레끼쇼가 히쓰요-데스까

◆ 이력서는 언제까지 보내야 하나요?

りれきしょ　　　　　　　おく
**履歴書は いつまでに 送らなければ なりません
か。**

리레끼쇼와 이쓰마데니 오꾸라나께레바 나리마셍까

◆ 언제 면접을 보나요?

めんせつ
いつ 面接を しますか。

이쓰 멘세쓰오 시마스까

◆ 근무는 언제부터 하나요?

きんむ
勤務は いつから しますか。

긴무와 이쓰까라 시마스까

◆ 면접 보러 왔습니다.

面接に 来ました。

멘세쓰니 기마시따

◆ 면접에 와주셔서 감사합니다.

面接に 来て いただき、ありがとうございます。

멘세쓰니 기떼 이따다끼 아리가또- 고자이마스

◆ 간단하게 자기소개를 해보세요.

簡単に 自己紹介を してください。

간딴니 지꼬쇼- 까이오 시떼 구다사이

◆ 어떤 자격증을 가지고 있나요?

どんな 資格証を お持ちですか。

돈나 시까꾸쇼-오 오모찌데스까

◆ 컴퓨터를 잘 다루시나요?

パソコンは うまく 操作できますか。

파소꽁와 우마꾸 소-사 데끼마스까

◆ 특별한 기술이 있나요?

何か 特別な 技術を お持ちですか。

나니까 도꾸베쓰나 기쥬쓰오 오모찌데스까

◆ 일본어는 어느 정도 할 수 있나요?

日本語は どれぐらい 話せますか。

니홍고와 도레구라이 하나세마스까

◆ 일본어는 말하는 데에 큰 문제는 없습니다.

日本語は 話すことに 大きな 問題は ありません。

니홍고와 하나스 고또니 오-끼나 몬다이와 아리마셍

◆ 영어 실력이 어느 정도입니까?

英語の 実力は どのくらいですか。

에이고노 지쓰료꾸와 도노구라이데스까

◆ 토익 점수는 700점입니다.

TOEICの スコアは 七百点です。

도이꾸노 스코아와 나나햐꾸뗀데스

◆ 왜 우리 회사에서 일하기를 원하세요?

なぜ 当社で 働く事を ご希望ですか。

나제 도-샤데 하따라꾸 고또오 고끼보- 데스까

◆ 어느 부서에 근무하시기를 원하세요?

どの 部署で 働きたいですか。

도노 부쇼데 하따라끼따이데스까

◆ 경력이 있으세요?

経歴は ありますか。

게이레끼와 아리마스까

◆ A사에서 5년간 근무했습니다.

A社で 五年間 勤めました。

A샤데 고넹깡 쓰또메마시따

◆ 급여는 어느 정도 원하세요?

給料を どのくらい お望みですか。
규-료-오 도노구라이 오노조미데스까

◆ 언제부터 일을 시작할 수 있나요?

いつから 仕事を 始められますか。
이쓰까라 시고또오 하지메라레마스까

◆ 최초 3개월은 수습기간입니다.

最初の 三ヶ月は 試用期間です。
사이쇼노 상까게쓰와 시요-기깐데스

＝最初の三ヶ月は 見習いです。
사이쇼노 상까게쓰와 미나라이데스

◆ 고용계약은 1년간입니다.

雇用契約は 一年です。
고요-게이야꾸와 이찌넨데스

◆ 월급날은 매달 20일입니다.

給料日は 毎月 20日です。
규-료-비와 마이쓰끼 하쓰까데스

◆ 보너스가 일 년에 3번 지급됩니다.

ボーナスが 一年に 三回 支給されます。
보-나스가 이찌넨니 상까이 시뀨-사레마스

◆ 근무시간은 어떻게 되나요?

勤務時間は どのように なりますか。

긴무지깡와　　　도노요-니 나리마스까

◆ 일은 몇 시부터 시작되나요?

お仕事は 何時から 始まりますか。

오시고또와 난지까라 하지마리마스까

◆ 몇 시에 퇴근하나요?

何時に 退社して いますか。

난지니 다이샤시떼 이마스까

◆ 저는 7시에 출근합니다.

私は 7時に 出社して います。

와따시와 시찌지니 슛샤시떼이마스

◆ 우리는 주 5일 근무입니다.

うちは 週五日制です。

우찌와 슈-이쓰까 세이데스

◆ 토요일은 격주로 쉽니다.

土曜日は 隔週で 休みます。

도요-비와 가꾸슈-데 야스미마스

◆ 저는 매일 정시에 퇴근합니다.

私は 毎日 定時に 退社します。

와따시와 마이니찌 데이지니 다이샤시마스

◆ 유급휴가는 연 10일간입니다.

有給休暇は 年 十日間です。

유뀨-규-까와 넨 도-까깐데스

◆ 복지제도에 대해 알려주세요.

福利厚生に ついて 教えて ください。

후꾸리 고-세이니 쓰이떼 오시에떼 구다사이

◆ 숨 쉴 틈도 없이 바빠요.

息を つく 暇も ないんです。

이끼오 쓰꾸 히마모 나인데스

◆ 저의 승진을 고려해 주셨으면 합니다.

私の 昇進を 考えて いただきたいのですが。

와따시노 쇼-싱오 캉가에떼 이따다끼따이노데스가

◆ 과장으로 승진했어.

課長に 昇進したよ。

가쬬-니 쇼-신시따요

◆ 다나카씨 승진은 의외네.

田中さん 昇進は 意外だわ。

다나까상 쇼-싱와 이가이다와

◆ 승진 축하합니디.

ご昇進 おめでとうございます。

고쇼-싱 오메데또-고자이마스

◆ 나는 해고당할지도 몰라.

僕は クビに なるかも しれないよ。

보꾸와 구비니 나루까모 시레나이요

◆ 저는 다음 달 정년퇴직합니다.

私は 来月 定年 退職します。

와따시와 라이게쓰 데이넹다이쇼꾸시마스

◆ 우리 회사의 정년은 60세입니다.

当社の 定年は 60歳です。
도-샤노 데이넹와 로꾸짓사이데스

◆ 다나까씨 경쟁사로 스카우트 되어갔어.

田中さん ライバル会社に 引き抜かれたのよ。
다나까상 라이바루 가이샤니 히끼누까레따노요

◆ 기무라씨는 지난달 퇴직했어요.

木村は 先月 退職しました。
기무라와 셍게쓰 다이쇼꾸시마시따

◆ 퇴직 이유가 무엇입니까?

退職の 理由は 何ですか。
다이쇼꾸노 리유-와 난데스까

◆ 나는 매일 아침 9시에 출근합니다.

私は 毎朝 九時に 出勤します。

와따시와 마이아사 구지니 슛낀시마스

◆ 다나까는 아직 출근 안 했니?

田中は まだ 出社していないの？

다나까와 마다 슛샤시떼 이나이노

◆ 다나까씨는 오늘 아파서 쉰다고 합니다.

田中さんは 今日 病気で 休むそうです。

다나까상와 교－ 뵤－끼데 야스무소－데스

◆ 타임카드는 찍었니'？

タイムカードは 押したの？

타이무가－도와　　　오시따노

◆ 오늘 일은 몇 시에 끝나니?

今日 仕事は 何時に 終わる？

교－ 시고또와 난지니 오와루

◆ 오늘은 그만 마치자.

今日は これで 切り上げよう。

교－와 고레데 기리아게요－

◆ 오늘은 5시 정각에 퇴근하겠습니다.

今日は 5時 ちょうどに 失礼します。
교-와 고지 죠-도니 시쓰레이시마스

◆ 이번 주에는 매일 잔업이야.

今週は 毎日 残業だよ。
곤슈-와 마이니찌 장교-다요

◆ 내일은 휴가를 내겠습니다.

明日は 休暇を とります。
아시따와 규-까오 도리마스

◆ 내일부터 1주일간 휴가를 내도 되나요?

明日から 一週間 休暇を とっても いいですか。
아시따까라 잇슈-깡 규-까오 돗떼모 이-데스까

◆ 회의는 어디서 있습니까?

会議は どこで あるんですか。
가이기와 도꼬데 아룬데스까

◆ 3층 회의실이야.

三階の 会議室だよ。
상까이노 가이기시스다요

◆ 회의는 몇 시부터입니까?

会議は 何時からですか。
가이기와 난지까라데스까

◆ 오후 2시부터야.

午後 2時からだよ。
고고 니지까라다요

◆ 회의를 시작합시다.

会議を 始めましょう。
가이기오 하지메마쇼

◆ 회의는 어느 정도면 끝납니까?

会議は どれくらいで 終わりますか。
가이기와 도레구라이데 오와리마스까

◆ 오늘의 회의는 길어질지도 몰라.

今日の 会議は 長引くかも しれない。

교－노 가이기와 나가비꾸까모 시레나이

◆ 오후 회의가 취소되었어.

午後の 会議が 取りやめに なった。

고고노 가이기가 도리야메니 낫따

◆ 오늘 의제는 차기 영업 전략입니다.

今日の 議題は 来期の 営業戦略です。

교－노 기다이와 라이끼노 에이교－센랴꾸데스

◆ 판매실적 검토부터 시작합시다.

売上げ実積の 検討から 始めましょう。

우리아게 짓세끼노 겐또－까라 하지메마쇼－

◆ 이 건에 관해서 어떻게 생각합니까?

この 件に 関して どう 思いますか。

고노 껜니 간시떼 도－ 오모이마스까

◆ 솔직한 의견을 들려주십시오.

率直な ご意見を お聞かせ ください。

솟쬬꾸나 고이껭오 오끼까세 구다사이

◆ 이것에 대해서는 좀더 검토하는 게 좋다고 생각합니다.

これに ついては もう少し 検討した ほうが いい と 思います。

고레니 쓰이떼와 모－스꼬시 겐또－시따 호－가 이－또 오모이마스

◆ 그 외에 다른 의견은 없습니까?

ほかに 何^{なに}か 意見^{いけん}は ありませんか。

호까니 나니까 이껭와 아리마셍까

◆ 제안할 게 있습니다.

提案^{ていあん}したい ことが あります。

데이안시따이 고또가 아리마스

◆ 계획 실행방법에 대해 검토해 봅시다.

計画^{けいかく}の 実行方法^{じっこうほうほう}に ついて 検討^{けんとう}しましょう。

게-까꾸노 짓꼬-호-호-니 쓰이떼 겐또-시마쇼-

◆ 그것에 대해서는 어떻게 생각하고 있습니까?

それに ついては どのように 考^{かんが}えているのですか。

소레니 쓰이떼와 도노요-니 강가에떼 이루노데스까

◆ 그 계획은 수정이 필요합니다.

その 計画^{けいかく}は 修正^{しゅうせい}が 必要^{ひつよう}です。

소노 게이까꾸와 슈-세이가 히쓰요-데스

◆ 그 점에 대해 찬성할 수 없습니다.

その 点^{てん}に ついては 賛成^{さんせい}できません。

소노 덴니 쓰이떼와 산세이데끼마셍

◆ 이의는 없습니까?

異議^{いぎ}は ありませんか。

이기와 아리마셍까

◆ 과감한 전략전환이 필요해요.

思^{おも}い切^きった 戦略^{せんりゃく}の 転換^{てんかん}が 必要^{ひつよう}です。

오모이 깃따 센랴꾸노 뎅깡가 히쓰요-데스

◆ 누가 그 일에 적합하다고 생각하세요?

だれが その 仕事に 合っていると 思いますか。

다레가 소노 시꼬또니 앗떼이루또 오모이마스까

◆ 그 일에는 나까다씨가 적임자라고 생각합니다.

その 仕事には 中田さんが 適任だと 思います。

소노 시고또니와 나까다상가 데끼닌다또 오모이마스

◆ 그 건에 대해 제가 할 수 있는 일이 있나요?

その 件に ついて 私が 出きる ことが ありますか。

소노 겐니 쓰이떼 와따시가 데끼루 고또가 아리마스까

◆ 일은 잘 되어 가나요?

仕事は うまく いって いますか。

시고또와 우마꾸 잇떼 이마스까

◆ 내일 아침까지 이일을 끝내야 해요.

明日の 朝までに この 仕事を 終わらせなければ なりません。

아시따노 아사마데니 고노 시고또오 오와라세나께레바 나리마셍

◆ 이 일은 저 혼자서는 무리입니다.

この 仕事は 私ひとりでは 無理です。

고노 시고또와 와따시 히또리데와 무리데스

◆ 기대를 저버리지 않도록 열심히 하겠습니다.
期待を 裏切らないように 頑張ります。
기따이오 우라기라나이요-니 간바리마스

◆ 그는 필요한 모든 자질을 다 갖추고 있습니다.
彼は 必要な 全ての 資質を 備えて います。
가레와 히쓰요-나 스베떼노 시시쯔오 소나에떼 이마스

◆ 그는 일을 적당히 할 사람이 아닙니다.
彼は 仕事を 適当に する 人では ありません。
가레와 시고또오 데끼또-니 스루 히또데와 아리마셍

◆ 정신 차리고 열심히 하겠습니다.
えりを 正して がんばります。
에리오 다다시떼 간바리마스

◆ 그 결과에 큰 기대를 걸고 있어요.
その 結果に 大変 期待して います。
소노 겟까니 다이헹 기따이시떼 이마스

◆ 요구에 부응하도록 최선을 다하겠습니다.
要求に 応えるよう 最善を 尽します。
요-뀨-니 고따에루요- 사이젱오 쓰꾸시마스

◆ 멋지게 예상이 들어맞았네요.
見事に つぼに はまりましたね。
미고또니 쓰보니 하마리마시따네

◆ 예상했던 것보다 훨씬 더 잘 되네요.
予想より はるかに うまく いって います。
요소-요리 하루까니 우마꾸 잇떼 이마스

◆ 이런 일은 그가 잘 할 수 있어요.

こういった 仕事は 彼が 得意なんです。

고- 잇따 시고또와 가레가 도꾸이난데스

◆ 그 분야에서는 다나까씨가 최고에요.

その 分野では 田中さんが 一番です。

소노 본야데와 다나까상가 이찌방데스

◆ 그는 그 일에는 아주 능숙합니다.

彼は その 仕事 とても 上手です。

가레와 소노 시고또 도떼모 죠-즈데스

◆ 일을 빨리 처리하는 당신의 능력은 훌륭해요.

仕事を 早く 処理できる あなたの 能力は すばらしいですね。

시고또오 하야꾸 쇼리데끼루 아나따노 노-료꾸와 스바라시-데스네

◆ 다나까씨가 정직하다는 것은 모두가 알고 있어요.

田中さんが 正直なのは だれもが 知っています。

다나까상가 쇼-지끼나노와 다레모가 싯떼 이마스

◆ 그의 능력을 평가하기는 어렵습니다.

彼の 能力を 評価するのは 難しいです。

가레노 노-료꾸오 효-까스루노와 므즈까시-데스

◆ 직원들 중에서 당신이 가장 부지런 합니다.

社員の 中で あなたが 一番 真面目です。

샤인노 나까데 아나따가 이찌방 마지메데스

◆ 내가 생각해도 열심히 했다고 생각해.

我ながら がんばった と 思うよ。

와레나가라 간밧따또 오모우요

◆ 내일 찾아뵙고 싶은데요.

明日 お伺いしたいのですが。

아시따 오우까가이 시따이노데스가

◆ 언제든지 좋습니다.

いつでも 結構です。

이쓰데모 겟꼬-데스

◆ 내일은 사무실에 계십니까?

明日は 事務室に おられますか。

아시따와 지무시쓰니 오라레마스까

◆ 내일은 하루 종일 사무실에 있습니다.

明日は 一日中 事務所に おります。

아시따와 이찌니찌쥬- 지무쇼니 오리마스

◆ 언제 가면 가장 좋을까요?

いつ 行けば 一番 いいのでしょうか。

이쓰 이께바 이찌방 이-노데쇼-까

◆ 오전 10시로 해주시겠어요?

午前 10時に して いただけますか。

고젠 쥬-지니 시떼 이따다께마스까

◆ 10시에 기다리고 있겠습니다.

10時に お待ちして おります。

쥬-지니 오마찌시떼 오리마스

◆ 3시에 약속했던 야마다입니다.

3時に 約束して いた 山田です。

산지니 야꾸소꾸시떼이따 야마다데스

◆ 먼 길을 일부러 와주셔서 감사합니다.

遠いところを わざわざ すみません。

도-이 도꼬로오 와자와자 스미마셍

◆ 기무라씨를 뵙고 싶은데요.

木村さんに お会いしたいのですが。

기무라산니 오아이시따이노데스가

◆ 기다리고 있었습니다.

お待ちして おりました。

오마찌시떼 오리마시다

◆ 자 앉으십시오.

どうぞ お座りください。

도-조 오스와리구다사이

◆ 제 명함입니다.

私の 名刺です。

와따시노 메이시데스

◆ 안녕하세요. 저는 A사의 야마모도입니다.

こんにちは。私は A社の 山本です。

곤니찌와　　　와따시와, A샤노 야마모또데스

◆ 좀더 일찍 뵙지 못해 죄송합니다.

もっと はやく お目にかかれなくて すみません。

못또 하야꾸 오메니가 가레나꾸떼 스미마셍

◆ 최고 품질의 상품입니다.

とても 高品質の 商品なのです。

도떼모 고-힌시쓰노 쇼-힌나노데스

◆ 이것은 저희 회사의 최신 제품입니다.

これは 当社の 最新の 製品です。

고레와 도-샤노 사이신노 세이힌데스

◆ 이것이 저희회사 제품의 이점입니다.

これが 当社の 製品の 利点です。

고레가 도-샤노 세이힌노 리뗀데스

◆ 이것과 다른 제품과의 차이는 무엇입니까?

これと ほかの 製品との 違いは 何ですか。

고레또 호까노 세이힌또노 지가이와 난데스까

◆ 구체적인 데이터를 사용해서 설명하겠습니다.

具体的な データを 使って ご説明します。

구따이떼끼나 데-따오 쓰갓떼 고세쓰메이시마스

◆ 이 모델은 젊은이들 사이에서 훨씬 인기가 좋아요.

この モデルは 若者達の 間で もっとも 人気が あります。

고노 모데루와 와까모노다찌노 아이다데 못또모 -닝끼가 아리마스

◆ 특허는 출원중입니다.

特許は 出願中です。

돗꾜와 슈쓰간 쮸-데스

◆ 자세한 내용은 저희 홈페이지를 참조하세요.

詳しい 内容は ホームページを 参考に して ください。

구와시-나이요-와 호-무뻬이지오 상꼬-니 시떼 구다사이

◆ 저희 서비스에 만족하실 것으로 확신해요.

私どもの サービスに 満足される ことと 確信します。

와따시도모노 사- 비스니 만조꾸사레루 고또또 가꾸신 시마스

◆ 당장 협의를 합시다.

さっそく 打ち合わせを しましょう。
삿소꾸 우찌아와세오 시마쇼-

◆ 우리의 주된 관심사는 가격 문제입니다.

我々の 主な 関心事は 価格問題です。
와레와레노 오모나 간싱고또와 가까꾸몬다이데스

◆ 가격을 제시해 주시겠어요?

指し値を 言って いただけますか。
사시네오 잇떼 이따다께마스까

◆ 이 가격이면 어떠세요?

この 値段では どうですか。
고노 네단데와 도-데스까

◆ 이 가격으로는 너무 비쌉니다.

この 値段では 高すぎますよ。
고노 네단데와 다까스기마스요

◆ 역시 단가를 낮춰야 한다고 생각합니다.

やはり 単価を 下げるべきだと 思います。
야하리 당까오 사게루베끼다또 오모이마스

◆ 좀더 싸게 안 됩니까?

もう少し 安く なりませんか。
모-스꼬시 야스꾸 나리마셍까

◆ 이제 더 이상 깎아 드릴 수 없습니다.

もう これ 以上 負けられません。
모- 고레 이죠- 마께라레마셍

◆ 이 이상 낮추면 적자가 나요.

これ 以上 下げたら 足が 出ますよ。
고레 이죠- 사게따라 아시가 데마스요

◆ 어느 정도 할인이 가능하세요?

どのくらいの 割引が 可能ですか。
도노구라이노 와리비끼가 가노-데스까

◆ 어느 정도의 예산이세요?

どのくらいの ご予算でしょうか。
도노구라이노 고요산데쇼-까

◆ 배송료는 누가 부담하나요?

配送料は だれが 負担しますか。
하이소-료-와 다레가 후땅시마스까

◆ 가격은 적당한 것 같습니다.

値段は 手頃だと 思います。
네당와 헤고로 다또 오모이마스

◆ 그것은 우리가 드릴 수 있는 최저가입니다.

それは 我々が 提供できる 最低価格です。
소레와 와레와레가 데이꼬-데끼루 사이떼이 가까꾸데스

◆ 이번 협상이 잘 된 것을 기쁘게 생각합니다.

今回の 交渉が うまく 行った 事を うれしく 思います。

공까이노 고－쇼－가 우마꾸 잇따 코또오 우레시꾸 오모이마스

◆ 세부사항에 대해 논의해 봅시다.

詳細に ついて 議論しましょう。

쇼－사이니 쓰이떼 기롱시마쇼－

◆ 이 계약은 언제까지 유효합니까?

この 契約は いつまで 有効ですか。

고노 게이야꾸와 이쓰마데 유－꼬－데스까

◆ 그 조항은 조금 수정이 필요합니다.

その 条項は 少し 修正が 必要です。

소노 죠－꼬－와 스꼬시 슈－세이가 히쓰요－데스

◆ 이 점은 상대방과 타협하면 어떨까요?

ここは 相手と 妥協したら どうですか。

고꼬와 아이데또 다꾜－시따라 도－데스까

◆ 서로 다시 한 번 검토해 봅시다.

お互いに 再度 検討して みましょう。

오따가이니 사이도 겐또－시떼 미마쇼－

◆ 귀사와 계약을 체결하게 되어 기쁩니다.

貴社と 契約を 結ぶ 事が 出来、うれしいです。

기샤또 게이야꾸오 무스부 고또가 데끼 우레시－레스

◆ 그럼 여기 사인을 부탁드립니다.

では、ここに サインを お願いします。

데와, 고꼬니 사잉오 오네가이시마스

◆ K–3 모델의 재고가 있나요?

K-3モデルの 在庫は ありますか。

K–3 모데루노 자이꼬와 아리마스까

◆ 재고를 확인해 보겠습니다.

在庫を 確認して 見ます。

자이꼬오 가꾸닌시떼 미마스

◆ 이 상품은 다 떨어졌습니다.

これらの 商品は 切らして おります。

고레라노 쇼-힝와 기라시떼 오리마스

◆ 언제 출하할 수 있어요?

いつ 出荷できますか。

이쓰 슛까 데끼마스까

◆ 저희들은 이달 말까지 상품이 필요합니다.

私どもは 今月末までに 商品が 必要です。

와따꾸시도모와 공게쓰마쓰마데니 쇼-힝가 히쓰요-데스

◆ 1주일 이내에 보내드리겠습니다.

一週間 以内に お届けします。

잇슈-깡 이나이니 오또도께시마스

◆ 주문한 물건이 도착했는데, 한 상자 부족합니다.

<ruby>注<rt>ちゅう</rt></ruby><ruby>文<rt>もん</rt></ruby>した <ruby>品<rt>しな</rt></ruby><ruby>物<rt>もの</rt></ruby>が <ruby>届<rt>とど</rt></ruby>きましたが 1ケース <ruby>足<rt>た</rt></ruby>りません。

쥬-몬시따 시나모노가 도도끼마시따가 이찌케-스 다리마셍

◆ 조사해서 즉시 연락드리겠습니다.

お<ruby>調<rt>しら</rt></ruby>べして <ruby>折<rt>お</rt></ruby>り<ruby>返<rt>かえ</rt></ruby>し ご<ruby>連絡<rt>れんらく</rt></ruby>します。

오시라베시떼 오리가에시 고렌라꾸시마스

◆ 받은 제품은 주문한 제품이 아닙니다.

<ruby>受<rt>う</rt></ruby>け<ruby>取<rt>と</rt></ruby>った <ruby>製品<rt>せいひん</rt></ruby>は <ruby>注文<rt>ちゅうもん</rt></ruby>したものと <ruby>違<rt>ちが</rt></ruby>います。

우께돗따 세이힝와 쥬-몬시따 모노또 지가이마스

◆ 실수로 다른 상품을 보내고 말았습니다.

<ruby>手違<rt>てちが</rt></ruby>いで <ruby>別<rt>べつ</rt></ruby>の <ruby>商品<rt>しょうひん</rt></ruby>を お<ruby>送<rt>おく</rt></ruby>りして しまいました。

데치가이데 베쯔노 쇼-힝오 오오꾸리시떼 시마이마시따

◆ 곧바로 부족분을 보내드리겠습니다.

すぐに <ruby>不足分<rt>ふそくぶん</rt></ruby>を お<ruby>送<rt>おく</rt></ruby>り<ruby>致<rt>いた</rt></ruby>します。

스구니 후소꾸붕오 오오꾸리 이따시마스

◆ 우리는 이제까지 주문한 물건을 인수하지 못했습니다.

<ruby>弊社<rt>へいしゃ</rt></ruby>は <ruby>現時点<rt>げんじてん</rt></ruby>まで <ruby>注文<rt>ちゅうもん</rt></ruby>の <ruby>品物<rt>しなもの</rt></ruby>を <ruby>受<rt>う</rt></ruby>け<ruby>取<rt>と</rt></ruby>って おりません。

헤이샤와 겐지뗀마데 쥬-몬노 시나모노오 우께돗떼 오리마셍

◆ 어떻게 해 주실 수 있어요?

<ruby>何<rt>なん</rt></ruby>とかして いただけないでしょうか。

난또까시떼 이따다께나이데쇼-까

◆ 신상품은 오늘도 안 와있군요.
新商品は 今日も 来て いませんね。
신쇼-힝와 교-모 기떼 이마센네

◆ 곧 주문한 제품을 보내드리겠습니다.
すぐ ご注文の 製品を 送ります。
수구 고쥬-몬노 세이힝오 오꾸리마스

◆ 책임자가 누구세요?
責任者は だれですか。
세끼닌샤와 다레데스까

◆ 이제 댁과는 두 번 다시 거래하지 않겠어요.
もう おたくとは 二度と 取引きは しません。
모- 오다꾸또와 니도또 도리히끼와 시마셍

◆ 저희들의 실수였습니다.
私どもの 手違いでした。
와따꾸시도모노 데찌가이 데시따

◆ 상대편에는 제가 사과하고 오겠습니다.
先方には 私が 頭を 下げて きます。
센뽀-니와 와따시가 아따마오 사게떼기마스

◆ 즉시 확인해 보고 연락드리겠습니다.

すぐ 確認の 上 連絡致します。

스구 가꾸닌노우에 렌라꾸이따시마스

◆ 정말 죄송하게 생각하고 있습니다.

本当に すまなく 思っております。

혼또–니 스마나꾸 오못떼 오리마스

◆ 즉시 처리하겠습니다.

すぐ 処理します。

스구 쇼리시마스

◆ 드릴 말씀이 없습니다.

返す 言葉が ありません。

가에스 고또바가 아리마셍

◆ 그 문제는 저희들이 처리하겠습니다.

その 問題は 私どもで 処理致します。

소노 몬다이와 와따시도모데 쇼리 이따시마스

◆ 곧바로 대체품을 보내드리겠습니다.

直ちに 代替品を お送り致します。

다다찌니 다이따이힝오 오오꾸리 이따시마스

◆ 다음 출하는 예정대로 보내드리겠습니다.

つぎ しゅっか よてい おく
次の 出荷は 予定通り 送りいたします。

쓰기노 슛카와 요떼이 도-리 오꾸리 이따시마스

◆ 그 사고는 제 불찰입니다.

じこ わたし
その 事故は 私の ミスです。

소노 지꼬와 와따시노 미스데스

◆ 이제 모든 것을 해결했습니다.

すべ かいけつ
もう 全てを 解決しました。

모- 스베떼오 가이께쓰 시마시따

◆ 앞으로는 더욱 조심하겠습니다.

き
これからは もっと 気をつけます。

고레까라와　　　 못또 기오 쓰께마스

Part 14. 의견

◆ 제안이 있는데요.

ていあん
提案が あるんですが。
데이앙가 이룬데스가

◆ 함께 안 할래?

いっしょ
一緒に やらない？
잇쇼니 야라나이

◆ 함께 안 할래요?

いっしょ
一緒に やらないですか。
잇쇼니 야라나이데스까

◆ 이건 어때요?

これは どうですか。
고레와 도－데스까

◆ 이 넥타이 어때요?

この ネクタイ、 いかがですか。
고노 네꾸따이 이까가데스까

◆ 우리집에 놀러 안 올래?

あそ　　　こ
うちに 遊びに 来ない？
우찌니 아소니비 고나이

◆ 같이 갈까요?

一緒<ruby>いっしょ</ruby>に 行<ruby>い</ruby>きませんか。

잇쇼니 이끼마셍까

◆ 이런 식으로 해보면 어떨까?

こんな ふうに してみたら どうかな。

곤나 후-니 시떼미따라 도-까나

◆ 도와줄까요?

手伝<ruby>てつだ</ruby>いましょうか。

데쓰다이마쇼-까

◆ 아뇨, 괜찮아요.

いいえ、結構<ruby>けっこう</ruby>です。

이-에 겟꼬-대스

◆ 같이 저녁식사 하는 거 어때?

夕食<ruby>ゆうしょく</ruby>を 一緒<ruby>いっしょ</ruby>に どう。

유-쇼꾸오 잇쇼니 도-

◆ 좋아.

いいよ。

이-요

◆ 퇴근 후에 한 잔 어때요?

退社後<ruby>たいしゃご</ruby>に 一杯<ruby>いっぱい</ruby> どうですか。

다이샤고니, 잇빠이 도-데스까

◆ 좋은 생각이야.

いい 考<ruby>かんが</ruby>えだね。

이- 강가에다네

◆ 들어 드릴까요?

お持^もちしましょうか。

오모찌 시마쇼-까

◆ 드라이브 가는 게 어때?

ドライブに 行^いかない？

도라이브니 이까나이

◆ 그거 좋지.

それは いいね。

소레와 이-네

◆ 간단하게 뭐 좀 먹을까?

簡単^{かんたん}に ちょっと 食^たべようか。

간딴니-쫏또 다베요-까

◆ 오늘밤 술 마시러 가자.

今夜^{こんや}、飲^のみに 行^いこうよ。

공야, 노미니 이꼬-요

◆ 같이 영화 보러 안 갈래?

一緒^{いっしょ}に 映画^{えいが}を 観^みに 行^いかない？

잇쇼니 에이가오 미니 이까나이

◆ 함께 하는 게 어때?

一緒^{いっしょ}に どう？

잇쇼니 도-

◆ 기꺼이.

喜んで。

요로꼰데

◆ 네, 그러시죠.

はい、どうぞ。

하이,　　도-조

◆ 기꺼이 도울게

喜んで 助けるよ。

요로쓴네 디스께루요

◆ 네가 바라는 대로 할게.

君の 望みどおりに するよ。

기미노 노조미도-리니 스루요

◆ 예, 합시다.

ええ、しましょう。

에-,　　시마쇼-

◆ 알겠습니다.

かしこまりました。

가시꼬마리마시다

◆ 좋아, 정해졌어, 약속했어.

よし、決<ruby>き</ruby>まった。約束<ruby>やくそく</ruby>したよ。
요시 기맛따, 약소꾸시따요

◆ 말씀하신대로 할게요.

おっしゃる とおりに します。
옷샤루 도-리니 시마스

◆ 물론이지.

もちろん。
모찌롱

◆ 할게.

するよ。
스루요

◆ 저에게 맡겨 주세요.

私<ruby>わたし</ruby>に 任<ruby>まか</ruby>せて ください。
와따시니 마까세떼 구다사이

◆ 생각할 시간을 주세요. 검토해 볼게요.

考<ruby>かんが</ruby>える 時間<ruby>じかん</ruby>を ください。検討<ruby>けんとう</ruby>して みます。
강가에루 지깡오 구다사이　　　　　겐또-시떼미마스

◆ 내게 시켜주십시오.

私<ruby>わたし</ruby>に やらせて ください。
와따시니 야라세떼 구다사이

◆ 나는 싫어.

私は いやだ。

와따시와 이야다

◆ 그럴 기분이 아니야.

そんな 気分じゃ ないんだ。

손나 기분쟈 나인다

◆ 아뇨, 괜찮습니다.

いいえ、けっこうです。

이－에　　겟꼬－데스

◆ 안 될 거에요.

だめだと 思うよ。

다메다또 오모우요

◆ 지금 시간이 없어.

今、時間が ないんだよ。

이마, 지깡가 나인다요

◆ 가능하면 하고 싶지 않은데요.

できれば やりたくないのですが。

데끼레바 야리따꾸 나이노데스가

◆ 지금은 안 됩니다.

今は だめです。
이마와 다메데스

◆ 유감스럽지만, 오늘은 사정이 좋지 않습니다.

残念ですが、今日は 都合が 悪いのです。
잔넨데스가, 교－와 쓰고－가 와루이노데스

◆ 지금은 좀 바빠.

今、ちょっと 忙しいのよ。
이마, 춋또 이소가시－노요

◆ 모처럼인데 안 되겠어.

せっかくだけど だめなんだ。
셋까꾸다께도 다메난다

◆ 미안합니다. 지금은 급해서요.

すみません。今 急いでいるので。
스미마셍   이마 이소이데이루노데

◆ 다른 용무가 있어서.

ほかに 用事が あるので。
호까니 요－지가 아루노데

◆ 다음 기회에 하자.

またの 機会に するよ。
마따노 기까이니 스루요

◆ 그 일에 대해서 의견이 있습니까?

そのことについて ご意見は ありますか。

소노 고또니 쓰이떼 고이껭와 아리마스까

◆ 당신의 의견은 어떠세요?

あなたの 意見は いかがですか。

아나따노 이껭와 이까가 데스까

◆ 당신은 어떻게 생각합니까?

あなたは どう 思いますか。

아나따와 도– 오모이 마스까

◆ 이렇게 하면 어때?

こうしたら どうかな。

고–시따라 도–까나

◆ 그래, 그거 좋은 생각이야.

ああ、それは いい 考えだね。

아– 소레와 이– 강가에다네

◆ 왜 그렇게 생각하세요?

なぜ そのように お考えですか。

나제 소노요–니 오깡가에 데스까

◆ 찬성입니까?

さんせい
賛成ですか。

산세이데스까

◆ 기탄없이 의견을 말씀해 주시겠습니까?

きたん　　　　　　　いけん　　　　の
忌憚なく ご意見を 述べて いただけますか。

기딴나꾸 고이껭오 노베떼 이따다께마스까

◆ 제 의견을 어떻게 생각하십니까?

わたし　　いけん　　　　　　おも
私の 意見を どう 思いますか。

와따시노 이껭오 도- 오모이마스까

◆ 의견은 존중합니다만 저는 다른 생각을 갖고 있습니다.

いけん　　　そんちょう　　　　　わたし　べつ　かんが　　　　も
ご意見は 尊重しますが、私は 別の 考えを 持って います。

고이껭와 손쬬-시마스가 와따시와 베쓰노 강가에오 못떼이마스

◆ 솔직한 의견을 들려주세요.

そっちょく　　いけん　　　き
率直な 意見を 聞かせて ください。

솟쬬꾸나 이껭오 가까세떼 구다사이

◆ 뭐 좋은 생각이라도 떠오르세요?

かんが　　　　　　う
なんか いい 考えでも 浮かんで きましたか。

낭까 이-강가 에데모 우깐데 기마시다까

◆ 의견을 말씀해 주세요.

いけん　　はな
ご意見を 話して ください。

고이껭오 하나시떼 구다사이

◆ 이 계획에 대해서 어떻게 생각하세요?

けいかく　　　　　　　　　かんが
この 計画に ついて どう お考えですか。

고노 게이까꾸니 쓰이떼 도- 오깡가에데스까

◆ 한 마디 말씀해 주셨으면 싶은데요.

一言 述べて いただきたいのですが。

히또고또 노베떼 이따다끼따이노데스가

◆ 좀더 지켜봅시다.

もう 少し 見守って みましょう。

모-스꼬시 미마못떼 미마쇼-

◆ 나는 그렇다고 생각합니다.

私は そうだと 思います。

와따시외 쇼-다또 오모이마스

◆ 이 일은 다시 생각할 시간이 필요합니다.

この 事は もう 一度 考える 時間が 必要です。

고노 고또와 모-이찌도 강가에루 지깡가 히쓰요-데스

◆ 제 생각을 말하겠습니다.

私の 考えを 言わせて ください。

와따시노 강가에오 이와세떼 구다사이

◆ 솔직하게 말씀드려도 될까요?

正直に お話しても いいですか。

쇼-지끼니 오하나시시떼모 이-데스까

◆ 그것은 매우 중요하다고 생각합니다.

それは とても 重要だと 思います。

소레와 도떼모 쥬-요-다또 오모이마스

◆ 제 의견을 말씀드리겠습니다.

私の 意見を 申し上げます。

와따시노 이껭오 모-시아게마스

◆ 저는 어느 쪽이라도 좋습니다.

私は どちらでも いいです。

와따시와 도찌라데모 이-데스

◆ 타협점을 찾도록 노력해 봅시다.

妥協点を 見い出すよう、努力して 見ましょう。

다꾜−뗑오 미이다스요− 도료꾸시떼 미마쇼−

◆ 당신 생각도 저와 같으세요?

あなたの 考えも 私と 同じですか。

아나따노 강가에모 와따시또 오나지데스까

◆ 나는 이의가 없어요.

私は 異議なしです。

와따시와 이기나시데스

◆ 우리 조금씩 양보합시다.

私たち、少しずつ 譲りましょう。

와따시다찌 스꼬시즈쯔 유즈리마쇼−

◆ 방법이 있을 거에요.

方法が ある はずです。

호−호−가 아루 하즈데스

◆ 화해합시다.

仲直りしましょう。

나까나오리시마쇼−

◆ 타협합시다.

妥協しましょう。
だきょう
다꾜- 시마쇼-

◆ 이야기가 통하지 않는군요.

話が 通じないね。
はなし　　つう
하나시가 쓰-지나이네

◆ 정하기 전에 다시 한 번 생각해 보세요.

決める 前に もう一度 よく 考えてみて ください。
き　　　まえ　　　　いちど　　　　かんが
기메루 마에니 모-이찌도 요꾸 강가에떼 미떼 구다사이

동의할 때

◆ 당신 의견에 전면적으로 동의합니다.

あなたの 意見に、全面的に 同意します。

아나따노 이껜니, 젠멘떼끼니 도-이시마스

◆ 나도 그렇게 생각합니다.

私も そう 思います。

와따시모 소- 오모이마스

◆ 나도 같은 생각입니다.

私も 同じ 考えです。

와따시모 오나지 강가에데스

◆ 그것은 좋은 의견입니다.

それは いい 意見です。

소레와 이- 이껜데스

◆ 당신의 의견에 찬성입니다.

あなたの 意見に 賛成です。

아나따노 이껜니 산세이데스

◆ 그 점에 대해 동의합니다.

その 点に ついては 同意します。

소노 덴니 쓰이떼와 도-이시마스

◆ 네, 괜찮아요.

ええ、かまいません。
에－　　　가마이마셍

◆ 예, 저도 그렇게 생각합니다.

ええ、私も そう 思います。
에, 와따시모 소－ 오모이마스

◆ 내 의견은 대체로 당신의 의견과 같습니다.

私の 意見は 大体 あなたの 意見と 同じです。
와따시노 이껨와, 다이따이, 아나따노 이껜또 오나지데스

◆ 네, 좋아요.

はい、いいですよ。
하이.　　이－데스요

◆ 나는 당신 의견에 따를 거예요.

私は あなたの 意見に 従います。
와따시와 아나따노 이껜니 시따가이마스

◆ 제가 말하고 싶은 것은 바로 그것입니다.

私の 言いたい ことは まさに そのとおりです。
와따시노 이－따이 고또와 마사니 소노 도－리데스

◆ 좋은 생각입니다.

いい アイデアです。
이－ 아이데아데스

◆ 마침 그렇게 생각하고 있었습니다.

ちょうど そう 思って いました。
죠－도 소－ 오못떼 이마시다

◆ 그것에는 대찬성입니다.

それには 大賛成です。

소레니와 다아산세이데스

◆ 왜 그의 의견에 동의하십니까?

なぜ、彼の 意見に 同意するのですか。

나제, 가레노 이껜니 도-이스루노데스까

◆ 동감입니다.

同感です。

도-깐데스

◆ 이의는 없습니다.

異議は ありません。

이기와 아리마셍

◆ 그 생각을 지지합니다.

その 考えを 指示します。

소노 강가에오 시지시마스

◆ 네, 그렇게 하세요.

はい、どうぞ。

하이, 도-조

◆ 당신 말이 맞습니다.

あなた のおっしゃる通りです。

아나따노 옷샤루 도-리데스

◆ 두 말 없이 찬성했다구.

一も 二もなく 賛成したよ。

이찌모 니모나꾸 산세이시다요

◆ 유감스럽지만 그것은 못하겠어.

ざんねん
残念だけど それは できないよ。
잔넨다께도 소레와 데끼나이요

◆ 나는 동의하지 않습니다.

わたし　　　どうい
私は 同意しません。
와따시와 도-이 시마셍

◆ 동의하기 어렵습니다.

どうい
同意しかねます。
도-이시까네마스

◆ 그건 터무니없습니다.

こと
それは とんでもない 事です。
소레와 돈데모나이 고또데스

◆ 나는 싫어요.

わたし
私は いやだ。
와따시와 이야다

◆ 나는 그렇게 생각하지 않습니다.

わたし　　　　　　　　かんが
私は そのように 考えて いません。
와따시와 소노요-니 강가에떼 이마셍

◆ 글쎄요. 찬성할 수 없습니다.

そうですね。賛成と いう わけには いきません。
소-데스네, 산세이또 유- 와께니와 이끼마셍

◆ 안 되는 건 안 되는 거야.

だめなものは だめだね。
다메나 모노와 다메다네

◆ 저는 당신이 틀렸다고 생각해요.

私は あなたが 間違っていると 思います。
와따시와 아나따가 마찌갓떼 이루또 오모이마스

◆ 아뇨, 그렇지 않아요.

いいえ、そうじゃ ありません。
이-에   소-쟈 아리마셍

◆ 동의할 수 없는 점이 몇 가지 있습니다.

同意できない 点が いくつか あります。
도-이데끼나이 뎅가 이꾸쓰까 아리마스

◆ 전 그걸 그런 식으로 보지 않아요.

私は その 事を そのようには 見て いません。
와따시와 소노 고또오 소노요-니와 미떼 이마셍

◆ 잘 생각하고 행동하세요.

よく 考えて 行動しなさい。

요꾸 강가에떼 고-도-시나사이

◆ 배운 대로 해주세요.

習った 通りに して ください。

나랏따 도-리니 시떼 구다사이

◆ 제멋대로 말하지 마세요.

自分勝手な ことを 言うなよ。

지붕갓떼나 고또오 유-나요

◆ 적당히 하세요.

適当に して ください。

데끼또-니 시떼 구다사이

◆ 머리 조심하세요.

頭に 気をつけて ください。

아따마니 기오 쓰께떼 구다사이

◆ 이왕 할 거면 빨리 하세요.

どうせ やるのなら 早く やって ください。

도-세, 야루노나라 하야꾸 얏떼 구다사이

◆ 주의하세요.

ご注意 ください。
고쮸-이 구다사이

◆ 잊으신 물건 없도록 하세요.

忘れ物の ないように して ください。
와스레모노노 나이요-니 시떼 구다사이

◆ 핸드폰을 진동으로 해주세요.

携帯を バイブに して ください。
게이따이오 바이부니 시떼 구다사이

◆ 하찮은 실수를 반복하지 마세요.

くだらない 間違いを 繰り返えすなよ。
구다리나이 마찌가이오 구리까에스나요

◆ 삼가해 주세요.

ご遠慮ください。
고엔료 구다사이

◆ 너무 지나치지 않도록 하자.

行き過ぎないように しよう。
유끼스기나이 요-니 시요-

◆ 다시는 그런 일이 없도록 하세요.

二度と そんな 事の ないように して ください。
니도또 손나 고또노 나이요-니 시떼 구다사이

◆ 방심하지 말아.

油断するなよ。
유당스루나요

◆ 서두를 필요는 없어.

あわてる 必要は ないよ。
_{ひつよう}

아와떼루 히쓰요–와 나이요

◆ 천천히 하세요.

ごゆっくり されて ください。

고윳꾸리 사레떼 구다사이

◆ 버릇없는 행동을 그만 두세요.

行儀の 悪い ことを やめなさい。

교–기노 와루이 고또오 야메나사이

◆ 장소를 가려서 하세요.

場所柄を わきまえなさい。

바쇼가라오 와끼마에나사이

◆ 부탁해도 돼?

お願いしても いい？

오네가이시떼모 이-

◆ 부탁좀 들어주시겠어요?

ちょっと お願いできますか。

춋또 오네가이 데끼마스까

◆ 무슨 일이신가요?

何でしょうか。

난데쇼-까

◆ 만약 괜찮다면 지금 가도 됩니까?

もし よかったら、今 行って もいいですか。

모시 요깟따라, 이마 잇떼모 이-데스까

◆ 제가 부탁좀 해도 될까요?

私が ちょっと お願いしても いいですか。

와따시가 춋또 오네가이시떼모 이-데스까

◆ 좀 거들어 주지 않겠어요?

ちょっと 手伝って くれない？

춋또 데쓰닷떼 구레나이

◆ 전화좀 사용해도 될까요?

ちょっと 電話を 使っても よろしいでしょうか。

좃또 뎅와오 쓰깟떼모 요로시이데쇼-까

◆ 펜을 빌려주지 않겠어요?

ペンを 貸して いただけませんか。

뼁오 가시떼 이따다께마셍까

◆ 질문 하나 해도 될까요?

一つ、質問しても よろしいでしょうか。

히또쓰, 시쯔몬시떼모 요로시이데쇼-까

◆ 담배를 피워도 괜찮을까요?

タバコを 吸っても よろしいでしょうか。

다바꼬오 슷떼모 요로시이 데쇼-까

◆ 죄송합니다만, 담배를 피워도 괜찮을까요?

申し訳ないのですが、タバコを 吸っても よろしい
でしょうか。

모-시와께나이노데스가, 다바꼬오 슷떼모 요로시이데쇼-까

◆ 괜찮아.

大丈夫だよ。

다이죠-부다요

◆ 한 잔 더 채워 주시겠어요?

もう 一杯、頂けますか。

모- 잇빠이, 이따다께마스까

◆ 네, 알겠습니다.

はい、分かりました。

하이, 와까리 마시따

◆ 창문을 열어도 될까요?

まど　あ
窓を 開けても よろしいでしょうか。
마도오 아께떼모 요로시이데쇼-까

◆ 설거지 좀 도와주시겠어요?

さらあら　　　　　　　てつだ
皿洗いを ちょっと 手伝って くれますか。
사라아라이오, 쫏또 데쓰닷떼 구레마스까

◆ 제가 도와드릴까요?

わたし　　　てつだ
私が お手伝いしましょうか。
와따시가 오데쓰다이시마쇼-까

◆ 돈좀 빌려 주시겠어요?

かね　すこ　　か　いただ
お金を 少し お貸し頂けますか。
오까네오, 스꼬시 오가시 이따다께마스까

◆ 얼마나 필요한데요?

ひつよう
いくら 必要ですか。
이꾸라 히쓰요-데스까

◆ 미안하지만 부탁해.

たの
すまないけど 頼むよ。
스마나이께도 다노무요

◆ 여기 앉아도 되나요?

すわ
ここに 座っても いいですか。
고꼬니 스왓떼모 이-데스까

◆ 어느 학교에 다니세요?
学校は どちらですか。
각꼬-와 도찌라데스까

◆ 어느 대학에 다니세요?
どちらの 大学に 行って いますか。
도찌라노 다이가꾸니 잇떼 이마스까

◆ 나는 오오사카 대학에 다닙니다.
私は 大阪大学に 通って います。
와따시와 오-사까 다이가꾸니 가욧떼 이마스

◆ 어느 대학을 나왔어요?
どちらの 大学を 出ましたか。
도찌라노 다이가꾸오 데마시다까

◆ 도쿄 대학을 나왔습니다.
東京大学 出身です。
도-꾜-다이가꾸 슛신데스

◆ 어느 고등학교에 다니셨습니까?
どこの 高校へ 通いましたか。
도꼬노 고-꼬에 가요이마시다까

◆ 우리는 고등학교 동창입니다.

私たちは 高校の 同窓生です。

와따시다찌와 고-꼬-노 도-소-세이데스

◆ 몇 학년이세요?

何年生ですか。

난 넨세이 데스까

◆ 저는 대학 3학년입니다.

私は 大学 三年生です。

와따시와 다이가꾸 산넨세이데스

◆ 나는 4학년입니다.

私は 4 年生です。

와따시와 요넨세이데스

◆ 내년에 졸업합니다.

来年 卒業します。

라이넹 소쓰교-시마스

◆ 나는 그녀와 같은 대학입니다.

私は 彼女と 同じ 大学です。

와따시와 가노죠또 오나지 다이가꾸데스

◆ 그녀는 대학원생입니다.

彼女は大学院生です。

가노죠와 다이가꾸인세이데스

◆ 그 사람은 제 선배입니다.

その人は 私の 先輩です。

소노 히또와 와따시노 센 빠이데스

◆ 그 사람은 제 후배입니다.

その人は 私の 後輩です。
소노 히또와 와따시노 고-하이데스

◆ 대학은 이미 졸업했습니다.

大学は もう 卒業して います。
다이가꾸와 모- 소쓰교-시떼 이마스

◆ 고등학교 3학년입니다.

高校 三年です。
고-꼬- 산넨데스

◆ 당신은 어느 대학을 나왔습니까?

あなたは どちらの 大学を 出ましたか。
아나따와 도찌라노 다이가꾸오 데마시다까

◆ 지방 시립대를 나왔습니다.

地方の 市立大を 出ました。
치호-노 시리쓰다이오 데마시다

◆ 그 사람은 제 1년 후배입니다.

その人は 私の 一年 後輩です。
소노 히또와 와따시노 이찌넹 고-하이데스

◆ 제가 다녔던 것은 지방 국립대학입니다.

私が 通ったのは 地方の 国立大学です。
와따시가 가욧따노와 지호-노 고꾸리쓰 다이가꾸데스

◆ 저는 대학생입니다.

私は 大学生です。
와따시와 다이각세이데스

438

◆ 전공은 무엇인가요?

<ruby>専攻<rt>せんこう</rt></ruby>は <ruby>何<rt>なん</rt></ruby>ですか。

셍꼬-와 난데스까

◆ 저는 교육학을 전공하고 있습니다.

<ruby>私<rt>わたし</rt></ruby>は <ruby>教育学<rt>きょういくがく</rt></ruby>を <ruby>専攻<rt>せんこう</rt></ruby>して います。

와따시와 교-이꾸가꾸오 셍꼬-시떼 이마스

◆ 전공은 정했나요?

<ruby>専攻<rt>せんこう</rt></ruby>は <ruby>決<rt>き</rt></ruby>めましたか。

셍꼬-와 기메마시다까

◆ 아직 전공을 정하지 않았습니다.

まだ <ruby>専攻<rt>せんこう</rt></ruby>を <ruby>決<rt>き</rt></ruby>めて いません。

마다 셍꼬-오 기메떼 이마셍

◆ 무엇을 전공하셨습니까?

<ruby>何<rt>なに</rt></ruby>を <ruby>専攻<rt>せんこう</rt></ruby>なさいましたか。

나니오 셍꼬- 나사이마시다까

◆ 저는 대학에서 경영학을 전공했습니다.

<ruby>私<rt>わたし</rt></ruby>は <ruby>大学<rt>だいがく</rt></ruby>で <ruby>経営学<rt>けいえいがく</rt></ruby>を <ruby>専攻<rt>せんこう</rt></ruby>しました。

와따시와 다이가꾸데 게이에이가꾸오 셍꼬-시마시따

◆ 저는 전공을 바꾸고 싶어요.

私は 専攻を 変えたいと 思います。

와따시와 셍꼬-오 가에따이또 오모이마스

◆ 저는 대학원에서 일본문학을 전공했어요.

私は 大学院で 日本の 文学を 専攻しました。

와따시와 다이가꾸인데 니혼노 붕가꾸오 셍꼬-시마시따

◆ 저는 영문학을 전공하고 있습니다.

私は 英文学を 専攻して います。

와따시와 에이붕가꾸오 셍꼬-시떼 이마스

◆ 대학원에서 영문학을 전공하고 석사학위를 받았어요.

大学院で 英文学を 専攻して 修士学位を 取りました。

다이가꾸인데 에이붕가꾸오 셍꼬-시떼 슈-시가꾸이오 도리마시따

◆ 이번 학기에는 몇 과목이나 수강신청을 했나요?

今学期には 何科目を 申し込みましたか。

공갓끼니와 낭까모꾸오 모-시꼬미마시다까

◆ 다섯 과목 신청했습니다.

五科目を 申し込んで います。

고까모꾸오 모-시꼰데 이마스

◆ 수업 일정이 어떻게 되나요?

授業の 日程は どうなるのですか。

쥬교-노 닛떼이와 도-나루노데스까

◆ 몇 학점 신청할 거예요?

何単位 申し込む つもりですか。

난땅이 모-시꼬무 쓰모리데스까

◆ 수강 과목을 변경할 수 있나요?

受講科目を 変更する ことが できますか。

쥬꼬-가모꾸오 헹꼬-스루 고또가 데끼마스까

◆ 졸업하려면 몇 학점을 들어야 하나요?

卒業する ためには 何単位を とらなければ ならないですか。

소쓰교-스루 다메니와 난당이오 도라나께레바 나라나이데스까

◆ 146학점을 이수해야 합니다.

146単位を 履修しなければ なりません。

하꾸욘쥬-로꾸 당이오 리슈-시나께레바 나리마셍

◆ 언제부터 중간고사가 시작됩니까?

いつから 中間テストが 始まりますか。

이쓰까라 쥬－깐 데스또가 하지마리마스까

◆ 내일부터 중간시험입니다.

明日から 中間試験です。

아시따까라 쥬－깐시껭데스

◆ 시험공부는 했습니까?

試験勉強は しましたか。

시껜벵꾜－와 시마시다까

◆ 내일부터 기말시험입니다.

明日から 期末試験です。

아시따까라 기마쓰시껭데스

◆ 시험에 나오는 범위는 어디입니까?

試験に 出る 範囲は どこですか。

시껜니 데루 항이와 도꼬데스까

◆ 시험 준비는 어떻게 했어요?

試験準備は どのように しましたか。

시껜쥰비와 도노요－니 시마시다까

◆ 벼락치기로 공부할 수 밖에 없어요.

一夜漬けしか ありませんよ。

이찌야즈께시까 아리마셍요

◆ 중간고사는 어땠어요?

中間試験は どうでしたか。

쥬-칸시껭와 도-데시다까

◆ 예상 이외로 쉬웠습니다.

予想 以外に 易しかったです。

요소- 이가이니 야사시깟따데스

◆ 상당히 어려웠어요.

なかなか 難しかったですよ。

나까나까 무즈까시깟따데스요

◆ 시험을 잘 봤습니다.

試験は うまく 行きました。

시껭와 우마꾸 이끼마시따

◆ 시험성적은 어때요?

試験の 成績は いかがですか。

시껜노 세이세끼와 이까가데스까

◆ 예상대로 잘 됐어.

予想どおり うまく いったよ。

요소-도-리 우마꾸 잇따요

◆ 이번 학기의 학점은 어때요?

今学期の 点数は どうですか。

공갓끼노 덴스-와 도-데스까

◆ 만족스러운 점수를 받았어요.
満足の 行く 点数が 取れました。
만조꾸노 이꾸 덴스-가 도레마시따

◆ 시험 결과는 어땠어요?
試験の 結果は どうでしたか。
시껜노 겟까와 도-데시다까

◆ 생각한 것보다 좋은 점수를 받았어요.
思ったより 良い 点数が 取れて います。
오못따리요리 요이 덴스-가 도레떼 이마스

◆ 열심히 공부해서 장학금을 받았습니다.
一生懸命 勉強して 奨学金を もらいました。
잇쇼-겐메이 뱅꾜-시떼 쇼-각낑오 모라이마시다

◆ 그는 우수한 학생이었습니다.
彼は 優秀な 学生でした。
가레와 유-슈-나 각세이데시다

◆ 학교 성적은 그다지 좋지 않습니다.
学校の 成績は あまり 良く ありませんでした。
각꼬-노 세이세끼와 아마리 요꾸 아리마센데시다

◆ 성적은 어떤가요?
成績は どうでしょうか。
세이세끼와 도 -데쇼-까

◆ 날이 갈수록 좋아지고 있어요.
日増しに 良くなって いますよ。
히마시니 요꾸낫떼 이마스요

◆ 선생님의 세심한 지도 덕분이에요.

先生の 丁寧な ご指導の おかげです。

센세이노 데이네이나 고시도-노 오까게 데스

◆ 이번 시험은 어땠어요?

今度の 試験は どうでしたか。

곤도노 시껭와 도-데시다까

◆ 학교 수업은 아침 8시부터 저녁 5시까지 입니다.

学校の 授業は 朝 8時から 夕方 5時までです。

각꼬-노 쥬교-와 아사 하찌지까라 유-가따 고지마데데스

◆ 이 학교는 남녀 공학입니다.

この 学校は 男女共学です。

고노 각꼬-와 단죠 교-가꾸데스

◆ 지금 다니고 있는 학교는 어때요?

今 通っている 学校は どうですか。

이마 가욧떼이루 각꼬-와 도-데스까

◆ 무척 만족합니다.

大変 満足しています。

다이헹 만조꾸시떼 이마스

◆ 학창 시절에 무슨 동아리에서 활동했습니까?

学生時代に 何か クラブ活動を しましたか。

각세이지다이니 나니까 구라부 가쓰도-오 시마시다까

◆ 테니스부에서 4년간 열심히 했습니다.

テニス部で 四年間 頑張りました。

데니스부데 요넹깡 간바리마시따

◆ 학창시절 아르바이트를 한 적이 있어요?

<ruby>学生時代<rt>がくせいじだい</rt></ruby> アルバイトを した ことが ありますか。

각세이지다이 아루바이또오 시다 고또가 아리마스까

◆ 학비를 벌기 위해 중학생에게 영어를 가르쳤습니다.

<ruby>学費<rt>がくひ</rt></ruby> <ruby>稼<rt>かせ</rt></ruby>ぎの ため <ruby>中学生<rt>ちゅうがくせい</rt></ruby>に <ruby>英語<rt>えいご</rt></ruby>を <ruby>教<rt>おし</rt></ruby>えました。

가꾸히 가세기노다메 쥬-각세이니 에이고오 오시에마시다

◆ 우리 학교에서는 교복을 입어야 합니다.

<ruby>私<rt>わたし</rt></ruby>の <ruby>学校<rt>がっこう</rt></ruby>では ユニフォームを <ruby>着<rt>き</rt></ruby>なければ なりません。

와따시노 각꼬-데와 유니호-무오 기나께레바 나리마셍

◆ 학교생활은 재미있나요?

<ruby>学校生活<rt>がっこうせいかつ</rt></ruby>は <ruby>面白<rt>おもしろ</rt></ruby>いですか。

각꼬-세이까쓰와 오모시로이데스까

◆ 우리 학교는 매년 가을에 축제가 있어요.

<ruby>私<rt>わたし</rt></ruby>たちの <ruby>学校<rt>がっこう</rt></ruby>は <ruby>毎年<rt>まいとし</rt></ruby> <ruby>秋<rt>あき</rt></ruby>に <ruby>学園祭<rt>がくえんさい</rt></ruby>が あります。

와따시다찌노 각꼬-와 마이도시 이끼니 가꾸에사이가 아리마스

◆ 우리 학교는 다양한 동아리가 있어요.

<ruby>私<rt>わたし</rt></ruby>たちの <ruby>学校<rt>がっこう</rt></ruby>は <ruby>色々<rt>いろいろ</rt></ruby>な クラブが あります。

와따시따찌노 각꼬-와 이로이로나 구라부가 아리마스

◆ 무슨 동아리에 들었어요?

<ruby>何<rt>なん</rt></ruby>の クラブに <ruby>入<rt>はい</rt></ruby>ってるんですか。

난노 구라부니 하잇떼룬데스까

◆ 영어 동아리입니다.

<ruby>英語<rt>えいご</rt></ruby>の クラブです。

에이고노 구라부데스

◆ 그 기숙사는 여학생 전용입니다.
その 寄宿舎は 女学生専用です。
소노 기슈꾸샤와 죠가꾸세이셍요-데스

◆ 한 학기 기숙사 비용은 얼마입니까?
一学期の 寄宿舎の 費用は いくらですか。
이찌각끼노 기슈꾸샤노 히요-와 이꾸라데스까

◆ 방학 중에는 기숙사를 이용할 수 있나요?
休み中にも 寄宿舎を 利用する ことが できますか。
야스 미쮸-니모 기슈꾸샤오 리요-스루 고또가 데끼마스까

◆ 졸업 후 무엇을 하시겠습니까?
卒業後 何を する つもりですか。
소쓰교-고 나니오 스루 쓰모리데스까

◆ 아직 정하지 않았습니다.
まだ 決めて いません。
마다 기메떼 이마셍

◆ 학교까지는 무엇으로 통학합니까?
学校までは 何で 通学して いますか。
각꼬-마데와 나니데 쓰-가꾸시떼 이마스까

05 수업에 대해서

◆ 자아, 수업을 시작합니다.

さあ、授業を 始めます。

사-, 쥬교-오 하지메마스

◆ 출석을 부를게요.

出席を とります。

슛세끼오 도리마스

◆ 교과서를 펴세요.

教科書を 開けて。

교-까쇼오 아께떼

◆ 칠판을 잘 보세요.

黒板を よく 見て ください。

고꾸방오 요꾸 미떼 구다사이

◆ 뒤에서도 잘 보입니까?

後ろからも よく 見えますか。

우시로까라모 요꾸 미에마스까

◆ 질문 있나요?

質問 ありますか。

시쯔몽 아리마스까

◆ 선생님, 질문이 있습니다.

先生、質問が あります。

센세이 시쯔몽가 아리마스

◆ 뭡니까? 말씀하세요.

何ですか。言って みなさい。

난데스까 잇떼 미나사이

◆ 좋은 질문이군요.

いい 質問ですね。

이- 시쓰몬데스네

◆ 조용해 주세요.

静かにして ください。

시즈까니 시떼 구다사이

◆ 누군가 아는 사람 없습니까?

だれか、わかる 人 いませんか。

다레까 와까루 히또 이마셍까

◆ 잘 읽고나서 대답해 주세요.

よく 読んでから 答えて ください。

요꾸 욘데까라 고따에떼 구다사이

◆ 여러분, 잘 들립니까?

みなさん、よく 聞こえますか。

미나상, 요꾸 기꼬에마스까

◆ 잘 들으세요.

よく 聞いて ください。

요꾸 기-떼 구다사이

◆ 천천히 말해 주세요.

ゆっくり 話して ください。

윳꾸리 하나시떼 구다사이

◆ 다시 한 번 설명해 주세요.

もう 一度 説明して ください。

모-이찌도 세쓰메이시떼 구다사이

◆ 알겠습니까?

分かりますか。

와까리마스까

◆ 이것은 매우 중요해요.

これは とても 重要ですよ。

고레와 도떼모 쥬-요-데스요

◆ 확실히 알아두세요.

しっかり 理解して おいて くださいね。

싯까리 리까이시떼 오이떼 구다사이네

◆ 숙제를 해왔습니까?

宿題を やって きましたか。

슈꾸다이오 얏떼 기마시다까

◆ 오늘은 이만 마치겠어요.

今日は これで 終わりましょう。

교-와 고레데 오와리마쇼-

◆ 수업 시간에 늦지 않도록 하세요.

授業時間に 遅れないように して ください。

쥬교-지깐니 오꾸레나이요-니 시떼 구다사이

◆ 도서관은 몇 시에 개관하나요?

図書館は 何時に 開館しますか。
도쇼깡와 난지니 가이깡 시마스까

◆ 이 책들은 열람만 가능합니다.

これらの 本は 閲覧のみ 可能です。
고레라노 홍와 에쓰란노미 가노-데스

◆ 책을 잃어버리면 어떻게 되나요?

本を 無くして しまいますと どうなるのですか。
홍오 나꾸시떼 시마이마스또 도-나루노데스까

◆ 열람 수속은 어떻게 하면 되나요?

閲覧の 手続きは どうすれば いいのですか。
에쓰란노 데쓰즈끼와 도-스레바 이-노데스까

◆ 이것은 빌릴 수 있는 것입니까?

これは 借りられるのですか。
고레와 가리라레루노데스까

◆ 도서관에서는 조용히 하세요.

図書館では 静かに しなさい。
도쇼깐데와 시즈까니 시나사이

◆ 이 책이 있는지 확인해 주세요.

この 本が あるか 確認して ください。

고노 홍가 아루까 까꾸닝시떼 구다사이

◆ 도서관은 몇 시에 문을 닫습니까?

図書館は 何時に 閉まりますか。

도쇼깡와 난지니 시마리마스까

◆ 연체료는 얼마입니까?

延滞料は いくらですか。

엔따이료-와 이꾸라데스까

◆ 이 책을 빌리고 싶어요.

この 本を 借りたいんです。
고노 홍오 가리따인데스

◆ 대출카드가 있나요?

貸し出しカードは ありますか。
가시다시가－도와 아리마스까

◆ 도서관 카드를 먼저 만드셔야 합니다.

先に 図書館 カードを 作らなければ なりません。
사끼니 도쇼깡 가－도오 쓰꾸라나께레바 나리마셍

◆ 대출카드를 발급해 주시겠어요?

貸し出しカードを 発行して くださいますか。
가시다시가 － 도오 핫꼬－시떼 구다사이 마스까

◆ 신분증 좀 주시겠어요?

身分証を いただけますか。
미분쇼－오 이따다께마스까

◆ 카드 없이는 아무것도 할 수가 없습니다.

カードなしでは 何も できません。
가－도 나시데와 니니모 데끼마셍

◆ 대출하려면 대출카드가 있어야 하나요?

本を 借りる ためには 貸し出しカードが なければ
いけないのですか。

홍오 가리루 다메니와 가시다시가-도가 나께레바 이께나이노데스까

◆ 지금은 컴퓨터로 카드목록을 검색할 수 있어.

今は パソコンで カードの 目録を 検索できる。

이마와 빠스꼰데 가-도노 모꾸로꾸오 겐사꾸 데끼루

◆ 어디에도 이 책을 찾을 수가 없습니다.

どこにも これらの 本を 見つけられません。

도꼬니모 고레라노 홍오 미쯔께라레마셍

◆ 이 책을 찾도록 도와주시겠어요?

この 本を 見つけられるよう 手伝って いただけますか。

고노홍오 미쯔께라레루요— 데쓰닷떼 이따다께마스까

◆ 컴퓨터에 관한 책은 어디에 있나요?

パソコンに 関する 本は どこに ありますか。

파소콘니 간스루 홍와 도꼬니 아리마스까

◆ 제가 찾는 책이 책장에 없습니다.

私の 探している 本が 本棚に ありません。

와따시노 사가시떼 이루 홍가 혼다나니 아리마셍

◆ 경제학에 관한 책들을 찾고 있는데요.

経済学に 関する 本を 探しています。

게이자이가꾸니 간스루 홍오 사가시떼 이마스

◆ 고고학에 대한 자료가 필요합니다.

考古学に 関する 資料が 必要です。

고—꼬가꾸니 간스루 시료—가 히쓰요—데스

◆ 이 책은 대출중입니다.

この 本は 貸し出し中です。

고노 홍와 가시다시쮸-데스

◆ 이 책은 이미 대출이 되었네요.

この 本は すでに 貸し出して おります。

고노 홍와 스데니 가시다시떼 오리마스

◆ 책 제목을 아십니까?

本の 題名を ご存じですか。

혼노 다이메이오 고존지 데스까

◆ 참고서 책장은 어디에 있습니까?

参考書の 本棚は どこに ありますか。

상꼬-쇼노 혼다나와 도꼬니 아리마스까

◆ 이 책을 대출할 수 있어요?

この 本を 貸して 頂けますか。

고노 홍오 가시떼 이따다께마스까

◆ 이 책들은 얼마 동안 대출할 수 있나요?

この 本は どのくらい 借りる ことが できますか。

고노 홍와 도노구라이 가리루 고또가 데끼마스까

◆ 신분증 좀 주시겠어요?

身分証を 頂けますか。

미본 쇼-오 이따다께마스까

◆ 대출 기간은 2주일입니다.

貸し出し期間は 二週間です。

가시다시 기깡와 니슈-깐데스

◆ 책을 예약하고 싶어요.

本を 予約したいのです。

홍오 요야꾸시따이노데스

◆ 이 책은 언제 반납될 예정인지 알 수 있어요?

この 本は いつ頃 返却されるのか ご存じですか。

고노 홍와 이쓰고로 헹꺄꾸사레루노까 고존지데스까

◆ 한 번에 다섯 권까지 빌릴 수 있습니다.
一度に 五冊まで 借りられます。
이찌도니 고사쓰마데 가리라레마스

◆ 이 책은 언제까지 반납해야 하나요?
この 本は いつまでに 返さなければ なりませんか。
고노홍와 이쓰마데니 가에사나께레바 나리마셍까

◆ 빌려간 책을 반납하러 왔어요.
借りて いた本を お返しします。
가리떼 이따 홍오 오까에시시마스

◆ 이 책을 어디에 반납해야 하나요?
この 本を どこに 返却すれば いいですか。
고노 홍오 도꼬니 헹꺄꾸스레바 이-데스까

◆ 빌려간 책 반납일은 연기할 수 있나요?
借りていた 本の 返却日を 延して いただけませんか。
가리떼이따 혼노 헹꺄꾸비오 노바시떼 이따다께마셍까

◆ 기일내에 반납하지 않으시면 연체료가 있습니다.
返却が 遅れると 延滞料が あります。
헹꺄꾸가 오꾸레루또 엔따이료-가 아리마스

◆ 연체료는 얼마입니까?
延滞料は いくらですか。
엔따이료-와 이꾸라데스까

◆ 연체료 200엔이 있습니다.
二百円の 延滞料が あります。
니햐꾸엔노 엔따이료-가 아리마스

◆ 이 책 대출을 연장하고 싶어요.

この 本の貸し出しを 延長して いただきたいので
す。

고노 혼노 가시다시오 엔쪼–시떼 이따다끼따이노데스

◆ 책을 반납할 때 도서관 카드가 필요한가요?

本の 返却の 時、図書館カードが 必要ですか。

혼노 헹꺄꾸노 도끼 도쇼깡가–도가 히쓰요–데스까

◆ 컴퓨터를 사용할 줄 아세요?

パソコンは 使えますか。

빠소콩와 쓰까에마스까

◆ 저는 컴퓨터에 대해서 많은 것을 알고 있습니다.

私は パソコンに ついては 多くの 事を 知っています。

와따시와 빠소콘니 쓰이떼와 오-꾸노 고또오 싯떼 이마스

◆ 컴퓨터는 주로 무슨 일에 사용하세요?

パソコンは 主に どんな 事に 使って いますか。

빠소콩와 오모니 돈나 고또니 쓰깟떼 이마스까

◆ 컴퓨터를 켜는 방법을 아세요?

パソコンを つける 方法を 知っていますか。

빠소콘오 쯔게루 호-호-오 싯떼 이마스까

◆ 프로그램을 다운받는 법을 아세요?

プログラムの ダウンロードの 方法を 知って いますか。

뿌로그라무노 다운로-도노 호-호-오 싯떼 이마스까

◆ 컴퓨터는 잘 모릅니다.

パソコンは よく 分かりません。

빠소콩와 요꾸 와까리마셍

◆ 일하는데 있어서 컴퓨터는 없어서는 안 돼.

仕事に パソコンは 欠かせないね。
시고또니 빠소콩와 가까세나이네

◆ 프린터를 할 줄 아세요?

プリントの 仕方は 知っていますか。
뿌린토노 시까다와 싯떼 이마스까

◆ 어떤 종류의 프린터를 갖고 계세요?

どんな 種類の プリンターを お持ちですか。
돈나 슈루이노 뿌린타-오 오모찌데스까

◆ 어떤 프로그램을 사용하세요?

どんな プログラムを 使っていますか。
돈나 뿌로그라무오 쓰깟떼 이마스까

◆ 당신 컴퓨터는 무슨 기종입니까?

あなたの パソコンは どんな 機種ですか。
아나따노 빠소콩와 돈나 기슈데스까

◆ 이것 좀 복사할 수 있어요?

これを コピーして もらえますか。
고레오 고피-시떼 모라에마스까

◆ 그걸 컴퓨터에 입력해 주세요.

それを パソコンに 入力して ください。
소레오 빠소콘니 뉴-료꾸시떼 구다사이

◆ 조작방법을 잊어 버렸어요.

操作方法を 忘れてしまいました。
소-사호-호-오 와스레떼 시마이마시따

◆ 컴퓨터에 프린터를 연결할 줄 아세요?

パソコンに プリンターを 接続できますか。

빠소콘니 뿌린타-오 세쓰조꾸데끼마스까

◆ 나는 컴퓨터를 잘 합니다.

私は パソコンが 得意です。

와따시와 빠소콘가 도꾸이데스

◆ 파일명은 뭐라고 했어요?

ファイルの 名前は 何でしたっけ。

화이루노 나마에와 난데시닷께

◆ 이 컴퓨터는 메모리가 충분하지 않습니다.

この パソコンは メモリーが 十分では ありません。

고노 빠소콩와 메모리-가 쥬-분데와 아리마셍

◆ 요즘 컴퓨터의 상태가 안 좋아.

最近 パソコンの 調子が 悪い。

사이낑 빠소콘노 죠-시가 와루이

◆ 데이터를 저장하셨나요?

データを 保存しましたか。
데-따-오 호존시마시다까

◆ CD에 백업해 났어요.

CDに バックアップして 置きました。
씨디니 밧꾸앗뿌시떼 오끼마시다

◆ 데이터는 저 폴더에 들어있어요.

データは あの フォルダに 入っています。
데-따와 아노 훠루다니 하잇떼 이마스

◆ 컴퓨터로 입력한 것을 프린트해 주시겠어요?

パソコンで 入力した ものを プリントして もらえますか。
빠스콘데 뉴-료꾸시다 모노오 뿌린토시떼 모라에마스까

◆ 어디 폴더에 저장시키셨어요?

どこの フォルダに 保存しましたか。
도꼬노 훠루다-니 호존시마시다까

◆ 저 폴더에는 항상 최신 데이터가 들어있어요.

あの フォルダには いつも 最新の データが 入っています。
아노 훠루다니와 이쓰모 사이신노 데-따가 하잇떼이마스

◆ 저는 더 이상 그 데이터가 필요 없습니다.

私は これ 以上 その データは 要りません。
와따시와 고레 이죠- 소노 데-따-와 이리마셍

◆ 데이터를 공유할 수 있어요.

データを 共有できます。
데-따오 교-유-데끼마스

◆ 데이터를 갱신했어요.

データを 更新しました。
데-따오 고-신 시마시따

◆ 이 파일을 하드디스크에 저장해 주세요.

このファイルを ハードディスクに 保存して ください。
고노 화이루오 하-드디스꾸니 호존시떼 구다사이

◆ 자주 저장을 해야 합니다.

時々 保存を しなければ なりません。
노끼도끼 호종오 시나께레바 나리마셍

◆ 이것을 좀 복사할 수 있을까요?

これを コピーして もらえますか。
고레오 고삐-시떼 모라에마스까

◆ 모든 데이터가 날아갔습니다.

全ての データが 飛んで しまいました。
스베떼노 데-따-가 돈데 시마이마시다

◆ 데이터베이스가 완성되었어.

データベースが できたよ。
데-따베-스가 데끼따요

◆ 이것을 데이터로 만들어 줄래?

これを データ化して くれる？

고레오 데-따까시떼 구레루

◆ 그것을 제 USB메모리에 복사해 주세요.

それを 私の USBメモリーに コピーして ください。

소레오 와따시노 유에스비 메모리-니 고삐-시떼 구다사이

◆ 이 문서를 두 장씩 프린트해 주세요.

この 文書を 二枚ずつ プリントして ください。

고노 분쇼오 니마이즈쯔 뿌린토시떼 구다사이

◆ 이 데이터베이스를 사용한 적은 있나요?

この データベースを 使った ことは ありますか。

고노 데-따 베-스오 쓰깟따 고또와 아리마스까

◆ 이 소프트웨어 사용법을 알려주세요.

この ソフトウェアの 使い方を 教えて ください。

고노 소후또웨아노 쓰까이가따오 오시에떼 구다사이

◆ 데이터를 입력할 수 있나요?

データを 入力できますか。

데ー따ー오 뉴ー료꾸 데끼마스까

◆ 이 소프트웨어는 약간 복잡합니다.

この ソフトは 少し 複雑です。

고노 소후또와 스꼬시 후꾸자쓰데스

◆ 익숙해지면 문제 없을 거야.

慣れれば 問題ないと 思うわ。

나레레바 몬다이나이또 오모우와

◆ 이 소프트웨어에는 편리한 기능이 많이 있어요.

この ソフトには 便利な 機能が たくさん あります。

고노 소후또니와 벤리나 기노ー가 다꾸상 아리마스

◆ 패스워드 입력했나요?

パスワードを 入力しましたか。

빠스와ー도오 뉴ー료꾸 시마시따까

◆ 하드 디스크에서 오래된 파일을 삭제하세요.

ハードディスクから 古い ファイルを 削除して ください。

하−도 디스꾸까라 후루이 화이루오 사꾸죠시떼 구다사이

◆ 종이를 어떤 식으로 넣어야 하나요?

紙を どのように 入れれば いいですか。

가미오 도노요−니 이레레바 이−데스까

◆ 프로그램 설치하는 법을 아세요?

プログラムの インストールの 方法を 知っていますか。

뿌로구라무노 인스또−루노 호−호−오 싯떼 이마스까

◆ 설정 아이콘을 누르기만 하면 됩니다.

設定の アイコンを 押すだけで いいのです。

셋떼이노 아이꽁오 오스다께데 이−노데스

인터넷 이용

◆ 인터넷은 어떻게 접속하나요?

インターネットは どう 接続しますか。

인타-넷또와 도- 세쓰조꾸시마스까

◆ 당신은 인터넷을 할 수 있나요?

あなたは インターネットが できますか。

아나따와 인타-넷또가 데끼마스까

◆ 인터넷으로 찾아볼게.

インターネットで 調べて みるよ。

인타-넷또데 시라베떼 미루요

◆ 인터넷에 접속하는 법을 가르쳐 줄래요?

インターネットに 接続する 方法を 教えて いただけますか。

인타-넷또니 세쓰조꾸스루 호-호-오 오시에떼 이따다께마스까

◆ 인터넷에 접속하는 시간이 많이 걸려요.

インターネットに 接続するのに かなり 時間が かかっています。

인타-넷또니 세쓰조꾸스루노니 가나리 지깡가 가깟떼 이마스

◆ 제 홈페이지를 만들까 생각하고 있어요.

私の ホームページを 作ろうと 思っています。

와따시노 호-무뻬-지오 쓰꾸로-또 오못떼 이마스

◆ 나는 홈페이지를 만들었어.

私は ホームページを 立ち上げたんだよ。

와따시와 호-무뻬이지오 다찌아게딴다요

◆ 지금 인터넷에 접속하고 있으세요?

今 インターネットに 接続していますか。

이마 인타-넷또니 세쯔조꾸시떼 이마스까

◆ 메신저를 할 수 있나요?

メッセンジャーは できますか。

멧센쟈-와 데끼마스까

◆ 저는 때때로 인터넷에서 채팅하기도 해요.

私は 時々インターネットを 通し チャットを して います。

와따시와 도끼도끼 인타-넷또오 도-시 챳토오 시떼이마스

◆ 이 사이트는 재미있구나.

このサイトは おもしろいね。

고노 사이또와 오모시로이네

◆ 여기를 클릭해보자.

ここを クリックしてみよう。

고꼬오 구릭꾸시떼 미요-

◆ 회사 홈페이지가 있어요?

会社の ホームページは ありますか。

가이샤노 호-무뻬이지와 아리마스까

◆ 자세한 것은 회사 홈페이지를 보세요.

詳細な ことは 会社 のホームページを ご覧くだ
さい。

쇼-사이나 고또와 가시샤노 호-무뻬이지오 고랑구다사이

◆ 링크를 걸어도 되나요?

リンクを 張っても いいですか。

링꾸오 핫떼모 이-데스까

◆ 도움이 되는 정보가 무척 많군요.

役に 立 つ情報が 盛りだくさんだね。

야꾸니다쓰 죠-호-가 모리닥산다네

◆ 인터넷 서점을 자주 이용해.

ウェブ書店を よく 利用するよ。

웨부쇼뗑오 요꾸 리요-스루요

◆ 만남 사이트는 여전히 인기가 있대.

出会い系の サイトは 相変わらず 人気が あるんだ
って。

데아이께이노 사이또와 아이가와라즈 닝끼가 아룬닷떼

◆ 인터넷 쇼핑을 했어.

オンラインショッピングを したよ。

온라인 쇼삥구오 시따요

◆ 이메일 주소를 가르쳐 주세요.

メールアドレスを 教えて ください。

메-루아도레스오 오시에떼 구다사이

◆ 그의 이메일주소가 뭐였더라?

彼の メールアドレスは 何だったっけ。

가레노 메-루아도레스와 난닷땃께

◆ 메일 받으셨어요?

メール 受け取って いただけましたか。

메-루 우께돗떼 이따다께마시다까

◆ 나중에 메일을 보내겠습니다.

あとで メールを 送ります。

아또데 메-루오 오꾸리마스

◆ 그럼 메신저로 보내주세요.

それなら メッセンジャーで 送って ください。

소레나라 멧센쟈-데 오꿋떼 구다사이

◆ 이 스팸메일은 어디서 오는 걸까요?

これらの 迷惑メールは どこから 来るものでしょうか。

고레라노 메이와꾸메-루와 도꼬까라 구루모노데쇼-까

◆ 자세한 것은 메일로 알려드리겠습니다.
詳しい ことは メールで お知らせします。
구와시- 고또와 메-루데 오시라세시마스

◆ 메일에 첨부된 파일을 열 수가 없는데요.
メールに 添付された ファイルを 開けられないのですが。
메-루니 덴뿌사레따 화이루오 아께라레나이노데스가

◆ 전자우편 계정을 가지고 있어요?
eメールアカウントを お持ちですか。
이메-루 아카운또오 오모찌데스까

◆ 그 파일 지금 저한테 보내주시겠어요?
その ファイルを 今私に 送って もらえますか。
소노 화이루오 이마 와따시니 오꿋떼 모라에마스까

◆ 첨부파일로 보내주세요.
添付書類で 送って ください。
덴뿌쇼루이데 오꿋떼 구다사이

◆ 당신 메일의 글씨가 깨졌어요.
あなたの メールは 文字化けして います。
아나따노 메-루와 모지바께시떼 이마스

◆ 그럼 바로 다시 보내볼게요.
じゃあ、すぐ 送り直して みます。
쟈- 스구 오꾸리 나오시떼 미마스

◆ 메일 주소가 바뀌었어요.
メールアドレスが 変更に なりました。
메-루아도레스가 헹꼬-니 나리마시다

◆ 메일을 다시 보내주시겠어요?

メールを 再送信して いただけますか。

메-루오 사이소-신시떼 이따다께마스까

◆ 서버가 다운되어 메일 송수신을 할 수가 없었습니다.

サーバが ダウンして、メールの 送受信が できませんでした。

사-바가 다운시떼 메루-노 소-쥬싱가 데끼마센데시따

◆ 스팸메일이 와서 큰 일이야.

迷惑メールが 来て 困っているんだ。

메이와꾸 메-루가 기떼 고맛떼 이룬다

◆ 서류를 압축해서 첨부했어요.

書類を 圧縮して 添付しました。

쇼루이오 앗슈꾸시떼 덴뿌시마시따

◆ 낯선 사람으로부터 온 이메일을 열어보면 안 돼요.

見知らぬ 人からの メールは 開いては いけません。

미시라누 히도까라노 메-루와 히라이떼와 이께마셍

◆ 누구에게서 온 이메일일까?

だれからの メールかな。

다레까라노 메-루까나

◆ 이메일 고마워.

メール ありがとう。

메-루 아리가또-

15 장애가 생겼을 때

◆ 컴퓨터가 고장 났어요.

パソコンが 故障しました。
빠소콩가 고쇼-시마시따

◆ 시스템에 장애가 났어요.

システム障害です。
시스테무 쇼-가이데스

◆ 컴퓨터에 무슨 문제 있나요?

パソコンに 何か 問題が ありますか。
빠소콘니 나니까 몬나이가 아리마스까

◆ 컴퓨터가 다운됐어요.

パソコンが ダウンしちゃったんです。
빠소콩가 다운시쨨딴데스

◆ 인터넷에 접속이 안 됩니다.

インターネットに 接続が できません。
인타-넷또니 세쓰조꾸가 데끼마셍

◆ 시스템이 바이러스에 걸렸어요.

システムが ウイルスに かかりました。
시스떼무가 윌스니 가까리마시따

◆ 바이러스 제거하는 법을 아세요?

ウイルスを 取り除く 方法を 知って いますか。

월스오 도리노조꾸 호-호-오 싯떼 이마스까

◆ 제가 실수로 자료를 모두 지워버렸어요.

私が 間違って 資料を 全部 消して しまいました。

와따시가 마찌갓떼 시료-오 젠부 게시떼 시마이마시따

◆ 프린터가 고장입니다.

プリンターが 故障して います。

뿌린타-가 고쇼-시떼 이마스

◆ 컴퓨터를 고치려면 어떻게 해야 하나요?

パソコンを 直す ためには どのように すれば よろしいですか。

빠소콩오 나오스 다메니와 도노요-니 스레바 요로시-데스까

Part 16. 해외여행

◆ 제 좌석은 어디입니까?

私の 席は どこですか。
와따시노 세끼와 도꼬데스까

◆ 이 번호의 좌석은 어디쯤에 있나요?

この 座席番号は どのへんですか。
고노 자세끼방고-와 도노헨데스까

◆ 탑승권을 보여주시겠어요?

搭乗券を 見せて もらえますか。
도-죠-껭오 미세떼 모라에마스까

◆ 네, 여기 있습니다.

はい。 ここに あります。
하이   고꼬니 아리마스

◆ 14A 좌석은 어디입니까?

十四Aの 席は どこですか。
쥬-욘 에이노 세끼와 도꼬데스까

◆ 이쪽으로 오십시오.

こちらへ どうぞ。
고찌라에 도-조

◆ 이쪽 통로입니다.

こちらの 通路です。

고찌라노 쓰-로 데스

◆ 손님 좌석은 창가 좌석입니다.

お客様の 座席は 窓側です。

오갸꾸사마노 자세끼와, 마도가와데스

◆ 우측 통로편 좌석입니다.

右の 通路側の 席です。

미기노 쓰-로가와노 세끼데스

◆ 여기에 앉아도 될까요?

ここに 座っても いいですか。

고꼬니 스왓떼모 이-데스까

◆ 여기는 제 자리인데요.

ここは 私の 席ですが。

고꼬와 와따시노 세끼데스가

◆ 지나가도 되겠습니까?

通っても よろしいですか。

돗-떼모 요로시- 데스까

◆ 네, 그러세요.

はい、どうぞ。

하이 　　도-조

◆ 좌석을 바꿔 주시겠습니까?

席を 替わって いただけますか。

세끼오 가왓떼 이따다께마스까

◆ 의자를 뒤로 젖혀도 될까요?

椅子を 後ろに 倒しても いいですか。
이스오 우시로니 다오시떼모 이-데스까

◆ 지금은 안 됩니다. 이륙하고 나서 해주세요.

今は いけません。離陸してからに してください。
이마와 이께마셍　　　리리꾸시떼까라니 시떼구다사이

◆ 여러분의 짐은 머리 위 선반에 얹으십시오.

皆様の 荷物は 頭の上の 棚に 置いて ください。
미나사마노 니모쓰와, 아따마노 우에노 다나니 오이떼 구다사이

◆ 이 가방은 선반에 안 들어갑니다.

この カバン、荷物棚に 入りません。
고노 가방　　　니모쓰다나니 하이리마셍

◆ 좌석 등받이를 제 자리로 해주세요.

座席の 背もたれを 元に 戻して ください。
자세끼노 세모따레오 모토니 모도시떼 구다사이

◆ 저기 빈자리로 옮겨도 되겠습니까?

向こうの 空いている 席に 移動しても いいですか。
무꼬-노 아이떼이루 세끼니 이도-시떼모 이-데스까

◆ 안전벨트를 매 주십시오.

シートベルトを 締めて ください。
시-또베루또오 시메떼 구다사이

 기내 서비스

◆ 어떤 음료가 있나요?

どんな 飲み物が ありますか。
돈나 노미모노가 아리마스까

◆ 주스, 커피, 맥주 등이 있습니다.

ジュース、コーヒー、ビールなどが あります。
쥬스, 고-히, 비-루 나도가 아리마스

◆ 그럼, 커피를 주세요.

では、コーヒーを ください。
데와　　고-히오 구다사이

◆ 와인 있습니까?

ワインは ありますか。
와잉와 아리마스까

◆ 물 한 잔 주세요.

お水を 一杯 ください。
미즈오 잇빠이 구다사이

◆ 한 잔 더 주실 수 있습니까?

おかわり できますか。
오까와리 데끼마스까

＝もういっぱい いただけますか。
모-잇빠이 이따다께마스까

◆ 기내식은 언제 나옵니까?

機内食 はいつ 出ますか。

기나이쇼구와 이쓰 데마스까

◆ 테이블을 내려 주십시오. 식사 시간입니다.

テーブルを引き出して ください。食事の 時間です。

데이부루오 히끼다시떼 구다사이. 쇼꾸지노 지깐데스

◆ 식사는 다 하셨습니까?

食事は お済みですか。

쇼꾸지와 오스미데스까

◆ 네, 잘 먹었습니다.

はい、ごちそうさま。

하이　고찌소-사마

◆ 베개와 모포를 주세요.

枕と 毛布を ください。

마꾸라또 모-후오 구다사이

◆ 네, 잠시만 기다려 주세요.

はい、少々 お待ちください。

하이　쇼-쇼- 오마찌구다사이

◆ 곧 갖다 드리겠습니다.

すぐ お持ちします。

스구 오모찌시마스

◆ 기내에서 컴퓨터를 사용해도 됩니까?

機内で コンピューターを 使っても いいですか。

기나이데 곤쀼-따-오 쓰깟떼모 이-데스까

◆ 한국 신문 한 부 주세요.
韓国の 新聞を 一部 ください。
강꼬꾸노 신붕오 이찌부 구다사이

◆ 아니요, 영어신문 밖에 없습니다.
いいえ、英語の 新聞しか ありません。
이－에　에이고노 신붕시까 아리마셍

◆ 일본 신문이나 잡지는 있습니까?
日本の 新聞か 雑誌は ありますか。
니혼노 신붕까 잣시와 아리마스까

◆ 스푼을 떨어뜨렸어요.
スプーンを 落としました。
스뿡오 오또시마시따

◆ 다른 걸로 갖다 주시겠어요?
別のものを 持ってきて くれますか。
베쓰노 모노오 못떼 기떼 구레마스까

◆ 도착 시간은 몇 시입니까?
到着時間は いつですか。
도－쨔꾸지깡와 이쓰데스까

◆ 기내 면세품을 구입할 수 있을까요?
機内免税品を 買えますか。
기나이 멘제이힝오 가에마스까

◆ 펜좀 빌릴 수 있을까요?
ペンを 貸して もらえますか。
뺑오 가시떼 모라에마스까

◆ 속이 울렁거리는데요.

吐気が するんですが。
하끼께가 스룬데스가

◆ 토할 것 같습니다.

吐きそうです。
하끼소-데스

◆ 에티켓 봉지 있습니까?

エチケット袋は ありますか。
에찌켓또 부꾸로와 아리마스까

◆ 비행기 멀미약 있습니까?

飛行機の 酔い止めは ありますか。
히꼬-끼노 요이도메와 아리마스까

◆ 몸이 좀 불편합니다.

体の 調子が 少し 悪いです。
가라다노 죠-시가 스꼬시 와르이데스

=少し 気分が 悪いです。
스꼬시 기붕가 와루이데스

◆ 어디가 안 좋으세요?

どこが 悪いのですか。
도꼬가 와루이노데스까

◆ 머리가 아픈데, 약이 있나요?

あたま　　いた　　　　　　　　　くすり
頭が 痛いんですが、薬は ありますか。
아따마가 이따인데스가 구스리와 아리마스까

◆ 좀 추운데요.

すこ　　　さむ
少し 寒いです。
스꼬시 사무이데스

◆ 담요를 하나 더 주실 수 있습니까?

もうふ　　　　　　　いちまい
毛布を もう 一枚 もらえますか。
모-후오 모- 이찌마이 모라에마스까

◆ 에어컨을 끄고 싶어요.

　　　　　　　　　と
エアコンを 止めたいのですが。
에어꼰오 도메따이노데스가

◆ 이어폰이 고장 났습니다.

こしょう
イヤホンは 故障して います。
이야홍와 고쇼- 시떼 이마스

◆ 헤드폰 상태가 안 좋습니다.

ちょうし　　　わる
ヘッドホンの 調子が 悪いです。
헤드혼노 죠-시가 와루이데스

◆ 일회용 반창고 있습니까?

バンドエイドは ありますか。
반도에이도와 아리마스까

◆ 좌석이 작동하지 않습니다.

ざせき　　　　さどう
座席が 作動しません。
자세끼가 사도-시마셍

◆ 언제쯤 도착합니까?

いつ頃、着きますか。
이쓰고로, 쓰끼마스까

◆ 한 시간 후에는 도착합니다.

一時間後には 着きます。
이찌지깡고니와 쓰끼마스

◆ 도쿄까지의 비행시간은 얼마나 됩니까?

東京までの 飛行時間は どれぐらいですか。
도-꾜-마데노 히꼬-지깡와 도레구라이데스까

◆ 도쿄에는 정시에 도착합니까?

東京には 定刻に 到着しますか。
도-꾜-니와 데이꼬꾸니 도-짜꾸시마스까

◆ 지금 어느 정도 왔습니까?

今 どのあたりを 飛んでいますか。
이마 도노아따리오 돈데 이마스까

◆ 현지 시간으로 지금 몇 시입니까?

現地時間で今 何時ですか。
겐찌지깐데 이마 난지데스까

◆ 여권을 보여 주십시오.

パスポートを 見せてください。

빠스뽀－또오 미세떼 구다사이

◆ 네, 여기 있습니다.

はい、どうぞ。

하이　　　도－조

◆ 입국목적은 무엇인가요?

入国の 目的は 何ですか。

뉴－꼬꾸노 모꾸떼끼와 난데스까

◆ 관광차 왔습니다.

観光で 来ました。

강꼬－데 기마시따

◆ 친구를 만나러 왔어요.

友達に 会いに 来ました。

도모다찌니 아이니 기마시따

◆ 일본에 얼마나 체류하실 건가요?

日本に 何日間 滞在する 予定ですか。

니혼니 난니지깡 다이자이스루 요떼이데스까

◆ 1주일 예정입니다.
一週間の 予定です。
잇슈-깡노 요떼이데스

◆ 어디에서 숙박하실 예정인가요?
どこに お泊まりの 予定ですか。
도꼬니 오또마리노 요떼이데스까

◆ 도쿄시내 신주쿠 호텔이에요.
東京市内 新宿ホテルです。
도-꾜-시나이 신쥬꾸호떼루데스

◆ 도쿄에 있는 친구 집에 머물겁니다.
東京に いる 友人の 家に 泊まります。
도-꾜-니 이루 유-진노 이에니 도마리마스

◆ 아직 정하지 않았습니다.
まだ 決めて いません。
마다 기메떼 이마셍

◆ 일본은 처음이신가요?
日本は 初めてですか。
니홍와 하지메떼데스까

◆ 네, 처음입니다.
はい、初めてです。
하이   하지메떼데스

◆ 돌아가는 항공권은 있습니까?
帰りの 航空券は お持ちですか。
가에리노 고-꾸-껭와 오모찌데스까

◆ 네, 가지고 있습니다.

はい、持っています。
하이　　못떼이마스

◆ 한국으로 돌아갈 비행기표입니다.

韓国へ 帰国するときの 飛行機の チケットです。
강꼬꾸에 기꼬꾸스루 도끼노 히꼬-끼노 지껫또데스

◆ 현금은 얼마나 가지고 있습니까?

現金は いくら 持っていますか。
겡낑와 이꾸라 못떼 이마스까

◆ 20만엔 정도입니다.

二十万円 くらいです。
니쥬-망엔 구라이데스

◆ 외국화폐는 얼마나 가지고 있습니까?

外国の お金は どのくらい お持ちですか。
가이꼬꾸노 오까네와 도노구라이 오모찌데스까

◆ 됐습니다.

結構です。
겟꼬-데 스

◆ 짐은 어디에서 찾습니까?

手荷物は どこで 受け取りますか。

데니 모쓰와 도꼬데 우께도리마스까

◆ 1번 컨베이어로 가주십시오.

1番コンベアに 行って ください。

이찌방곤베아니 잇떼 구다사이

◆ 수화물 찾는 곳은 저쪽입니다.

お手荷物の 引き取りさきは あそこです。

오데니모쓰노 히끼도리 사끼와 아소꼬데스

◆ JAL 505편의 짐은 나왔습니까?

JAL 505便の 荷物は もう 出てきましたか。

자루－고제로고빈노 니모쓰와 모－ 데떼기마시다까

◆ 아뇨, 아직입니다.

いいえ、まだです。

이－에　　마다데스

◆ 이 턴테이블이 413항공편입니까?

この ターンテーブルは 413便のですか。

고노 단－데이부루와 413빈노데스까

◆ 제 짐이 보이지 않습니다.

私の 手荷物が 見つかりません。

와따시노 데니모쓰가 미쓰까리마셍

◆ 아직 짐이 안 나왔습니다.

まだ 手荷物が 出て いません。

마다 데니모쓰가 데떼 이마셍

◆ 짐을 찾을 수가 없습니다.

手荷物が 見つかりません。

데니모쓰가 미쯔까리마셍

◆ 어디에서 출발한 항공편입니까?

どこから 出発した 航空便ですか。

도꼬까라 슛빠쓰시따 고-꾸-빈데스까

◆ 한국 부산에서 출반한 714편입니다.

韓国の プサンからの 714便です。

강꼬꾸노 부산까라노 714빈데스

◆ 이건 제 가방이 아닙니다.

これは 私の かばんでは ありません。

고레와 와따시노 가방데와 아리마셍

◆ 짐을 잃어버렸습니다.

手荷物を なくしました。

데니모쓰오 나꾸시마시따

◆ 수화물 담당자에게 신고하세요.

手荷物担当に 申告して ください。

데니모쓰 단또-니 싱꼬꾸시떼 구다사이

◆ 여기가 분실한 수화물 신고하는 곳입니까?

ここは 紛失した 手荷物を 申告する 所ですか。

고꼬와 훈시쯔시따 데니모쯔오 싱꼬꾸스루 도꼬로데스까

◆ 예, 그렇습니다.

はい、そうです。

하이　소-데스

◆ 당신 가방은 무슨 색입니까?

あなたの カバンは 何色ですか。

아나따노 가방와 나니이로데스까

◆ 짐에 식별표를 붙이셨나요?

手荷物には 引換証が 付けられて いますか。

데니모쯔니와 히끼까에쇼-가 쯔께라레떼 이마스까

◆ 수화물 인환증을 보여주세요.

手荷物引換証を 見せて ください。

데니모쯔 히끼까에쇼-오 미세떼 구다사이

◆ 이게 제 수화물 인환증입니다.

これが 私の 手荷物引換証です。

고레가 와따시노 데니모쯔히끼까에쇼-데스

◆ 짐을 찾는 대로 즉시 이 주소로 보내주세요.

手荷物が 見つかったら すぐ この 住所に 届けて
ください。

데니모쯔가 미쯔깟따라 스구 고노 쥬-쇼니 도도께떼 구다사이

◆ 어디에서 세관검사를 하지요?

どこで 税関検査を しますか。

도꼬데 제이깡겐사오 시마스까

◆ 여권과 신고서를 보여주십시오.

パスポートと 申告書を 拝見します。

빠스뽀-도또 싱꼬꾸쇼오 하이껜시마스

◆ 세관 신고서를 가지고 계십니까?

税関申告書を お持ちですか。

제이깡 싱꼬꾸쇼오 오모찌데스까

◆ 네, 여기 있습니다.

はい、 ここに あります。

하이　　　고꼬니 아리마스

◆ 세관신고서는 가지고 있지 않습니다.

税関申告書は 持って いません。

제이깡 신꼬꾸쇼와 못떼 이마셍

◆ 구두로 신고해도 됩니까?

口頭で 申告しても いいですか。

고-또-데 신꼬꾸시떼모 이-데스까

◆ 아뇨, 세관신고서를 작성해 주십시오.

いいえ、税関申告書を 書いて ください。
이－에　　　제이깡싱꼬꾸쇼오 가이떼 구다사이

◆ 신고할 게 있으세요?

申告する ものは ありますか。
상꼬꾸스루 모노와 아리마스까

◆ 없습니다.

ありません。
아리마셍

◆ 짐은 이게 전부입니까?

荷物は これで 全部ですか。
니모쓰와 고레데 젠부데스까

◆ 다른 짐은 없습니까?

他に 荷物は ありませんか。
호까니 니모쓰와 아리마셍까

◆ 이것은 가지고 들어갈 수 없습니다.

これは 持ち込む ことが できません。
고레와 모찌꼬무 고또가 데끼마셍

◆ 이건 과세 대상이 됩니다.

これは 課税対象と なります。
고레와 가제－다이쇼－또 나리마스

◆ 과세액은 얼마입니까?

課税額は いくらですか。
가제이가꾸와 이꾸라데스까

◆ 이것은 전부 당신 가방입니까?

これは 全部 あなたの バッグですか。

고레와 젠부 아나따노 박구데스까

◆ 가방을 열어 주십시오.

この バッグを 開けて ください。

고노 박구오 아께떼 구다사이

◆ 이것은 뭡니까?

これは 何ですか。

고레와 난데스까?

◆ 이것은 친구에게 줄 선물입니다.

これは 友達への お土産です

고레와 도모다찌에노 오미야게데스

◆ 금속 탐지기를 통과해 주십시오.

金属探知機を 通過して ください。

긴조꾸 단찌끼오 쓰―까시떼 구다사이

◆ 어디에서 환전을 할 수 있습니까?

<ruby>りょうがえ</ruby>
どこで 両替できますか。

도꼬데 료-가에 데끼마스까

◆ 3번 창구입니다.

<ruby>ばん</ruby> <ruby>まどぐち</ruby>
3番の 窓口です。

산반노 마도구찌데스

◆ 「환전」이라고 써진 곳으로 가십시오.

<ruby>りょうがえ</ruby> <ruby>か</ruby> <ruby>い</ruby>
「両替」と 書いて いる ところに 行って ください。

「료-가에」또 가이떼 이루 도꼬로니 잇떼 구다사이

◆ 여기에서 환전할 수 있을까요?

<ruby>りょうがえ</ruby>
ここで 両替できますか。

고꼬데 료-가에 데끼마스까

◆ 네, 환전 가능해요.

<ruby>りょうがえ</ruby>
はい、両替できます。

하이   료-가에데끼마스

◆ 여행자 수표를 현금으로 바꿔 주세요.

<ruby>げんきん</ruby>
トラベラーズチェックを 現金に して ください。

도라베라-즈쳇꾸오 겡낀니 시떼 구다사이

◆ 오늘 환율은 얼마죠?

今日の 為替相場は いくらですか。

교-노 가와세 소-바와 이꾸라데스까

◆ 달러를 엔화로 바꾸고 싶어요.

ドルを 円に 替えて いただけますか。

도루오 엔니 가에떼 이따다께마스까

◆ 얼마나 바꾸실 겁니까?

いくら 換えますか。

이꾸라 가에마스까

◆ 얼마까지 환전할 수 있나요?

いくらまで 両替できますか。

이꾸라마데 료-가에데끼마스까

◆ 환전을 하려면 어떻게 하면 됩니까?

両替を するには どうしたら いいのですか。

료-가에오 스루니와 도-시따라 이-노데스까

◆ 어기에 시명해 주세요.

ここに お名前を 書いて ください。

고꼬니 오나마에오 가이떼 구다사이

◆ 이 여행자 수표를 엔화로 바꿔주세요.

この トラベラーズチェックを 円にして くださ
い。

고노 도라베라-즈쳇꾸오 엔니 시떼 구다사이

◆ 어디에 포터가 있습니까?

どこに ポーターが いますか。
도꼬니 포-따-가 이마스까

◆ 수하물 수레가 이디 있죠?

カートは どこに ありますか。
가-또와 도꼬니 아리마스까

◆ 시내로 가는 버스는 있습니까?

市内へ 行く バスは ありますか。
시나이에 이꾸 바스와 아리마스까

◆ 리무진 버스가 있습니다.

リムジンバスが あります。
리무징바스가 아리마스

◆ 리무진 버스 시간표를 확인하고 싶은데요.

リムジンバスの 時刻表を 確認したいんですが。
리무징바스노 지꼬꾸효-오 가꾸닌시따인데스가

◆ 다음 리무진 버스는 언제 옵니까?

次の リムジンバスは いつ 来ますか。
쓰기노 리무징바스와 이쓰 기마스까

◆ 30분마다 있습니다.

<ruby>三十分<rt>さんじっぷん</rt></ruby>ごとに あります。

산짓뿡고또니 아리마스

◆ 이 짐을 택시 승강장까지 옮겨주세요..

この <ruby>荷物<rt>にもつ</rt></ruby>を タクシー<ruby>乗<rt>の</rt></ruby>り<ruby>場<rt>ば</rt></ruby>まで <ruby>運<rt>はこ</rt></ruby>んでください。

고노 니모쓰오 다꾸시-노리바마데 하꼰데 구다사이

◆ 깨지기 쉬운 것이니까 조심히 다뤄 주세요.

<ruby>壊<rt>こわ</rt></ruby>れやすい <ruby>物<rt>もの</rt></ruby>だから、<ruby>大事<rt>だいじ</rt></ruby>に <ruby>扱<rt>あつか</rt></ruby>って ください。

고와레야스이 모노다까라 다이지니 아쓰깟떼 구다사이이

◆ 짐을 트렁크에 넣어주세요.

<ruby>荷物<rt>にもつ</rt></ruby>を トランクに <ruby>入<rt>い</rt></ruby>れてください。

니모쓰오 도랑꾸니 이레떼 구다사이

◆ 얼마 드리면 됩니까?

いくら お<ruby>支払<rt>しはらい</rt></ruby>すれば いいですか。

이꾸라 오시하라이스레바 이-데스까

◆ 삼백엔 부탁합니다.

<ruby>三百円<rt>さんびゃくえん</rt></ruby> お<ruby>願<rt>ねが</rt></ruby>いします。

산뱌꾸엔 오네가이시마스

◆ 시내까지 몇 분정도 걸립니까?

<ruby>市内<rt>しない</rt></ruby>まで <ruby>何分<rt>なんぷん</rt></ruby>くらい <ruby>掛<rt>か</rt></ruby>かりますか。

시나이마데 난뿡구라이 가까리마스까

◆ 시내로 가는 가장 빠른 교통수단은 뭡니까?

<ruby>市内<rt>しない</rt></ruby>に <ruby>行<rt>い</rt></ruby>く <ruby>一番<rt>いちばん</rt></ruby> <ruby>早<rt>はや</rt></ruby>い <ruby>交通手段<rt>こうつうしゅだん</rt></ruby>は <ruby>何<rt>なん</rt></ruby>ですか。

시나이니 이꾸 이찌방 하야이 고-쓰-슈당와 난데스까

◆ 택시를 타는 게 좋을 것 같습니다.

タクシーに 乗った 方が いいと 思います。

다꾸시-니놋따 호-가 이-또 오모이마스

◆ 신주쿠 호텔로 가주세요.

新宿ホテルに 行って ください。

신쥬꾸 호떼루니 잇떼 구다사이

◆ 신주쿠까지 얼마입니까?

新宿まで いくらですか。

신쥬꾸마데 이꾸라데스까

◆ 시간은 얼마나 걸립니까?

時間は どのくらい かかりますか。

지깡와 도노구라이 가까리마스까

◆ 여기에서 호텔예약을 할 수 있습니까?

ここで ホテルの 予約が できますか。

고꼬데 호떼루노 요야꾸가 데끼마스까

◆ 네, 예약할 수 있습니다.

はい、予約が できます。

하이　　　요야꾸가 데끼마스

◆ 어떤 호텔을 찾으십니까?

どのような ホテルを お探しですか。

도노 요–나 호떼루오 오사가시데스까

◆ 거리 중심부에 있는 호텔이 좋겠는데요.

町の 中心部に ある ホテルが いいのですが。

마찌노 쥬–신부니 아루 호떼루가 이–노데스가

◆ 호텔리스트는 있습니까?

ホテルの リストは ありますか。

호떼루노 리스또와 아리마스까

◆ 도쿄에 있는 호텔은 어디가 좋습니까?

東京の ホテルは どこが いいですか。

도–꾜–노 호떼루와 도꼬가 이–데스까

◆ 도쿄에서는 주로 프라자호텔에 묵습니다.

東京では たいてい プラザ ホテルに 泊まります。
도-꾜데와 다이떼이 뿌라자 호떼루니 도마리마스

◆ 그 호텔은 어디에 있습니까?

その ホテルは どこに ありますか。
소노 호떼루와 도꼬니 아리마스까

◆ 언제 투숙하실 예정이십니까?

いつ お泊まりになる 予定ですか。
이쓰 오또마리니나루 요떼이데스까

＝いつ 宿泊する ご予定ですか。
이쓰 슈꾸하꾸스루 고요떼이데스까

◆ 내일 모레요.

あさってです。
아삿떼데스

◆ 며칠 동안 묵을 예정입니까?

何日間 お泊まりになる 予定ですか。
난니찌깡 오또마리니나루 요떼이데스까

＝何日位 泊まる 予定ですか。
난니찌 구라이 도마루 요떼이데스까

◆ 이틀 부탁합니다.

二日 お願いします。
후쓰까 오네가이시마스

◆ 오늘밤 빈방이 있습니까?

今夜、空き部屋は ありますか。
공야, 아끼베야와 아리마스까

◆ 어떤 방을 희망하십니까?

どんな 部屋を ご希望ですか。

돈나 헤야오 고끼보−데스까

◆ 더블 룸으로 부탁합니다.

ダブルルームを お願いします。

다부루루−무오 오네가이시마스

◆ 투숙하시는 분은 몇 분이십니까?

お泊まりになる お客様は 何人ですか。

오또마리니나루 오갸꾸사마와 난닝데스까

◆ 어른 두 명입니다.

大人 二人です。

오또나 후따리데스

◆ 1박에 얼마입니까?

一泊 いくらですか。

잇빠꾸 이꾸라데스까

◆ 1박에 2만엔 정도입니다.

一泊 二万円ぐらいです。

잇빠꾸 니망엔구라이데스

◆ 더 싼 방은 없습니까?

もっと 安い 部屋は ありませんか。

못또　　　야스이 헤야와 아리마셍까

◆ 몇 시쯤에 도착하십니까?

何時ごろ お着きに なりますか。

난지고로 오쓰끼니 나리마스까

◆ 5시쯤이 될 것 같습니다.

5時ごろに なると 思います。

고지고로니 나루또 오모이마스

◆ 숙박비는 얼마입니까?

部屋代は いくらですか。

헤야다이와 이꾸라데스까

◆ 요금에 식사는 포함되어 있습니까?

料金に 食事は 含まれて いますか。

료-낀니 쇼꾸지와 후꾸마레떼 이마스까

⑩ 체크인

◆ 안녕하세요. 어서 오십시오.

いらっしゃいませ。
이랏샤이마세

◆ 체크인을 부탁합니다.

チェックインを お願いします。
쩻꾸잉오 오네가이시마스

◆ 예약을 하셨습니까?

予約を されて いますか。
요야꾸오 사레떼 이마스까

◆ 여행회사를 동해 예약했습니다.

旅行会社を 通じて 予約しました。
료꼬-가이샤오 쓰-지떼 요야꾸시마시따

◆ 어느 분의 이름으로 되어있습니까?

どなたの お名前に なって いますか。
도나따노 오나마에니 낫떼 이마스까

◆ 김미나라는 이름으로 예약했습니다.

キムミナという 名前で 予約しました。
김미나또유- 나마에데 요야꾸시마시따

◆ 성함은 어떻게 되십니까?

お名前は 何ですか。

오나마에와 난데스까

◆ 네, 예약되어 있습니다.

はい、ご予約いただいて おります。

하이, 고요야꾸 이따다이떼 오리마스

◆ 방은 몇 층에 있지요?

部屋は 何階ですか。

헤야와 낭까이데스까

◆ 9층이에요.

9階です。

규까이데스

◆ 전망 좋은 방을 부탁합니다.

眺めの いい 部屋を お願いします。

나가메노 아- 헤야오 오네가이시마스

◆ 체크인 하기 전에 방을 좀 봐도 될까요?

チェックインの 前に 部屋を 見せて もらえますか。

제꾸인노 마에니 헤야오 미세떼 모라에마스까

◆ 네, 알겠어요.

はい、分かりました。

하이   와까리마시따

◆ 좀더 좋은 방은 없습니까?

もっと よい 部屋は ありませんか。

못또 요이 헤야와 아리마셍까

◆ 여기가 손님방입니다.

こちらが お客様の 部屋に なります。
고찌라가 오갸꾸사마노 헤야니 나리마스

◆ 방은 505호실입니다.

お部屋は 505号室です。
오헤야와 고마루고고－시쓰데스

◆ 이 방으로 할게요.

この 部屋に します。
고노 헤야니 시마스

◆ 방 열쇠 여기 있습니다.

こちらに 部屋の カギが ございます。
고찌라니 헤야노 가기가 고자이마스

◆ 숙박카드에 이름과 연락처를 써주세요

宿泊カードに お名前と ご連絡先を お書きくださ
い。
슈꾸하꾸 가－도니 오나마에또 고렌라꾸사끼오 오가끼 구다사이

◆ 벨보이가 방으로 안내할 겁니다.

ベルボーイが 部屋に 案内します。
베루보－이가 헤야니 안나이시마스

◆ 저희 호텔에 머물게 돼서 감사합니다.

当ホテルに お泊まりいただき、ありがとうござい
ます。
도－호떼루니 오도마리 이따다키, 아리가또－고자이마스

 룸서비스

◆ 룸서비스는 몇 번에 걸면 됩니까?

ルームサービスは 何番に 掛ければ いいですか。
루-무 사-비스와, 난반니 가께레바 이-데스까

◆ 1번을 눌러주십시오.

一番を 押して ください。
이찌방오 오시떼 구다사이

◆ 룸서비스 부탁해요.

ルームサービスを お願いします。
루-무 사-비스오 오네가이시마스

◆ 룸서비스입니다. 무슨 일이십니까?

ルームサービスです。 ご用でしょうか。
루-무 사-비스데스　　　고요-데쇼-까

◆ 네, 들어오세요.

はい、入って ください。
하이, 하잇떼 구다사이

◆ 실례합니다.

失礼します。
시쓰레이시마스

◆ 방 번호를 말씀해 주세요.

お部屋番号を どうぞ。

오헤야 방고-오 도-조

◆ 따뜻한 마실 물이 필요한데요.

飲む お湯が ほしいのですが。

노무 오유가 호시이노데스가

◆ 내방에서 아침식사를 할 수 있습니까?

私の 部屋で 朝食を 食べられますか。

와따시노 헤야데 조-쇼꾸오 다베라레마스까

◆ 간단한 식사를 주문하고 싶은데요.

簡単な 食事の 注文を お願いします。

간딴나 쇼꾸지노 쥬-몽오 오네가이시마스

◆ 샌드위치와 커피를 부탁합니다.

サンドイッチと コーヒーを お願いします。

산도잇찌또　　　　고-히오 오네가이시마스

◆ 서둘러 좀 부탁합니다.

急いで お願いします。

이소이데 오네가이시마스

◆ 네, 10분 이내에 가지고 가겠습니다.

はい、十分 以内に 持って 参ります。

하이,　　짓뿐 이나이니 못떼 마이리마스

◆ 방을 청소해 주세요.

部屋を 掃除して ください。

헤야오 소-지 시떼 구다사이

◆ 타월 2장 부탁합니다.

タオルを 二枚 お願いします。
다오루오 니마이 오네가이시마스

◆ 세탁 서비스는 가능합니까?

洗濯サービスは できますか。
센따꾸 사－비스와 데끼마스까

◆ 모닝콜 부탁해요

モーニングコールを お願いします。
모－닝구꼬－루오 오네가이시마스

◆ 몇 시가 좋으시겠어요?

何時が よろしいですか。
난지가 요로시－데스까

◆ 아침 6시에 부탁합니다.

朝 6時に お願いします。
아사 로꾸지니 오네가이시마스

◆ 마사지를 부탁합니다.

マッサージを お願いします。
맛사－지오 오네가이시마스

◆ 이건 팁입니다.

これは チップです。
고레와 찟뿌데스

서비스 시설을 이용할 때

◆ 호텔에는 어떤 시설이 있습니까?

ホテルには どんな 施設が ありますか。

호떼루니와 돈나 시세쓰가 아리마스까

◆ 귀중품을 맡아주세요.

貴重品を 預かって ください。

기쬬– 힝오 아즈깟떼 구다사이

◆ 네, 내용물은 무엇입니까?

はい、中身は 何でしょうか。

하이　　나까미와 난데쇼–까

◆ 요금을 드려야 합니까?

料金を 払わなければ なりませんか。

료–낑요 하라와나께레바 나리마셍까

◆ 아뇨, 서비스 해드리고 있습니다.

いいえ、サービスで やらせて 頂きます。

이–에,　　사–비스데 야라세떼 이따다끼마스

◆ 식당은 어디에 있습니까?

食堂は どこですか。

쇼꾸도–와 도꼬데스까

＝レストランは どこに ありますか。

레스또랑와 도꼬니 아리마스까

◆ 이층에 있습니다.
二階に あります。
니까이니 아리마스

◆ 식사는 몇 시부터 가능합니까?
食事は 何時から できますか。
쇼꾸지와 난지까라 데끼마스까

◆ 아침 6시부터 9시까지입니다.
朝 6時から 9時までです。
아사 로꾸지까라 구지마데데스

◆ 뷔페식으로 준비되어 있습니다.
バイキングで 用意して おります。
바이낑구데 요-이시떼 오리마스

＝バイキング スタイルで 準備されて います。
바이낑구 스따이루데 쥰비사레떼 이마스

◆ 여기에 미용실(이발소)이 있습니까?
ここに 美容室(理髪店)が ありますか。
고꼬니 비요-시쓰() 아리마스까

◆ 커피숍은 어디에 있습니까?
コーヒーショップは どこですか。
고-히 숏뿌와 도꼬데스까

◆ 방에 금고는 있습니까?
部屋に セキュリティーボックスは ありますか。
헤야니 세뀨리티- 봇꾸스와 아리마스까

◆ 네, 옷장 안에 있습니다.

はい、クローゼットの 中<ruby>なか</ruby>に あります。

하이　　구로-젯또노 나까니 아리마스

◆ 호텔 안에 선물가게가 있습니까?

ホテルの 中に 土産店が ありますか。

호떼루노 나까니 미야게뗑가 아리마스까

◆ 네, 지하 1층에 있습니다.

はい、地下 一階に あります。

하이　　지까 잇까이니 아리마스

◆ 어디서 팩스를 보낼 수 있습니까?

ファックスは どこで 送れますか。

확꾸스와 도꼬데 오꾸레마스까

◆ 팩스를 사용할 수 있을까요?

ファックスを 送る ことが できますか。

확꾸스오 오꾸루 고또가 데끼마스까

◆ 세탁 서비스는 있습니까?

クリーニングの サービスは ありますか。

구리닝구노 사-비스와 아리마스까

◆ 세탁을 부탁드립니다.

洗濯を お願いします。

센따꾸오 오네가이시마스

◆ 언제 됩니까?

仕上がりは いつですか。

시아가리와 이쓰데스까

◆ 옆방이 무척 시끄럽습니다.

となりの 部屋が とても うるさいんです。
도나리노 헤야가 도떼모 우루사인데스

◆ 잠을 잘 수 없습니다.

私は 眠れないんです。
와따시와 네무레나인데스

◆ 조용히 하도록 하겠습니다.

静かに させます。
시즈까니 사세마스

◆ 다른 방으로 옮길 수 없을까요?

ほかの 部屋に 変える ことは できませんか。
호까노 헤야니 가에루 꼬또와 데끼마셍까

＝他の 部屋に 移れますか。
호까노 헤야니 우쓰레마스까

◆ 화장실 물이 내려가지 않습니다.

トイレの 水が 流れません。
도이레노 미즈가 나가레마셍

◆ 빨리 고쳐주세요.

早く 修理して ください。
하야꾸 슈-리시떼 구다사이

◆ 방청소가 아직 안 되었습니다.

部屋の 掃除が まだ 出来て いません。

헤야노 소-지가 마다 데끼떼 이마셍

◆ 정말 죄송합니다.

本当に 申し訳ございません。

혼또-니 모-시와께고자이마셍

◆ 방을 바꿔주세요

部屋を 替えて ください。

헤야오 가에떼 구다사이

◆ 다른 방을 배정해 드리겠습니다.

他の 部屋を ご用意いたします。

호까노 헤야오 고요-이 이따시마스

◆ 에어컨이 작동되지 않습니다.

クーラーが 動きません。

꾸-라-가 우고끼마셍

◆ 바로 담당자를 보내겠습니다.

すぐ、担当者を 行かせます。

스구　단또-샤오 이까세마스

◆ 열쇠를 방에 두고 나왔어요.

鍵を 部屋に 置いて 出ました。

가기오 헤야니 오이떼데 마시따

◆ 마스터키는 있습니까?

マスターキーは ありますか。

마스따-키-와 아리마스까

◆ 이 방은 지저분합니다.

この 部屋は 汚いです。

고노 헤야와 기따나이데스

◆ 전망 좋은 방으로 바꿔 주세요.

眺めの いい 部屋に 替えて ください。

나가메노 이- 헤야니 가에떼 구다사이

◆ 더운 물이 나오지 않습니다.

お湯が 出ません。

오유가 데마셍

◆ 잠깐 와주시겠어요?

ちょっと 来て もらえませんか。

좃또 기떼 모라에마셍까

◆ 타월을 바꿔 주세요.

タオルを 取り替えて ください。

다오루오 도리까에떼 구다사이

◆ TV가 고장 났어요.

テレビが 故障してます。

데레비가 고쇼-시떼마스

◆ 수도꼭지가 고장 났습니다.

水道の 蛇口が 壊れて います。

스이도-노 쟈구찌가 고와레떼 이마스

◆ 잠깐만 와주시겠어요?

ちょっと 来て もらえませんか。

좃또 기떼 모라에마셍까

◆ 하룻밤 더 묵고 싶은데요.

もう 一泊 したいのですが。

모− 잇빠꾸 시따이노데스가

◆ 네, 가능합니다.

はい、出来ます。

하이　데끼마스

◆ 오후까지 방을 쓸 수 있을까요?

午後まで 部屋を 使えますか。

고고마데 헤야오 쓰까에마스까

◆ 일요일까지 숙박을 연장하고 싶은데요.

日曜日まで 宿泊を 延したいのですが。

니찌요−비마데 슈꾸하꾸오 노비시따이노데스가

◆ 예정보다 하루 빨리 떠납니다.

予定より 一日 早く 発ちます。

요떼이요리 이찌니찌 하야꾸 다찌마스

◆ 오늘저녁까지 방을 쓸 수 있을까요?

今晩まで 部屋を 使えますか。

곤방마데 헤야오 쓰까에마스까

◆ 네, 단 추가요금이 들어요.

はい、ただし 追加料金が 掛かります。
하이　　다다시　　쓰이까료-낑가 가까리마스

◆ 하룻밤 더 묵고 싶은데요.

さらに 一日 宿泊したいと 思います。
사라니 이찌니찌 슈꾸하꾸시따이또 오모이마스

＝滞在を もう 一泊 延長したいですが。
다이자이오 모- 잇빠꾸 엔쬬-시따이데스가

◆ 방이 바뀝니다만. 괜찮으세요?

お部屋が 変わりますが、よろしいでしょうか。
오헤야가 가와리마스가 요로시-데쇼-까

◆ 하루 일찍 떠나고 싶은데요.

一日 早く 発ちたいのですが。
이찌니찌 하야꾸 다찌따이노데스가

＝一日 繰り上げて 出発したいと 思います。
이찌니찌 구리아께떼 슛빠쓰시따이또 오모이마스

◆ 그럼 23일에 출발하시는군요. 알겠습니다.

では、23日 ご出発ですね。承知しました。
데와　　니쥬-산니찌 고슛빠쓰데스네 쇼-찌시마시따

◆ 며칠 더 머물고 싶습니다.

あと 数日 宿泊を 延長したいと 思います。
아또 스-지쓰 슈꾸하꾸오 엔쬬 - 시따이또 오모이마스

◆ 당분간 이곳에 체제하실 예정입니까?

しばらく ここで 滞在する 予定ですか。
시바라꾸 고꼬데 다이자이스루 요떼이데스까

◆ 그 점에 관해서라면 안내데스크에 물어보세요.

その 点 について フロントに 聞いて ください。

소노 덴니 쓰이데와 후론또니 기-떼 구다사이

◆ 5일 더 체류를 연장하고 싶습니다.

さらに 五日間 滞在を 延長したいと 思います。

사라니 이쓰까깡 타이자이오 엔쬬- 시-떼이또 오모이마스

◆ 죄송합니다만, 방이 예약으로 꽉 차있습니다.

申し訳ありませんが、部屋は予約で いっぱいです。

모-시와께 아리마셍가 헤야와 요야꾸데 잇빠이데스

◆ 체크아웃 타임은 몇 시인가요?

チェックアウトタイムは 何時ですか。
쩻꾸아우또 다이무와 난지데스까

＝チェックアウトの 時間は 何時ですか。
젯꾸아우또노 지깡와 난지데스까

◆ 몇 시쯤에 체크아웃 하실 겁니까?

何時頃 チェックアウトされますか。
난지고로 쩻꾸아우또 시레마스까

◆ 11시 30분에 체크아웃하려고요.

11時30分に チェックアウトしたいです。
쥬－이찌지산짓뿐니 쩻꾸아우또시따이데스

◆ 체크아웃 부탁합니다.

チェックアウトを お願いします。
쩻꾸 아우또오 오네가이시마스

◆ 몇 호실이죠?

何号室ですか。
낭고－시쓰데스까

◆ 1207호입니다.

1207号です。
센니햐꾸나나고－데스

◆ 계산을 부탁해요

会計を お願いします。

가이께이오 오네가이시마스

◆ 이 요금은 무엇입니까?

この 料金は 何でしょうか。

고노 료-낑와 난데쇼-까

◆ 미니바에서 맥주 한 병 마셨습니다.

ミニバーで ビール 一本 飲みました。

미니바-데 비-루 잇뽕 노미마시따

◆ 이 신용카드로 지불할 수 있습니까?

この クレジットカードで 支払えますか。

고노 구레짓또 가-도데 시하라에마스까

＝この カードで お支払出来ますか。

고노 가-도데 오시하라이데끼마스까

◆ 네, 가능합니다.

はい、できます。

하이　데끼마스

◆ 키를 반환하겠습니다.

キーを 返します。

기-오 가에시마스

◆ 맡긴 귀중품을 꺼내주세요.

預けた 貴重品の 返却を お願いします。

아즈께따 기쬬-힌노 헹꺄꾸오 오네가이시마스

＝預け ておいた 貴重品を 出して ください。

아즈께떼 오이따 기쬬-힝오 다시떼 구다사이

◆ 내일 아침에 체크아웃 하겠습니다.

明日の 朝 チェックアウトします。

아시따노 아사 쩻꾸아우또 시마스

◆ 출발할 때 까지 짐을 맡아 주시겠어요?

出発まで 荷物を 預かって もらえますか。

슛빠쓰마데 니모쓰오 아즈깟떼 모라에마스까

◆ 6시 정도에 가지러 오겠습니다.

6時くらいに 取りに きます。

로꾸지구라이니 도리니 기마스

◆ 오후 6시에 택시를 불러주세요.

午後6時に タクシーを 呼んで ください。

고고 로꾸지니 다꾸시-오 욘데 구다사이

◆ 고맙습니다. 즐겁게 보냈습니다.

ありがとう。快適な 滞在でした。

아리가또-   가이떼끼나 다이자이데시따

◆ 좋은 하루 되세요

楽しい 一日に なりますように。

다노시이 이찌니찌니 나리마스요-니

◆ 그럼 조심해서 가세요.

では、気をつけて。

데와, 기오쓰께떼

16 관광안내소에서

◆ 관광안내소는 어디에 있습니까?

観光案内所は どこですか。
강꼬-안나이쇼와 도꼬데스까

＝観光案内所は どこに ありますか。
강꼬-안나이쇼와 도꼬니 아리마스까

◆ 관광객을 위한 안내서가 있습니까?

観光客の ための 案内書は ありますか。
강꼬-갸꾸노 다메노 안나시쇼와 아리마스까

◆ 네, 여기 있습니다.

はい、ここに あります。
하이　고꼬니 아리마스

◆ 이 도시의 관광안내 팜플렛이 있습니까?

この町の 観光案内 パンフレットは ありますか。
고노마찌노 강꼬-안나이 빤후렛또와 아리마스까

◆ 한국어 팜플렛 있습니까?

韓国語の パンフレットは ありますか。
강꼬꾸고노 빤후렛또와 아리마스까

◆ 아뇨, 영어와 일본어 팜플릿 밖에 없습니다.

いいえ、英語と 日本語の パンフレットしか あり
ません。

이-에　　에이고또 니홍고노 빤후렛또시까 아리마셍

◆ 이 지역의 관광지는 어디입니까?

この 地域の 観光地は どこですか。

고노- 지이끼노 강꼬-찌와 도꼬데스까

◆ 오사카성입니다.

大阪城です。

오-가까죠-데스

◆ 스카이라이너는 어디에서 타요?

スカイライナーは どこで 乗りますか。

스까이라이나-와 도꼬데 노리마스까

◆ 한국어 가능한 가이드가 있습니까?

韓国語が できる ガイドは いませんか。

강꼬꾸고가 데끼루 가이도와 이마셍까

◆ 이 도시에서 볼만한 곳을 알려주세요.

この 町の 見どころを 教えて ください。

고노 마찌노 미도꼬로오 오시에떼 구다사이

◆ 예, 무엇에 흥미를 가지고 계십니까?

ええ、何に 興味を お持ちですか。

에에　　나니니 교-미오 오모찌데스까

◆ 그 관광지의 어느 점이 좋습니까?

その 観光地の どの 点が お好きですか。

소노 강꼬-찌노 도노 뎅가 오스끼데스까

◆ 무엇부터 보시겠습니까?

どこから ご覧になりますか。

도꼬까라 고란니 나리마스까

◆ 번화한 곳에 가보고 싶습니다.

繁華街に 行きたいと 思います。

항까갸이니 이끼따이또 오모이마스

◆ 벼룩시장은 어디서 합니까?

フリマは どこで やりますか。

후리마와 도꼬데 야리마스까

◆ 젊은이들이 좋아하는 장소는 어디입니까?

若者達の 好きな 場所は どこですか。

와까모노다찌노 스끼나 바쇼와 도꼬데스까

◆ 여기서 멉니까?

ここから 遠いですか。

고꼬까라 도-이데스까

◆ 거기에 어떻게 가야 하나요?

そこには どうやって 行けば いいですか。

소꼬니와 도-얏떼 이께바 이-데스까

◆ 축제는 하고 있나요?

お祭りは やって いますか。

오마쓰리와 얏떼 이마스까

◆ 경치가 좋은 곳을 아십니까?

景色が いい ところを ご存じですか。

게시끼가 이-도꼬로오 고존지데스까

=景色の いい 所を 知っていますか。
게시끼노 이- 도꼬로오 싯떼이마스까

◆ 여기에서 유명한 온천은 어디인가요?

ここで 有名な 温泉は どこですか。
고꼬데 유-메이나 온셍와 도꼬데스까

◆ 저것은 무엇입니까?

あれは 何<ruby>なん</ruby>ですか。

아레와 난데스까

◆ 저 건물은 무엇입니까?

あの 建物<ruby>たてもの</ruby>は 何<ruby>なん</ruby>ですか。

아노 다떼모노와 난데스까

◆ 누가 살았습니까?

誰<ruby>だれ</ruby>が 住<ruby>す</ruby>んで いたのですか。

다레가 슨데이따노데스까

◆ 언제 세워졌습니까?

いつごろ 建<ruby>た</ruby>てられたのですか。

이쓰고로 다떼라레따노데스까

◆ 1347년에 세워졌습니다.

1347年<ruby>ねん</ruby>に 建<ruby>た</ruby>てられました。

1347넨니 다떼라레마시따

◆ 이 건물은 왜 유명합니까?

この 建物<ruby>たてもの</ruby>は なぜ 有名<ruby>ゆうめい</ruby>なのですか。

고노 다떼모노와 나제 유-메이나노데스까

◆ 내부를 볼 수 있습니까?

内部を 見る ことが できますか。

나이부오 미루 고또가 데끼마스까

◆ 죄송합니다만, 내부는 볼 수 없습니다.

すみませんが、内部は 見られません。

스미마셍가　　　　나이부와 미라레마셍

◆ 경치가 정말 아름답군요.

景色が すばらしいですね。

게시끼가 스바라시－데스네

◆ 관내를 안내할 가이드는 있습니까?

館内を 案内する ガイドは いますか。

간나이오 안나이스루 가이도와 이마스까

◆ 이 절은 언제 만들어졌습니까?

この お寺は いつ 建てられましたか。

고노 오데라와 이쓰 다떼라레마시다까

◆ 이 절이 일본에서 가장 오래 되었습니다.

この お寺が 日本で いちばん 古いです。

고노 오데라가 니혼데 이찌방 후루이데스

◆ 야경을 보려면 어디가 좋습니까?

夜景を 見るには どこが いいですか。

야께이오 미루니와 도꼬가 이－데스까

◆ 도쿄에서 가장 높은 빌딩은 무엇입니까?

東京で いちばん 高い ビルは 何ですか。

도－꼬－데 이찌방 다까이 비루와 난데스까

◆ 이 빌딩에 전망대는 있습니까?

このビルに 展望台は ありますか。

고노 비루니 덴보-다이와 아리마스까

◆ 저는 도쿄타워를 보고 싶어요.

私は 東京タワーが みたいです。

와따시와 도-꾜-타와가 미따이데스

◆ 전망대에 오르는 것은 유료입니까?

展望台へ のぼるのは 有料ですか。

덴보-다이에 노보루노와 유-료-데스까

◆ 전망대까지 올라가는데 비용이 듭니다.

展望台に 登る ためには、費用が 掛かります。

덴보-다이니 노보루 다메니와 히요-가 가까리마스

◆ 도쿄를 한 바퀴 돌고 싶은데요.

東京を 一回りしたいんですが。

도-꾜-오 히또마와리 시따인데스가

◆ 하토 버스를 타면 도쿄 구경을 안심하고 할 수 있습니다.

はとバスに 乗ると 東京見物を 安心して できます。

하또바스니 노루또 도-꾜-겐부쓰오 안신시떼 데끼마스

◆ 기념품 가게는 어디에 있습니까?

お土産店は どこですか。

오미야게노미세와 도꼬데스까

◆ 제일 잘 팔리는 토산품은 무엇이죠?

一番 売れている お土産は 何ですか。

이찌방 우레떼이루 오미야게와 난데스까

◆ 몇 시까지 여기로 돌아오면 됩니까?

何時までに ここに 戻れば いいのですか。

난지마데니 고꼬니 모도레바 이-노데스까

◆ 1시간 자유시간입니다.

1時間 自由時間です。

이찌지깡 자유-지깐데스

◆ 위급합니다.

<ruby>緊急事態<rt>きんきゅうじたい</rt></ruby>です。

깅뀨-지따이데스

◆ 자동차에 치었습니다.

<ruby>車<rt>くるま</rt></ruby>に ひかれました。

구루마니 히까레마시따

◆ 구급차를 불러주세요.

<ruby>救急車<rt>きゅうきゅうしゃ</rt></ruby>を <ruby>呼<rt>よ</rt></ruby>んで ください。

규-뀨-샤오- 욘데 구다사이

◆ 다친 사람 있습니까?

けがを した <ruby>人<rt>ひと</rt></ruby>は いませんか。

케가오 시타 히따와 이마셍까

◆ 여기 다친 사람이 있습니다.

ここに けがを した <ruby>人<rt>ひと</rt></ruby>が います。

고꼬니 게가오 시따 히또가 이마스

◆ 부상 인원이 몇 명이죠?

けが<ruby>人<rt>にん</rt></ruby>は <ruby>何人<rt>なんにん</rt></ruby>ですか。

게가닝와 난닝데스까

◆ 몇 명이 쓰러져 있어요.

なん にん　　　 たお
何人か 倒れて います。

난닝까 다오레떼 이마스

◆ 위치가 어디입니까?

　　 いち
位置が どこですか。

이찌가 도꼬데스까

◆ 시청 바로 앞입니다.

しやくしょ　　　　 まえ
市役所の すぐ 前です。

시야꾸쇼노 스구 마에데스

◆ 무슨 일이 일어났습니까?

なに　　 おこ
何が 起ったんですか。

나니가 오꼿딴데스까

◆ 교통사고를 당했어요.

こうつうじこ　　　　 あ
交通事故に 遭いました。

고-쓰지꼬니 아이마시따

◆ 괜찮습니까?

だいじょうぶ
大丈夫ですか。

다이죠-부데스까

◆ 제 친구가 피를 흘리고 있습니다.

わたし　　 ともだち　　 ち　　 なが
私の 友達が 血を 流して います。

와따시노 도모다찌가 지오 나가시떼 이마스

◆ 병원에 데려다 주세요.

びょういん　　 つ　　 い
病院に 連れて 行って ください。

뵤-잉니 쓰레떼 잇떼 구다사이

◆ 지금 구급차가 가고 있어요.
今 救急車が 向かっています。
이마 규-뀨-샤가 무깟떼이마스

◆ 의사를 불러주세요.
医師を 呼んで ください。
이시오 욘데 구다사이

◆ 경찰을 불러주세요
警察を 呼んで ください。
게이사쓰오 욘데 구다사이

◆ 도와줘요! 사고예요!
助けて！事故です！
다스께떼.　지꼬데스

◆ 위험해! 엎드려!
あぶない！伏せろ！
아부나이, 후세로!

◆ 조심하세요.
気をつけて ください。
기오 쓰께떼 구다사이

◆ 누가 와주세요
誰か 来て。
다레까 기떼

◆ 사람 살려!
助けてくれ！
다스께떼구레

◆ 분실물 취급소가 어디 있습니까?

紛失物センターは どこですか。
훈시쓰부쓰 센따-와 도꼬데스까

◆ 뭐 잃어버렸어요?

何かを なくしたんですか。
나니까오 나꾸시딴데스까

◆ 여권을 잃어버렸습니다.

パスポートを なくしました。
빠스뽀-또오 나꾸시마시따

◆ 어디에서 잃어버렸어요?

どこで なくしたんですか。
도꼬데 나꾸시딴데스까

◆ 어디서 잃어버렸는지 기억이 나지 않습니다.

どこで なくしたか 覚えて いません。
도꼬데 나꾸시다까 오보에떼 이마셍

◆ 어떻게 하면 됩니까?

どうしたら いいですか。
도-시따라 이-데스까

◆ 재발급 수속을 해주세요.

再発給の 手続きを して ください。

사이핫뀨—노 데쓰즈끼오 시떼 구다사이

◆ 바로 재발행 됩니까?

すぐ 再発行して もらえますか。

스구 사이핫꼬—시떼 모라에마스까

◆ 네, 하루 걸립니다.

はい、一日 掛かります。

하이　　이찌니찌 가까리마스

◆ 찾으시면 이 곳으로 전화주세요.

見つかったら ここに 連絡して ください。

미쓰깟따라　　　고꼬니 렌라꾸시떼 구다사이

◆ 지하철에 가방을 두고 내렸어요.

地下鉄に かばんを 忘れました。

지까데쓰니 가방오 와스레마시따

◆ 지하철의 분실물 센터에 문의해 주십시오.

地下鉄の 紛失物センターに お問い合わせ ください。

지까데쓰노 훈시쓰부쓰센따—니 오도이아와세 구다사이

◆ 전철 안에서 지갑을 소매치기 당했어요.

電車の 中で 財布を すられました。

덴샤노 나까데 사이후오 스라레마시다

◆ 얼굴을 기억하세요?

顔を 覚えて いますか。

가오오 오보에떼 이마스까

◆ 무엇이 들어있습니까?

何が 入って いますか。
나니가 하잇떼 이마스까

◆ 현금 10만엔 정도와 신용카드가 들어있습니다.

現金 10万円ぐらいと クレジットカード が入って
います。
겡낑 쥬ー망엥구라이또 구레짓또가ー도가 하잇떼이마스

◆ 카드는 은행에 신고해 주세요.

カードは 銀行に 届けて ください。
가ー도와 깅꼬ー니 도도께떼 구다사이

◆ 카드를 무효화해 주세요.

カードを 無効に して ください。
가ー도오 무꼬ー니 시떼 구다사이

◆ 외출 중에 방에 도둑이 들었어요.

外出中に 部屋を 荒されました。
가이슈쯔 쮸ー니 헤야오 아라사레마시따

◆ 무엇을 도둑맞았어요?

何を 盗まれましたか。
나니오 누스마레마시다까

◆ 집 안에 있는 물건을 몽땅 도둑맞았어요.

家の 中の 物を 根こそぎ 盗まれました。
이에노 나까노 모노오 네꼬소기 누스마레마시따

◆ 경찰에 신고는 하셨습니까?

警察に 届けましたか。
게이사쓰니 도도께마시다까

◆ 아뇨, 아직입니다.

いいえ、まだです。
이-에 마다데스

◆ 도난 신고에 기입해 주세요.

盗難届に ご記入ください。
도-난도도께니 고끼뉴-구다사이

◆ 여보세요. 일본항공입니까?

もしもし、日本航空ですか。

모시모시. 니홍고─꾸─데스까

◆ 인천행을 예약하고 싶은데요.

インチョン行きを 予約したいのですが。

인쪈 유끼오 요야꾸시따이노데스가

◆ 예약은 어디서 할 수 있습니까?

予約は どこで できますか。

요야꾸와 도꼬데 데끼마스까

◆ 내일 비행기는 예약이 됩니까?

明日の 便の 予約は できますか。

아시따노 빈노 요야꾸와 데끼마스까

◆ 죄송합니다만, 내일 비행편은 다 찼습니다.

申し訳ありませんが、明日の 便は 満席です。

모─시와께아리마셍가 아시따노 빙와 만세끼데스

◆ 서울로 가는 비행기 편이 있습니까?

ソウル行きの 飛行機は ありますか。

소우루유끼노 히꼬─끼와 아리마스까

◆ 매일 두 편씩 있습니다.

まいにち　にびん
毎日 二便 あります。

마이니찌 니빙 아리마스

◆ 가능한 한 빠른 편이 좋겠어요.

はや　　びん　ほう
できるだけ 早い 便の 方が いいです。

데끼루다께 하야이 빈노 호－가 이－데스

◆ 예약을 하고 싶습니다.

よやく　　　おも
予約を したいと 思います。

요야꾸오 시따이또 오모이마스

◆ 다음 주 토요일에 떠나고 싶습니다.

らいしゅう　　どようび　　しゅっぱつ　　おも
来週の 土曜日に 出発したいと 思います。

라이슈－노 도요－비니 슛빠쓰시따이또 오모이마스

◆ 죄송합니다만, 좌석이 없습니다.

もう　わけ　　　　　　　　　まんせき
申し訳ございませんが、満席で ございます。

모－시와께고자이마셍가 만세끼데 고자이마스

◆ 다른 항공편은 없나요?

ほか　びん
他の便は ありませんか。

호까노 빙와 아리마셍까

べつ　びん
＝別の便は ありますか。

베쓰노빙와 아리마스까

◆ 예약 대기는 몇 명 정도입니까?

ま　　　　　なんにん
キャンセル待ちは 何人ぐらいですか。

걍세루마찌와 난닝구라이 데스까

◆ 대기자 명단에 올려주세요.

キャンセル待^まちに して ください。

간세루 마찌니 시떼 구다사이

◆ 다음 주 월요일은 어떻습니까?

来週^{らいしゅう}の 月曜日^{げつようび}は いかがですか。

라이슈-노 게쓰요-비와 이까가데스까

◆ 전화로 예약상황을 확인할 수 있습니다.

電話^{でんわ}で 予約状況^{よやくじょうきょう}を ご確認^{かくにん}できます。

뎅와데 요야꾸죠-꾜-오 고가꾸닌데끼마스

◆ 예약확인번호는 AB1234입니다.

予約確認番号^{よやくかくにんばんごう}は AB1234です。

요야꾸 가꾸닌방고-와 에-비-이찌니산용데스

◆ 몇 시까지 수속을 해야 하나요?

何時^{なんじ}まで 手続^{てつづ}きすれば いいですか。

난지마데 데쓰즈끼 스레바 이-데스까

◆ 탑승시간에 늦지 않도록 조심하세요.

搭乗時間^{とうじょうじかん}に 遅^{おく}れないように 気^きをつけて ください。

도-죠-지깐니 오꾸레나이요-니 기오 쓰께떼 구다사이

21 예약확인과 변경

◆ 예약 확인해 주세요.

予約の 確認を お願いします。

요야꾸노 가꾸닝오 오네가이시마스

◆ 항공권과 출발시간을 말씀해 주세요.

航空券と 出発時間を お願いします。

고-꾸-켕또 슛빠쓰지깡오 오네가이시마스

◆ 1월 3일 인천행 AE503편이요.

1月3日 インチョン行き AE503便です。

이찌가쓰 밋까 인쫀유끼 AE503빈데스

◆ 예약이 확인되었습니다.

予約が 確認できました。

요야꾸가 가꾸닌데끼마시다

◆ 네, 감사합니다.

はい、ありがとうございます。

하이　　아리가또-고자이마스

◆ 분명히 예약했는데요.

間違いなく 予約を しています。

마찌가이나꾸 요야꾸오 시떼 이마스

◆ 예약번호를 알려주시겠습니까?

よやくばんごう　おし　　いただ
予約番号を 教えて 頂けますか。
요야꾸방고－오 오시에떼 이따다께마스까

◆ 즉시 확인해 주세요.

さっそく　かくにん
早速 確認して ください。
삿소꾸 가꾸닝시떼 구다사이

◆ 뭔가 착오가 생겼군요.

なに　　　　　　おこ
何か ミスが 起ったようです。
니니까 미스가 오꼿따요－데스

◆ 어떻게 해야 하나요?

どのように すれば いいですか。
도노요－니 스레바 이－데스까

◆ 죄송하지만 한 번 더 확인해 주세요.

もう　わけ　　　　　　　　　いちど　かくにん
申し訳ありませんが、もう 一度 確認ください。
모－시와께아리마셍가 모－ 이찌도 가꾸닝구다사이

◆ 비행기 편을 변경할 수 있습니까?

びん　へんこう　　　ねが
便の 変更を お願いできますか。
빈노－헹꼬－오 오네가이 데끼마스까

ひこうきびん　　　　へんこう
＝飛行機便を 変更できますか。
히꼬－끼빙오 헹꼬－데끼마스까

◆ 언제로 변경하고 싶습니까?

へんこう
いつに 変更されたいですか。
이쓰니 헹꼬－사레따이데스까

◆ 어떻게 변경하고 싶습니까?

どのように ご変更なさいますか。
도노요-니 고헹꼬- 나사이마스까

＝どのように 予約を 変更されますか。
도노요-니 요야꾸오 헹꼬-사레마스까

◆ 출발일을 변경하고 싶습니다.

出発の 日を 変更したいです。
슛빠쓰노 히오 헹꼬-시따이데스

◆ 6일자 같은 시간 편으로 해주세요.

6日の 同じ 時間の 便で お願いします。
무이까노 오나지 지깐노 빈데 오네가이시마스

◆ 예약을 취소하고 싶은데요.

予約を 取り消したいのですが。
요야꾸오 도리께시 따이노데스가

◆ 디른 항공사편을 조사해 주세요.

他の 会社の 便を 調べて ください。
호까노 가이샤노 빙오 시라베떼 구다사이

◆ 빨리 가주세요. 늦었습니다.

急いで ください。遅れて いるんです。

이소이데 구다사이　　　　오꾸레떼 이룬데스

◆ 탑승수속은 어디서 합니까?

搭乗手続きは どこで するのですか。

도−죠−데쓰즈끼와 도꼬데 스루노데스까

◆ 대한항공 카운터가 어디입니까?

大韓航空の カウンターは どこですか。

다이깡고−꾸−노 가운따−와 도꼬데스까

◆ 출국수속을 밟고 싶은데요.

出国手続きを したいですが。

슛꼬꾸 데쓰즈끼오 시따이데스가

◆ 항공권과 여권을 주십시오.

航空券と パスポートを お願いします。

고−꾸−껜 또 빠스포−또오 오네가이시마스

◆ 여기 있습니다.

ここに あります。

고꼬니 아리마스

◆ 창가와 통로 쪽 어느 것으로 하시겠습니까?

窓側と 通路側の どちらに しますか。

마도가와또 쓰-로가와노 도찌라니 시마스까

◆ 창가 자리로 부탁합니다.

窓側の 席を お願いします。

마도가와노 세끼오 오네가이시마스

◆ 친구의 옆 좌석으로 주세요.

友人と 隣り合わせの 席に して ください。

유-진또 도나리아와세노 세끼니 시떼 구다사이

◆ 맡기실 짐은 있으십니까?

お預けになる 荷物は ありますか。

오아즈께니나루 니모쓰와 아리마스까

◆ 맡길 짐은 없습니다.

預ける 荷物は ありません。

아즈께루 니모쓰와 아리마셍

◆ 이것은 기내에 가지고 들어갈 수 있어요?

これは 機内に 持ち込めますか。

고레와 기나이니 모찌꼬메마스까

◆ 이 짐은 규정중량을 초과했습니다.

この 荷物は 規定の 重量を 越えて おります。

고노 니모쓰와 기떼이노 쥬-료-오 고에떼 오리마스

◆ 탑승시간은 언제입니까?

搭乗時間は 何時ですか。

도-죠-지깡와 난지데스까

◆ 2시 35분입니다.

<ruby>2時<rt>にじ</rt></ruby> <ruby>35分<rt>さんじゅうごふん</rt></ruby>です。

니지 산쥬-고훈데스

◆ 출발 30분 전까지 탑승해 주세요.

<ruby>出発<rt>しゅっぱつ</rt></ruby>の <ruby>30分前<rt>さんじっぷんまえ</rt></ruby>までに <ruby>搭乗<rt>とうじょう</rt></ruby>して ください。

슛빠쓰노 산짓뿡마에마데니 도-죠 시떼 구다사이

◆ 알겠습니다. 늦지 않도록 하겠습니다.

<ruby>分<rt>わ</rt></ruby>かりました。<ruby>遅<rt>おく</rt></ruby>れないように します。

와까리마시따   오꾸레나이요-니 시마스

◆ 인천행 탑승게이트 여기인가요?

インチョン<ruby>行<rt>ゆ</rt></ruby>きの <ruby>搭乗<rt>とうじょう</rt></ruby>ゲートは ここですか。

인쫀 유끼노 도-죠-게이또와 고꼬데스까

◆ 13번 게이트에서 탑승하세요.

13ゲートから <ruby>搭乗<rt>とうじょう</rt></ruby>して ください。

13게이또까라 도-죠-시떼 구다사이

◆ 여기 탑승권이 있습니다.

<ruby>搭乗券<rt>とうじょうけん</rt></ruby>は これです。

도-죠-껭와 고레데스

◆ 이 문을 통과해 주세요.

この ドアを <ruby>通<rt>とお</rt></ruby>って ください。

고노 도아오 도옷떼 구다사이

◆ 가방을 컨베이어 위에 올려주세요.

かばんを コンベヤーに <ruby>上<rt>あ</rt></ruby>げて ください。

가방오 콤베야-니 아게떼 구다사이

패턴회화

- ~ 해도 될까요?

～て いいでしょうか。
~떼 이－데쇼－까

◆ 잠깐 말씀드려도 될까요?

ちょっと お話しして いいでしょうか。
（はな）
쫏또 오하나시시떼 아－데쇼－까

- ~ 해 주시겠어요?

～て もらえますか。
~떼 모라에마스까

◆ 대답해 주시겠어요?

答えて もらえますか。
（こた）
고따에떼 모라에마스까

- ~일지도 모른다.

～かも しれない。
~까모 시레나이

◆ 실제로는 그럴지도 모르겠군요

実際には そうかも しれませんね。
（じっさい）
짓사이니와 소－까모 시레마센네

- ~해도 됩니까?

～ても いいですか。
~떼모 이－데스까

◆ 들어가도 됩니까?

入っても いいですか。
（はい）
하잇떼모 이－데스까

- ~로 하겠습니까?

〜に しますか。
~니 시마스까

◆ 언제로 하겠습니까?

いつに しますか。
이쓰니 시마스까

- ~하고 싶다.

〜たい。
~따이

◆ 피자가 먹고 싶습니다.

(た)
ピザが 食べたいです。
삐자가 다베따이데스

- 유감스럽지만~

(ざんねん)
残念ながら〜
잔넨 나가라

◆ 유감스럽지만 안 됩니다.

(ざんねん)
残念ながら だめです。
잔넨 나가라 다메데스

- ~해서는 안 된다.

〜ては いけません。
떼와 이께마셍

◆ 큰소리를 내서는 안 됩니다.

(おお)(こえ)(だ)
大きな 声を 出しては いけません。
오-끼나 고에오 다시떼와 이께마셍

- ~하려고 합니다.

ようと おもいます。
요-또 오모이마스

◆ 운동을 하려고 합니다.

運動を しようと おもいます。
운도-오- 시요-또 오모이마스

- ~으로서

～として
또시떼

◆ 나로서는 믿을 수가 없어요.

私としては 信じられません。
와따시또시떼와 신지라레마셍

- ~대해서

～について
니 쓰이떼

◆ 그것에 대해서 물어봐도 됩니까?

その ことに ついて 聞いても いいですか。
소노 고또니 쓰이떼 기-떼모 이-데스까

- ~부터 ~까지

～から～まで
까라 ~ 마데

◆ 오전 9시부터 오후 5시까지입니다.

午前 9時から 午後 5時までです。
고젱 구지까라 고고 고지마데데스

- ~(라)고는 하나

  ~とはいえ
  또와이에

◆ 아이라고는 하나 예의는 지켜야 한다.

  子供とはいえ 礼儀は 守るべきだ。
  고도모또와이에 레이기와 마모루베끼다

- ~해보면 어떨까요?

  ~て みたら どうですか。
  떼 미따라 도-데스까

◆ 운동을 해보면 어떨까요?

  運動をやって みたら どうですか。
  운도-오 얏떼미따라 도-데스까

- 되도록

  なるべく
  나루베꾸

◆ 되도록 빨리 건네주세요.

  なるべく 早く 渡してください。
  나루베꾸 하야꾸 와따시떼 구다사이

- ~하도록 하다

  ~ように する
  요-니 스루

◆ 가능한 한 출석하도록 하겠습니다.

  できるだけ 出席するように します。
  데끼루다께 슛세끼 스루요-니 시마스

- ~가 있기 때문에

  ～あっての

  앗떼노

◆ 고뇌가 있기에 기쁨이 있다

  苦悩あっての 喜び あり。

  구노- 앗떼노 요로꼬비 아리

- 넌지시, 슬며시

  それとなく

  소레또나꾸

◆ 이번에 만나면 슬며시 물어볼게

  今度 会ったら それとなく 聞いてみるね。

  곤도 앗따라 소레또나꾸 기-떼미루네

- 모처럼

  せっかく

  셋까꾸

◆ 모처럼의 연휴인데

  せっかくの 連休なのに。

  셋까꾸노 렝뀨-나노니

- 제대로 ~못하다

  ろくに ～ない

  로꾸니~나이

◆ 제대로 못잣어

  ろくに 寝てないんだ。

  로꾸니 네떼나인다

- 조금 전, 방금

今し方
이마시가따

◆ 그는 조금 전에 외출했다.

彼は 今し方 出かけた。
가레와 이마시가따 데까께따

- 그렇게 ～일수가 없다

～ったらない
～ 따라나이

◆ 정말 그렇게 바쁠 수가 없어.

そう 忙しいったらないよ。
소- 이소가시잇따라 나이요

- 매우 ～하다

～のなんの
노난노

◆ 그가 갑자기 나타나서 매우 놀랐다.

彼が 急に 現れて 驚いたのなんの。
가레가 규-니 아라와레떼 오도로이따노난노

- ～ 정도

～ぐらい
구라이

◆ 어느 정도 걸립니까?

どれくらい かかりますか。
도레구라이 가까리마스까

- ~ 합시다

  ~ましょう
  마쇼-

◆ 영화를 보러 갑시다.

  映画を 見に 行きましょう。
  에에가오 미니 이끼마쇼-

- ~ 해 주세요

  ~て ください
  ~떼 구다사이

◆ 잠시만 기다려 주세요.

  少々 お待ち ください。
  쇼-쇼 오마찌 구다사이

- ~하면서

  ~ながら
  나가라

◆ 한 잔 하면서 기다릴까요?

  一杯 やりながら 待ちましょうか。
  잇빠이 야리나가라 마찌마쇼-까

- ~하려고 합니다.

  ~うと おもいます。
  오-또 오모이마스

◆ 집에 갔다 오려고 합니다.

  家へ 行って こうと おもいます。
  야에에 잇떼 고-또 오모이마스

- ~하세요.

  ～なさい
  ~나사이

◆ 이제부터 열심히 공부하세요.

  これから 一生懸命 勉強しなさい。
  고레까라 잇쇼-겐메이 벵꾜-시나사이

- ~하자마자

  ～やいなや
  야이나야

◆ 돌아오자마자 먼저 손을 씻어라.

  帰るやいなや 先に 手を 洗いなさい。
  가에루야이나야 사끼니 데오 아라이나사이

- ~뿐만 아니라

  ～ばかりでなく
  바까리데나꾸

◆ 그녀는 착할 뿐 아니리 예쁩니다.

  彼女は やさしい ばかりでなく きれいです。
  가노죠와 야사시- 바까리데나꾸 기레이데스

- ~해줘서 고마워요.

  ～て くれて ありがとう
  ~떼 구레떼 아리가또-

◆ 격려해 줘서 고마워요.

  励まして くれて ありがとう。
  하게마시떼 구레떼 아리가또-

- 어쩌면

ひょっとすると

횻또스루또

◆ 어쩌면 그럴 거야.

ひょっとするとね。

횻또스루또네

- 등, 따위

～なんて

난떼

◆ 변명 따위는 듣기 싫어.

言い訳 なんて 聞きたく ないわ。

이-와께난떼 기끼따꾸 나이와

- ～씩

～ずつ

～즈쓰

◆ 한 장씩 나눠 주세요.

一枚ずつ 配って ください。

이찌마이즈쓰 구밧떼 구다사이

- ～을(를)위해서

～の ために

노 다메니

◆ 건강을 위해서 근육을 단련하자.

健康の ために 筋肉を 鍛えよう。

겡꼬-노 다메니 긴니꾸오 기따에요-.

- ~하지 않도록

  ~ないように
  나이요-니

◆ 목욕 후 한기 안 들도록 해.

  湯冷めしないようにね。
  유자메시나이요-니네

- ~한 채로

  ~たまま
  따마마

◆ 창문을 열어 둔 채로 자버렸습니다.

  窓を 開けたまま 寝て しまいました。
  마도오 아께따마마 네떼 시마이 마시따

- ~어떻게 ~하면 됩니까?

  ~どうやって~たら いいですか
  도-얏떼-따라 이-데스까

◆ 이건 어떻데 먹으면 됩니까?

  これは どうやって 食べたら いいですか。
  고레와 도-얏떼 다베따라 이-데스까

- ~순식간에

  ~あっと いう 間に
  앗또유-마니

◆ 여름방학은 눈 깜짝 사이에 지나갔다.

  夏休みは あっと いう 間に過ぎた。
  나쓰야스미와 앗또 유-마니 스기따

- ~해 주시겠습니까?

  ~て いただけますか
  떼 이따다께마스까

◆ 서둘러 주시겠습니까?

  急いで いただけますか
  이소이데 이따다께마스까

- ~하면 좋을까요?

  ~たら いいでしょうか
  따라 이-데쇼-까

◆ 어떻게 하면 좋을까요?

  どうしたら いいでしょうか。
  도-시따라 이-데쇼-까

- ~하지 않도록

  ~ないように
  나이요-니

◆ 늦지 않도록 조심하세요.

  遅れないように 気を つけて ください。
  오꾸레나이요-니 기오 쓰께떼 구다사이

- ~할 때마다

  ~度に
  다비니

◆ 한 자 초과할 때마다 얼마나 늘어납니까?

  超過 一語度に いくら 増しに なりますか。
  죠-까 이찌고 다비니 이꾸라 마시니 나라마스까

558

- ~할까요?

  ~ましょうか

  마쇼–까

◆ 오늘밤 식사는 어디서 할까요?

  今夜の 食事は どこで しましょうか。

  공야노 쇼꾸지와 도꼬데 시마쇼–까

- ~비교해서

  ~に くらべて

  니 구라베떼

◆ 올겨울은 작년에 비해서 춥지 않습니다.

  今年の 冬は 去年に くらべて 寒くありません。

  고또시노 후유와 교넨니 구라베떼 사무꾸 아리마셍

- ~하는게 좋다

  ~た ほうが いい

  따 호–가 이–

◆ 서두르는 게 좋겠어.

  急いだ ほうが いいわよ。

  이소이다 호–가 이–와요

- ~하면 ~할수록

  ~ば～ほど

  바~호도

◆ 들으면 들을수록 진절머리가 나요

  聞けば 聞くほど うんざりするよ。

  기께바 기꾸호도 운자리스루요

· ~하는 게

~たら
~따라

◆ 좀 쉬는 게 어때요?

少し 休んだら どうです？
스꼬시 야슨다라 도-데스

히라가나

히라가나

	あ段	い段	う段	え段	お段
あ行	あ 아 [a]	い 이 [i]	う 우 [u]	え 에 [e]	お 오 [o]
か行	か 카 [ka]	き 키 [ki]	く 쿠 [ku]	け 케 [ke]	こ 코 [ko]
さ行	さ 사 [sa]	し 시 [si]	す 스 [su]	せ 세 [se]	そ 소 [so]
た行	た 타 [ta]	ち 치 [ti]	つ 츠 [tu]	て 테 [te]	と 토 [to]
な行	な 나 [na]	に 니 [ni]	ぬ 누 [nu]	ね 네 [ne]	の 노 [no]
は行	は 하 [ha]	ひ 히 [hi]	ふ 후 [hu]	へ 헤 [he]	ほ 호 [ho]
ま行	ま 마 [ma]	み 미 [mi]	む 무 [mu]	め 메 [me]	も 모 [mo]
や行	や 야 [ya]		ゆ 유 [yu]		よ 요 [yo]
ら行	ら 라 [ra]	り 리 [ri]	る 루 [ru]	れ 레 [re]	ろ 로 [ro]
わ行	わ 와 [wa]				を 오 [wo]
ん行	ん 응 [ŋ]				

가타카나

	ア段	イ段	ウ段	エ段	オ段
ア行	ア 아 [a]	イ 이 [i]	ウ 우 [u]	エ 에 [e]	オ 오 [o]
カ行	カ 카 [ka]	キ 키 [ki]	ク 쿠 [ku]	ケ 케 [ke]	コ 코 [ko]
サ行	サ 사 [sa]	シ 시 [si]	ス 스 [su]	セ 세 [se]	ソ 소 [so]
タ行	タ 타 [ta]	チ 치 [ti]	ツ 츠 [tu]	テ 테 [te]	ト 토 [to]
ナ行	ナ 나 [na]	ニ 니 [ni]	ヌ 누 [nu]	ネ 네 [ne]	ノ 노 [no]
ハ行	ハ 하 [ha]	ヒ 히 [hi]	フ 후 [hu]	ヘ 헤 [he]	ホ 호 [ho]
マ行	マ 마 [ma]	ミ 미 [mi]	ム 무 [mu]	メ 메 [me]	モ 모 [mo]
ヤ行	ヤ 야 [ya]		ユ 유 [yu]		ヨ 요 [yo]
ラ行	ラ 라 [ra]	リ 리 [ri]	ル 루 [ru]	レ 레 [re]	ロ 로 [ro]
ワ行	ワ 와 [wa]				ヲ 오 [wo]
ン行	ン 응 [ŋ]				

일본어 문자와 발음

일본어 문자는 특이하게 한자(漢字)와 히라가나(ひらがな), 가타카나(カタカナ)를 병행하여 사용하고 있으며, 히라가나와 가타카나를 합쳐서 가나(かな) 문자라 한다. 또한 중국의 한자에 뿌리를 둔 표음문자이다.

※ 히라가나(ひらがな)

일본 문장을 표기할 때 일반적으로 가끔 많이 쓰이는 기본문자로 이해하기 쉽도록 한자를 사용하기도 한다. 히라가나를 모르면 일본어는 읽을 수도, 쓸 수도 없다.

※ 가타카나(カタカナ)

한자의 일부분을 따거나 획을 간단히 한 문자로 헤이안(9세기 경) 시대부터 스님들이 불경강독을 들을 때 그 발음을 표기하기 위하여 쓰여진 문자로 외래어, 전보문, 의성어 등 어려운 한자로 표기해야 할 동식물의 명칭이나 특별히 주의를 환기시킬 때 주로 쓰인다.

※ 일본 한자(漢字)

일본 한자는 일반 국민을 위한 사용의 기준으로 내각고시로 내정된 상용한자(常用漢字) 1945자를 사용하고 있다.

한자의 읽기는 음독(音読)과 훈독(訓読)이 있으며, 우리와는 달리 읽는 방법이 다양하다. 또한 일본식 약자를 사용하기 때문에 우리가 쓰는 정자(正字)로 쓰면 안 된다.

※ 오십음도(五十音図)

  히라가나와 가타카나를 합쳐서 가나(かな)라고 한다.

  이것들을 일정한 순서로 다섯 개씩 10행으로 배열한 것을 오십음도라고
한다.

  표를 가로로 보는 것을 행이라 하고, 행은 자음에 의해 나누어지는 것이
고, 표를 세로로 보는 것을 단이라, 하고 단은 모음에 의해 분류되는 것이
다.

일본어의 발음

일본 한자를 읽을 때는 우리말처럼 음으로만 읽지 않고 음독과 훈독을 섞어서 읽는 방법이 있다.

1. **음독**: 중국문자인 한자를 발음 그대로 따라 일본어 발음으로 읽는 방법이다.

2. **훈독**: 한자의 뜻을 새겨서 일본어 발음으로 읽는 것이다.

   또한 1자당 한 가지로만 읽는 것이 아니라, 여러 가지로 읽을 수가 있다.

3. **음과 훈을 섞어서 읽을 때**

   한자 두 글자로 되어있는 단어를 읽을 때는 첫 글자는 음독, 뒤의 글자는 훈독으로 읽는 경우와, 반대로 첫 글자는 훈독, 뒤의 글자는 음독으로 섞어 읽는 방법이 있다.

4. 일본어 억양의 특징은 반드시 단어의 첫번째 음절과 두 번째 음절의 높낮이가 다르다는 것이다. 즉, 높은 소리로 시작하면 그 다음 소리는 반드시 억양이 떨어지고, 낮은 소리로 시작하면 그 다음 소리는 반드시 높여야 한다.

   그리고 한 번 떨어진 억양은 같은 단어 안에서는 다시 올라가는 일이 없다.

5. **띄어쓰기** : 일본어로 서예의 한문문장처럼 우측에서 좌측으로 내려쓰기가 원칙이다.

   문장을 붙여 쓰고 있으며 적절하게 쉼표나 마침표 등을 넣는다.

또는 느낌표나 물음표 등도 원칙적으로 표기하지 않으며, 전후 문맥을 통하여 의미가 구분되고 쓰임에 따라 한자 읽기 방법도 결정된다.

1. 청음(淸音)

오십음도에서 ん을 제외한 각 음절의 가나에 탁점을 붙이지 않는 글자로 밝은 소리가 나는 음으로서 모음, 반모음, 자음이 있다.

1) あ행은 우리말의 [아, 이, 우, 에, 오]와 거의 같은 발음이고 う는 [우]와 [으]의 중간발음으로 입술을 자연스러운 상태에서 발음한다.

あ	い	う	え	お
ア	イ	ウ	エ	オ
아 [a]	이 [i]	우 [u]	에 [e]	오 [o]

2) か행은 [ㄱ]과 [ㅋ]의 중간발음으로 단어의 첫머리에 올 때는 [가, 기, 구, 게, 고]와 비슷하고, 단어의 중간이나 끝에 올 때는 [까, 끼, 꾸, 께, 꼬]로 발음한다.

か	き	く	け	こ
カ	キ	ク	ケ	コ
카 [ka]	키 [ki]	쿠 [ku]	케 [ke]	코 [ko]

3) さ행은 우리말의 [사, 시, 스, 세, 소]와 발음이 같다.

し의 발음은 [쉬]에 가까운 [시]로 발음하고, す는 [수]와 [스]의 중간음으로 [스]에 가깝게 발음한다.

さ	し	す	せ	そ
サ	シ	ス	セ	ソ
사 [sa]	시 [si]	스 [su]	세 [se]	소 [so]

4) た행의 た, て, と는 [ㄷ]과 [ㅌ]의 중간발음으로 단어의 첫머리에 올 때도 [다, 데, 도]로 발음하고 중간이나 끝에 올 때는 [따, 떼, 또]

로 발음한다.

  "ち"는 [치]에 가까운 발음이지만, 두 번째 음절에 오면 [찌]로 발음하고 "つ"는 [쯔]와 [츠]의 중간음으로 [쓰]에 가깝게 발음한다.

た	ち	つ	て	と
タ	チ	ツ	テ	ト
타 [ta]	치 [chi]	츠 [tsu]	테 [te]	토 [to]

5) な행의 발음은 [나, 니, 누, 네, 노]라고 발음한다.

な	に	ぬ	ね	の
ナ	ニ	ヌ	ネ	ノ
나 [na]	니 [ni]	누 [nu]	네 [ne]	노 [no]

6) は행의 발음은 우리말의 [ㅎ]음과 발음이 거의 같다. ふ는 [후]와 [흐]의 중간음으로 자연스러운 상태에서 발음한다.

は	ひ	ふ	へ	ほ
ハ	ヒ	フ	ヘ	ホ
하 [ha]	히 [hi]	후 [hu]	헤 [he]	호 [ho]

7) "ま"행의 발음은 우리말의 [마, 미, 무, 메, 모]와 같다.

ま	み	む	め	も
マ	ミ	ム	メ	モ
마 [ma]	미 [mi]	무 [mu]	메 [me]	모 [mo]

8) や행의 발음은 우리말의 [야, 유, 요]와 발음이 같고 반모음으로 쓰인다.

や		ゆ		よ
ヤ		ユ		ヨ
야 [ya]		유 [yu]		요 [yo]

9) "ら"행의 발음은 우리말의 [ㄹ]과 거의 같다. [라, 리, 루, 레, 로]로 발음한다.

ら	り	る	れ	ろ
ラ	リ	ル	レ	ロ
라 [ra]	리 [ri]	루 [ru]	레 [re]	로 [ro]

10) "わ"행의 발음은 우리말의 [와, 오]와 발음이 같다.

단 を는 あ행의 お와 발음이 같지만, 단어에는 쓰이지 않고 우리말의 [-을, -를]처럼 조사로만 쓰인다.

わ		ん		を
ワ		ン		ヲ
와 [wa]		응 [n,m,ng]		오 [wo]

2. 탁음(濁音)

か, さ, た, は행의 오른쪽 윗부분에 「゛」를 붙인 음으로 청음에 비해 탁한 소리로 말한다.

がガ	ぎギ	ぐグ	げゲ	ごゴ
가 [ga]	기 [gi]	구 [gu]	게 [ge]	고 [go]
ざザ	じジ	ずズ	ぜゼ	ぞゾ
자 [za]	지 [ji]	즈 [zu]	제 [ze]	조 [zo]
だダ	ぢヂ	づツ	でデ	どド
다 [da]	지 [ji]	즈 [zu]	데 [de]	도 [do]
ばバ	びビ	ぶブ	べベ	ぼボ
바 [ba]	비 [bi]	부 [bu]	베 [be]	보 [bo]

3. 반탁음(半濁音)

は행의 오른쪽 위에 반탁점 「°」을 찍은 음으로 ぱ, ぴ, ぷ, ぺ, ぽ가 단어 첫머리에 오면 [ㅍ]음이 되지만, 단어 중간이나 끝에 올 때는 [ㅃ]발음이 된다.

단, 의성어나 외래어 등에 쓰일 때는 첫머리나 중간, 끝에 와도 [ㅃ]

음으로 소리 난다.

ぱ パ	ぴ ピ	ぷ プ	ぺ ペ	ぽ ポ
파 [pa]	피 [pi]	푸 [pu]	페 [pe]	포 [po]

4.요음(拗音)

い단음인 き, し, ち, に, ひ, み, り, ぎ, じ, ぢ, び, ぴ 뒤에 반모음인 「や, ゆ, よ」를 작게 표기하여 한 음절로 발음하고, 복합음으로 우리말의 [ㅑ, ㅠ, ㅛ]와 같은 역할로 한자 어휘나 외래어에 주로 쓰인다.

요음을 발음할 때는 장음이 되지 않게 짧게 끊어서 발음해야 한다.

ひらがな(히라가나)			カタカナ(가타카나)		
きゃ	きゅ	きょ	キャ	キュ	キョ
캬 [kya]	큐 [kyu]	쿄 [kyo]	캬 [kya]	큐 [kyu]	쿄 [kyo]
しゃ	しゅ	しょ	シャ	シュ	ショ
샤 [sya]	슈 [syu]	쇼 [syo]	샤 [sya]	슈 [syu]	쇼 [syo]
ちゃ	ちゅ	ちょ	チャ	チュ	チョ
챠 [cya]	츄 [chu]	쵸 [cyo]	챠 [cya]	츄 [chu]	쵸 [cyo]
にゃ	にゅ	にょ	ニャ	ニュ	ニョ
냐 [nya]	뉴 [nyu]	뇨 [nyo]	냐 [nya]	뉴 [nyu]	뇨 [nyo]
ひゃ	ひゅ	ひょ	ヒャ	ヒュ	ヒョ
햐 [hya]	휴 [hyu]	효 [hyo]	햐 [hya]	휴 [hyu]	효 [hyo]
みゃ	みゅ	みょ	ミャ	ミュ	ミョ
먀 [mya]	뮤 [myu]	묘 [myo]	먀 [mya]	뮤 [myu]	묘 [myo]
りゃ	りゅ	りょ	リャ	リュ	リョ
랴 [rya]	류 [ryu]	료 [ryo]	랴 [rya]	류 [ryu]	료 [ryo]
ぎゃ	ぎゅ	ぎょ	ギャ	ギュ	ギョ
갸 [gya]	규 [gyu]	교 [gyo]	갸 [gya]	규 [gyu]	교 [gyo]
じゃ	じゅ	じょ	ジャ	ジュ	ジョ
쟈 [zya]	쥬 [zyu]	죠 [zyo]	쟈 [zya]	쥬 [zyu]	죠 [zyo]

びゃ	びゅ	びょ	ビャ	ビュ	ビョ
뱌 [bya]	뷰 [byu]	뵤 [byo]	뱌 [bya]	뷰 [byu]	뵤 [byo]
ぴゃ	ぴゅ	ぴょ	ピャ	ピュ	ピョ
퍄 [pya]	퓨 [pyu]	표 [pyo]	퍄 [pya]	퓨 [pyu]	표 [pyo]

5. 발음(撥音)

발음 「ん」은 단어의 첫머리에 올 수 없으며, 비음(鼻音)으로 다른 글자 밑에서 받침으로 사용하며, 음절의 길이를 갖는 것이 특징이다. ん도 다음에 오는 글자에 따라 ㄴ, ㅁ, ㅇ 로 발음한다.

① ㄴ(n) 으로 발음하는 경우

「さ, ざ, た, だ, な, ら」행의 글자 앞에서는 「ㄴ」으로 발음한다.

かんし	なんじ	はんたい	こんにち
칸시	난지	한따이	곤니찌

② ㅁ(m) 으로 발음하는 경우

ま, ば, ぱ행의 글자 앞에 올 때에는 「ㅁ」으로 발음한다.

あんま	けんぶつ	てんぷら	きんむ
암마	겜부쯔	뎀뿌라	김무

③ ㅇ(ng) 으로 발음되는 경우

「か, が, あ, や, わ」행의 글자 앞에서는 「ㅇ」으로 발음한다.

또한 단어의 끝에서도 「ㅇ」으로 발음한다.

れんあい	えんき	ほんや	にほん
렝아이	엥끼	홍야	니홍

っ를 っ 처럼 작은 글자로 표기해서 받침으로만 쓰인다. 막힌 소리로
하나의 음절을 갖고 있으며, 뒤에 오는 글자에 따라 ㄱ, ㅅ, ㄷ, ㅂ 등
으로 발음한다.

① ㄱ(k)으로 발음하는 경우

か행의 글자 앞에서는「ㄱ」으로 발음한다.

けっか	そっくリ
객까	속꾸리

② ㅅ(s)으로 발음하는 경우

さ행의 글자 앞에서는 「ㅅ」으로 발음한다.

ざっし	いっさつ
잣시	잇사쯔

③ ㄷ(t) 으로 발음하는 경우

た행의 글자 앞에서는 「ㄷ」으로 발음한다.

まったく	きって
맏따꾸	긷떼

④ ㅂ(p) 으로 발음하는 경우

ば行의 글자 앞에서는「ㅂ」으로 발음한다.

きっぷ	しっぱい
깁뿌	십빠이

7. 장음(長音)

장음이란 모음이 중복될 때 앞의 발음을 길게 발음하는 것을 말하며,
장음에 쓰이는 글자는 あ, い, う, え, お의 다섯 글자이다.

음의 장단에 따라 그 의미가 달라지는 경우가 있으므로 주의해야 한다.

가타카나에서는 장음 부호로「 ─ 」로 표기한다.

① あ단 글자 다음에 모음 あ를 덧붙여 쓸 때

おぼあさん	おかあさん	うわあ
오바─상	오까─상	우와─

② い단 글자 다음에 모음 い를 덧붙여 쓸 때

おじいさん	おにいさん	おそろしい
오지─상	오니─상	오소로시─

③ う단 글자 다음에 모음 う를 덧붙여 쓸 때

しゅうい	くうき	ふうふ
슈─이	구─끼	후─후

④ え단 글자 다음에 모음 え나 い를 덧붙여 쓸 때

おねえさん	えいが	けいぎい
오네─상	에─가	게─자이

⑤ お단 글자 다음에 모음 お나 う를 덧붙여 쓸 때

おとうさん	こおり	とおい
오또─상	고─리	도─이

단 어

1월	一月	이찌가쯔
2월	二月	니가쯔
3월	三月	상가쯔
4월	四月	시가쯔
5월	五月	고가쯔
6월	六月	로꾸가쯔
7월	七月	시찌가쯔
8월	八月	하찌가쯔
9월	九月	구가쯔
10월	十月	쥬-가쯔
11월	十一月	쥬-이찌가즈
12월	十二月	쥬-니가쯔
몇월	何月	낭가쯔

일요일	日曜日	니찌요-비
월요일	月曜日	게쓰요-비
화요일	火曜日	가요-비
수요일	水曜日	스이요-비
목요일	木曜日	모꾸요-비
금요일	金曜日	깅요-비

| 토요일 | 土曜日 | 도요-비 |
| 주말 | 週末 | 슈-마쓰 |

일(日)

1일	一日(ついたち)	쓰이따찌
2일	二日(ふつか)	후쓰까
3일	三日(みっか)	믹까
4일	四日(よっか)	욕까
5일	五日(いつか)	이쓰까
6일	六日(むいか)	무이까
7일	七日(なのか)	나노까
8일	八日(ようか)	요-까
9일	九日(ここのか)	고꼬노까
10일	十日(とうか)	도-까
11일	十一日(じゅういちにち)	쥬-이찌니찌
12일	十二日(じゅうににち)	쥬-니찌
13일	十三日(じゅうさんにち)	쥬-산니찌
14일	十四日(じゅうよんにち)	쥬-욘니찌
15일	十五日(じゅうごにち)	쥬-고니찌
16일	十六日(じゅうろくにち)	쥬-로꾸니찌
17일	十七日(じゅうしちにち)	쥬-시찌니찌
18일	十八日(じゅうはちにち)	쥬-하찌니찌

19일	十九日(じゅうくにち)	쥬-구니찌
20일	二十日(はつか)	하쯔까
21일	二十一日(にじゅういちにち)	니쥬-이찌니찌
25일	二十五日(にじゅうごにち)	니쥬-고니찌
30일	三十日(さんじゅうにち)	산쥬-니찌
며칠	何日(なんにち)	난니찌

숫자

1	一(いち)	이찌
2	二(に)	니
3	三(さん)	상
4	四(し、よん)	시, 욘
5	五(ご)	고
6	六(ろく)	로꾸
7	七(しち)、七(なな)	시찌, 나나
8	八(はち)	하찌
9	九(きゅう、く)	규-, 구
10	十(じゅう)	쥬-
11	十一(じゅういち)	쥬-이찌
20	二十(にじゅう)	니쥬-
30	三十(さんじゅう)	산쥬-
40	四十(よんじゅう)	욘쥬-

50	五十(ごじゅう)	고쥬-
60	六十(ろくじゅう)	로꾸쥬-
70	七十(ななじゅう)、	나나쥬-,
	七十(しちじゅう)	시찌쥬-
80	八十(はちじゅう)	하찌쥬-
90	九十(きゅうじゅう)	규-쥬
100	百(ひゃく)	햐꾸
1000	千(せん)、いっせん	센, 잇센
10000	一万(いちまん)	이찌망

〈고유어 숫자〉

한 개	一つ(ひとつ)	히또쯔
두 개	二つ(ふたつ)	후따쯔
세 개	三つ(みっつ)	밋쯔
네 개	四つ(よっつ)	욧쯔
다섯 개	五つ(いつつ)	이쯔쯔
여섯 개	六つ(むっつ)	뭇쯔
일곱 개	七つ(ななつ)	나나쯔
여덟 개	八つ(やっつ)	얏쯔
아홉 개	九つ(ここのつ)	고코노쯔
열 개	十(とお)	도-
몇 개	いくつ	이꾸쯔

위	上(うえ)	우에
가운데	中(なか)	나까
아래	下(した)	시따
왼쪽	左(ひだり)	히다리
오른쪽	右(みぎ)	미기
동쪽	東(ひがし)	히가시
서쪽	西(にし)	니시
남쪽	南(みなみ)	미나미
북쪽	北(きた)	기따
앞	前(まえ)	마에
뒤	後(うし)ろ	우시로
옆·가로	横(よこ)	요꼬

하루의 시간

아침	朝(あさ)	아사
낮	昼(ひる)	히루
저녁	夕方(ゆうがた)	유－가따
새벽	明(あ)け方(がた)	아께가따
오전	午前(ごぜん)	고젠
정오	正午(しょうご)	쇼－고
오후	午後(ごご)	고고

밤	夜(よる)	요루
오늘	今日(きょう)	교-
내일	明日(あした, あす)	아시따, 아스
어제	昨日(きのう)	기노-
하루 종일	一日中(いちにちじゅう)	이찌니찌쥬-
반나절	半日(はんにち)	한니찌
밤중	夜中(よなか)	요나까
시간	時間(じかん)	지깡
몇 시	何時(なんじ)	난지
오늘아침	今朝(けさ)	게사
오늘밤	今夜(こんや)	공야

지시대명사

이것	これ	고레
그것	それ	소레
저것	あれ	아레
여기	ここ	고꼬
거기	そこ	소꼬
어느 것	どれ	도레
저기	あそこ	아소꼬
어디	どこ	도꼬
이쪽	こちら	고찌라

그쪽	そちら	소찌라
저쪽	あちら	아찌라
어느 쪽	どちら	도찌라
이 분	この方(かた)	고노가따
그 분	その方(かた)	소노가따
저 분	あの方(かた)	아노가따
어느 분	どの方(かた)	도노가따

계절

봄	春(はる)	하루
여름	夏(なつ)	나쯔
가을	秋(あき)	아끼
겨울	冬(ふゆ)	후유

시간표현

1시	いちじ	이찌지
2시	にじ	니지
3시	さんじ	산지
4시	よじ	요지
5시	ごじ	고지
6시	ろくじ	로꾸지
7시	しちじ	시찌지

8시	はちじ	하찌지
9시	くじ	구지
10시	じゅうじ	쥬―지
11시	じゅういちじ	쥬―이찌지
12시	じゅうにじ	쥬―니지
1분	いっぷん	입뿡
2분	にふん	니훙
3분	さんぷん	삼뿡
4분	よんふん	욘훙
5분	ごふん	고훙
6분	ろくふん	로꾸훙
7분	ななふん	나나훙
8분	はちふん	하찌훙
9분	きゅうふん	규―훙
10분	じっぷん	짓뿡
20분	にじっぷん	니짓뿡
몇 시	何時(なんじ)	난지
7시 15분	7時(しちじ)15分(じゅうごふん)	시찌지 쥬―고훙

가족관계

아버지	お父^{とう}さん	오또―상

어머니	お母さん （かあ）	오까-상
할아버지	お祖父さん （じい）	오지-상
할머니	お祖母さん （ばあ）	오바-상
삼촌	叔父さん （おじ）	오지상
고모	叔母さん （おば）	오바상
형	お兄さん （にい）	오니-상
누나	お姉さん （ねえ）	오네-상
여동생	妹 （いもうと）	이모-또
남동생	弟 （おとうと）	오도-또
남편	主人 （しゅじん）	슈징
아내	妻 （つま）	쓰마
가족	家族 （かぞく）	가조꾸

쇼핑과 관련된 단어

가격	値段(ねだん)	네당
꽉 끼다	きつすぎ	기쯔스기
구두	靴(くつ)	구쓰

나들이복	晴(は)れ着(ぎ)	하레기
거스름돈	おつり	오쓰리
넥타이	ネクタイ	네꾸따이
겉 옷, 상의	上着(うわぎ)	우와기
면세점	免税店(めんぜいてん)	멘제이뗑
바지	ズボン	즈봉
백화점	デパート	데빠-또
사이즈	サイズ	사이즈
상가	商店街(しょうてんがい)	쇼-뗑가이
상점	商店(しょうてん)	쇼-뗑
상품	商品(しょうひん)	쇼-힝
슈퍼마켓	スーパー	스-빠
샌들	サンダル	산다루
세일 중	セール中(ちゅう)	세-루쮸-
쇼핑센터	ショッピングセンター	숍핑구센따-
손수건	ハンカチ	항까찌
속옷	下着(したぎ)	시따기
신발가게	靴屋(くつや)	구쯔야
신사복	紳士服(しんしふく)	신시후꾸
시장	市場(いちば)	이찌바
셔츠	シャツ	샤츠
스커트	スカート	스까-또

아동복	子供服(こどもふく)	고도모후꾸
여성복	婦人服(ふじんふく)	후징후꾸
어울리다	似合(にあ)う	니아우
와이셔츠	ワイシャツ	와이샤쓰
양말	靴下(くつした)	구쓰시따
양복	洋服(ようふく)	요-후꾸
옷	服(ふく)	후꾸
잠옷	寝巻(ねま)き	네마끼
작다	小(ちい)さい	지-사이
크다	大(おお)きい	오-끼-
재킷	ジャケット	쟈켓또
청바지	ジーパン	지-팡
탈의실	試着室(しちゃくしつ)	시챠꾸시쓰
코트	コート	고-또
포장마차	屋台(やたい)	야타이
할인	割引き(わりびき)	와리비끼
편의점	コンビニ	곤비니
블라우스	ブラウス	부라우스
딱 맞다	ぴったり	삣따리

전화

| 공중전화 | 公衆電話(こうしゅうでんわ) | 고-슈-뎅와 |

교환	交換(こうかん)	고-깡
국제전화	国際電話(こくさいでんわ)	고꾸사이뎅와
다이얼	ダイヤル	다이야루
동전	コイン	코인
무선전화	無線電話(むせんでんわ)	무센뎅와
수화기	受話器(じゅわき)	쥬와끼
시내전화	市内電話(しないでんわ)	시나이뎅와
시외전화	市外電話(しがいでんわ)	시가이뎅와
전화번호	電話番号(でんわばんごう)	뎅와방고-
전화번호부	電話番号帳(でんわばんごうちょう)	뎅와방고-쬬-
전화 부스	電話(でんわ)ブース	뎅와브-스
전화 걸다	電話(でんわ)を 掛(か)ける	뎅와오 가께르
전화 받다	電話(でんわ)に 出(で)る	뎅와니 데루
전화 끊다	電話(でんわ)を 切(き)る	뎅와오 기루
전화카드	テレフォンカード	데레혼 가-도
자동응답전화	留守番電話(るすばんでんわ)	루스반뎅와
지역번호	地域番号(ちいきばんごう)	지이끼방고-
통화	通話(つうわ)	쓰-와
구내전화	構内電話(こうないでんわ)	고-나이뎅와
핸드폰	携帯(けいたい)	게이따이

간장	醤油(しょうゆ)	쇼-유
고기	肉(にく)	니꾸
김밥	のりまき	노리마끼
김치	キムチ	기무찌
나이프	ナイフ	나이후
달다	あまい	아마이
닭고기	鶏肉(とりにく)	도리니꾸
돼지고기	豚肉(ぶたにく)	부따니꾸
라면	ラーメン	라-멘
마시다	飲(の)む	노무
맛있다	おいしい	오이시-
먹다	食(た)べる	다베르
맵다	辛(から)い	가라이
메뉴	メニュー	메뉴-
밥	ご飯(はん)	고항
생선	魚(さかな)	사까나
설탕	砂糖(さとう)	사또-
쇠고기	牛肉(ぎゅうにく)	규-니꾸
소금	塩(しお)	시오
식당	食堂(しょくどう)	쇼꾸도-
식초	酢(す)	스

시다	すっぱい	슷빠이
양념	調味料(ちょうみりょう)	죠-미료-
야채	野菜(やさい)	야사이
음료	飲(の)み物(もの)	노미모노
음식	食(た)べ物(もの)	다베모노
음식점	レストラン	레스또랑
요리	料理(りょうり)	료-리
우동	うどん	우동
일식	和食(わしょく)	와쇼꾸
정식	定食(ていしょく)	데이쇼꾸
초밥	寿司(すし)	스시
튀기다	揚(あ)げる	아게루
튀김	天(てん)ぷら	덴뿌라
포크	フォーク	호-꾸
싱겁다	水(みず)っぽい	미즛뽀이
맛없다	まずい	마즈이

병원

건강	元気(げんき)	겡끼
간호사	看護婦(かんごふ)	강고후
구급차	救急車(きゅうきゅうしゃ)	규-뀨-샤
내과	内科(ないか)	나이까

병원	病院(びょういん)	뵤-잉
보험증	保険証(ほけんしょう)	호껜쇼-
부상	負傷(ふしょう)	후쇼-
부인과	婦人科(ふじんか)	후징까
부작용	副作用(ふくさよう)	후꾸사요-
수술	手術(しゅじゅつ)	슈쥬쯔
소아과	小児科(しょうにか)	쇼-니까
안과	眼科(がんか)	강까
의사	医者(いしゃ)	이샤
외과	外科(げか)	게까
이비인후과	耳鼻咽喉科(じびいんこうか)	지비인고-까
입원	入院(にゅういん)	뉴-잉
응급치료	応急手当て(おうきゅうてあて)	오-뀨-데아떼
전문의	専門医(せんもんい)	센몽이
주사	注射(ちゅうしゃ)	쥬-샤
종합병원	総合病院(そうごうびょういん)	소-고-뵤-잉
진료소	診療所(しんりょうしょ)	신료-쇼
증상	症状(しょうじょう)	쇼-죠-
진단서	診断書(しんだんしょ)	신단쇼
진찰실	診察室(しんさつしつ)	신사쯔시쯔
정형외과	整形外科(せいけいげか)	세이께이-게까
처방전	処方箋(しょほうせん)	쇼호-셍

치과	歯科(しか)	시까
피부과	皮膚科(ひふか)	히후까
혈액검사	血液検査(けつえきけんさ)	게쯔에끼겐사

증상

가렵다	かゆい	가유이
골절	骨折(こっせつ)	곳세쯔
구토	吐(は)き気(け)	하끼께
귀가 아프다	耳(みみ)が 痛(いた)い	미미가 이따이
기침	せき	세끼
당뇨병	糖尿病(とうにょうびょう)	도－뇨－뵤－
따끔따끔하다	ひりひりする	히리히리스루
두드러기	じんましん	진마싱
두통	頭痛(ずつう)	즈쯔－
목이 아프다	喉(のど)が 痛(いた)い	노도가 이따이
무좀	水虫(みずむし)	미즈무시
변비	便秘(べんぴ)	벤삐
복통	腹痛(ふくつう)	후꾸쯔－
불면증	不眠症(ふみんしょう)	후민쇼－
설사	下痢(げり)	게리
식중독	食中毒(しょくちゅうどく)	쇼꾸쥬－도꾸
심장병	心臓病(しんぞうびょう)	신조－뵤－

아프다	いたい	이따이
암	癌(がん)	강
열	熱(ねつ)	네쯔
영양실조	栄養失調(えいようしっちょう)	에이요-싯쬬-
유행성독감	インフルエンザ	인후루엔쟈
이가 아프다	歯(は)が 痛(いた)い	하가 이따이
전염병	伝染病(でんせんびょう)	덴센뵤-
천식	喘息(ぜんそく)	젠소꾸
충치	虫歯(むしば)	무시바
타박상	打撲傷(だぼくしょう)	다보꾸쇼-
폐렴	肺炎(はいえん)	하이엥
화상	やけど	야께도
현기증	めまい	메마이

은행

계좌이체	口座(こうざ)引(ひ)き落(お)とし	고-자히끼오또시
계좌번호	口座番号(こうざばんごう)	고-자방고-
담보	担保(たんぽ)	단뽀
대출	貸付(かしつけ)	가시쓰께
당좌예금	当座預金(とうざよきん)	도-자요낑
보통예금	普通預金(ふつうよきん)	후쯔-요낑
비밀번호	パスワード	빠스와-도

수표	小切手(こぎって)	고깃떼
신용카드	クレジットカード	구레짓또가ー도
신용대출	信用(しんよう)貸付け(かしつけ)	신요ー가시쓰께
신용한도	信用(しんよう)限度(げんど)	신요ー겐도
신용조회	信用照会(しんようしょうかい)	신요ー쇼ー까이
신원보증인	身元保証人(みもとほしょうにん)	미모또호쇼ー닝
여행자수표	トラベラーズチェック	도라베라ー즈쳇꾸
예금주	預金者(よきんしゃ)	요낀샤
은행	銀行(ぎんこう)	깅꼬ー
은행수수료	銀行手数料(ぎんこうてすうりょう)	깅꼬ー데스ー료ー
이자	利息(りそく)	리소꾸
인출하다	引(ひ)き出(だ)す	히까다스
저축하다	貯金(ちょきん)する	죠낑스루
저축예금	貯蓄預金(ちょちくよきん)	죠찌꾸요낑
정기예금	定期預金(ていきよきん)	데이끼요낑
카드입금	カード入金(にゅうきん)	가ー도뉴ー낑
통장정리	通帳(つうちょう)の 整理(せいり)	쯔ー쬬ー노 세이리
통장입금	通帳入金(つうちょうにゅうきん)	쯔ー쬬ー뉴ー낑
환전	両替(りょうがえ)	료ー가에
현금	現金(げんきん)	겡낑

머리	頭(あたま)	아따마
머리카락	髪(かみ)	가미
이마	額(ひたい)	히따이
눈썹	眉毛(まゆげ)	마유게
눈	目(め)	메
얼굴	顔(かお)	가오
피부	皮膚(ひふ)	히후
코	鼻(はな)	하나
귀	耳(みみ)	미미
입	口(くち)	구찌
입술	唇(くちびる)	구찌비루
이	歯(は)	하
혀	舌(した)	시따
목	首(くび)	구비
목구멍	喉(のど)	노도
가슴	胸(むね)	무네
어깨	肩(かた)	가따
팔	腕(うで)	우데
팔꿈치	肘(ひじ)	히지
배	腹(はら)	하라
배꼽	へそ	헤소

허리	腰(こし)	고시
엉덩이	お尻(しり)	오시리
손목	手首(てくび)	데꾸비
손	手(て)	데
손톱	爪(つめ)	쓰메
손가락	指(ゆび)	유비
다리	足(あし)	아시
무릎	膝(ひざ)	히자
발목	足首(あしくび)	아시꾸비

우체국

국제우편	国際郵便(こくさいゆうびん)	고꾸사이유-빙
그림엽서	絵(え)ハガキ	에하가끼
기념우표	記念切手(きねんきって)	기넹깃떼
내용물	内容物(ないようぶつ)	나이요-부쓰
등기우편	書留郵便(かきとめゆうびん)	가끼도메유-빙
무게	重(おも)さ	오모사
빠른우편	速達郵便(そくたつゆうびん)	소꾸다쯔유-빙
발신인	発信人(はっしんにん)	핫신닝
보통우편	普通郵便(ふつうゆうびん)	후쯔-유-빙
소포	小包(こづつみ)	고즈쯔미
속달	速達(そくたつ)	소꾸다쓰

수취인	受取人(うけとりにん)	우께또리닝
엽서	はがき	하가끼
우체국	郵便局(ゆうびんきょく)	유-빙교꾸
우체통	ポスト	뽀스또
우편물	郵便物(ゆうびんぶつ)	유-빈부쯔
우편번호	郵便番号(ゆうびんばんごう)	유-빈방고-
우편요금	郵便料金(ゆうびんりょうきん)	유-빈료-낑
우표	切手(きって)	깃떼
주소	住所(じゅうしょ)	쥬-쇼
편지	手紙(てがみ)	데가미
항공우편	航空郵便(こうくうゆうびん)	고-꾸-유-빙

감정의 표현

기뻐하다	喜(よろこ)ぶ	요로꼬부
좋아하다	好(この)む	고노무
즐겁다	楽(たの)しい	다노시-
감사하다	感謝(かんしゃ)する	간샤스루
재미있다	面白(おもしろ)い	오모시로이
기분이 좋다	気分(きぶん)が いい	기붕가 이-
기분이 나쁘다	気分(きぶん)が 悪(わる)い	기붕가 와루이
안심하다	安心(あんしん)する	안신스루
슬퍼하다	悲(かな)しむ	가나시무

절망하다	絶望(ぜつぼう)する	제쓰보ー스루
행복하다	幸(しあわ)せだ	시아와세다
흥분하다	興奮(こうふん)する	고ー훈스루
걱정하다	心配(しんぱい)する	신빠이스루
감동하다	感動(かんどう)する	간도ー스루
의심하다	疑(うたが)う	우따가우
애달프다	切(せつ)ない	세쓰나이
싫어하다	嫌(きら)いだ	기라이다
불쾌하다	不愉快(ふゆかい)だ	후유까이다
만족하다	満足(まんぞく)する	만조꾸스루
유감이다	残念(ざんねん)だ	잔넨다
불쌍하다	かわいそうだ	가와이소ー다
난처하다	困(こま)る	고마루
후회하다	後悔(こうかい)する	고ー까이스루
당황하다	戸惑(とまど)う	도마도우
증오하다	憎(にく)む	니꾸무
원망하다	恨(うら)む	우라무
가엾다	かわいそうだ	가와이소ー다
고민하다	悩(なや)む	나야무
아쉽다	惜(お)しい	오시이
화나다	腹(はら)が 立(た)つ	하라가 다쓰
분하다	悔(くや)しい	구야시ー

놀라다	驚(おどろ)く	오도로꾸
겁나다	恐(おそ)ろしい	오소로시-
긴장하다	緊張(きんちょう)する	긴쬬-스루
불안하다	不安(ふあん)だ	후안다
두렵다	恐(おそ)ろしい	오소로시-
무서워하다	怖(こわ)がる	고와가루

검색	検索(けんさく)	겐사꾸
마우스	マウス	마우스
데이터	データ	데-따-
메일을 보내다	メールを 送(おく)る	메이루오 오꾸루
모니터	モニター	모니타-
모뎀	モデム	모데므
버전	バージョン	바-죤
복사	コピー	고피-
바이러스	ウイルス	위르스
백업	バックアップ	밧꾸앗뿌
본체	本体(ほんたい)	혼따이
부팅하다	立(た)ち上(あ)げる	다찌아게르
스크린	スクリーン	스꾸린
스피커	スピーカー	스삐-까-

소프트웨어	ソフト	소후또
스캔	スキャン	스캰
삭제	削除(さくじょ)	사꾸죠─
설치하다	設置(せっち)する	셋찌스루
저장	保存(ほぞん)	호종
접속	接続(せつぞく)	세쓰조꾸
전자메일	電子(でんし)メール	덴시메이루
입력	入力(にゅうりょく)	뉴─료꾸
워드프로세서	ワープロ	와─뿌로
키보드	キーボード	기─보─도
컴퓨터	コンピューター	곤쀼─따
프린터	プリンタ	뿌린따─
출력	出力(しゅつりょく)	슈쯔료꾸
하드웨어	ハード	하─도
하드디스크	ハードディスク	하─도디스꾸

학교와 관련된 단어

출석하다	出席(しゅっせき)する	슛세끼스루
시험	試験(しけん)	시껭
성적	成績(せいせき)	세이세끼
중간고사	中間試験(ちゅうかんしけん)	쥬─깡시껭
기말시험	期末試験(きまつしけん)	기마쯔시껭

전공	専攻(せんこう)	셍꼬-
학교	学校(がっこう)	각꼬-
초등학교	小学校(しょうがっこう)	쇼-각꼬-
중학교	中学校(ちゅうがっこう)	쥬-각꼬-
고등학교	高校(こうこう)	고-꼬-
대학교	大学校(だいがっこう)	다이각꼬-
동창생	同窓生(どうそうせい)	도-소-세이
대학원	大学院(だいがくいん)	다이가꾸잉
학위	学位(がくい)	가꾸이
공학	工学(こうがく)	고-가꾸
경제학	経済学(けいざいがく)	게이자이가꾸
경영학	経営学(けいえいがく)	게이에이가꾸
재정학	財政学(ざいせいがく)	자이세이가꾸
법학	法学(ほうがく)	호-가꾸
정치학	政治学(せいじがく)	세이지가꾸
철학	哲学(てつがく)	데쓰가꾸
심리학	心理学(しんりがく)	신리가꾸
영문학	英文学(えいぶんがく)	에이붕가꾸
역사학	歴史学(れきしがく)	레끼시가꾸
건축학	建築学(けんちくがく)	겐찌꾸가꾸
수학	数学(すうがく)	스-가꾸
의학	医学(いがく)	이가꾸

| 물리학 | 物理学(ぶつりがく) | 부쯔리가꾸 |
| 생물학 | 生物学(せいぶつがく) | 세이부쯔가꾸 |

객실	客室(きゃくしつ)	갸꾸시쯔
귀중품	貴重品(きちょうひん)	기쬬－힝
모닝콜	モーニングコール	모－닝그꼬－루
머물다	泊(と)まる	도마루
별관	別館(べっかん)	벳깡
벨보이	ベルボーイ	베루보－이
비상구	非常口(ひじょうぐち)	히쬬－구찌
방	部屋(へや)	헤야
베개	まくら	마꾸라
숙박카드	宿泊(しゅくはく)カード	슈꾸하꾸가－도
싱글룸	シングル	싱구르루－무
세탁서비스	クリーニング サービス	구리닝구 사－비스
아침식사	朝(あさ)ごはん	아사고항
안내	案内(あんない)	안나이
에어컨	クーラー	꾸－라－
예약	予約(よやく)	요야꾸
옆방	隣(となり)の 部屋(へや)	도나리노 헤야
이불	おふとん	오후똥

열쇠	カギ	가기
	キー	키-
룸서비스	ルームサービス	루-무사-비스
지배인	支配人(しはいにん)	지하이닝
저녁식사	晩(ばん)ごはん	방고항
트윈룸	ツイン	쓰인루-무
체크인	チェックイン	쳇꾸인
체크아웃	チェックアウト	쳇꾸아우또
커피숍	コーヒーショップ	고-히-숏뿌
포터	ポーター	포-따-
프런트	フロント	후론또
호텔	ホテル	호떼루

교통과 관련된 단어

주차장	駐車場(ちゅうしゃじょう)	쥬-샤죠-
갈아타는 곳	乗(の)り換(か)え	노리까에
매표소	チケット売(う)り場(ば)	지껫또우리바
일방통행	一方通行(いっぽうつうこう)	잇뽀-쓰-꼬-
버스	バス	바스
택시	タクシー	다꾸시-
지하철	地下鉄(ちかてつ)	지까데쓰
자동차	自動車(じどうしゃ)	지도-샤

비행기	飛行機(ひこうき)	히꼬-끼
버스정류장	バス停(てい)	바스데이
합승	相乗(あいの)り	아이노리
터미널	ターミナル	다-미나루
입구	入(い)り口(ぐち)	이리구찌
출구	出口(でぐち)	데구찌
편도	片道(かたみち)	가따미찌
왕복	往復(おうふく)	오-후꾸
특급	特急(とっきゅう)	돗뀨-
급행	急行(きゅうこう)	규-꼬-
건너시오	渡(わた)りなさい	와따리나사이
건너지 마시오	渡(わた)るな	와따루나
주차금지	駐車禁止(ちゅうしゃきんし)	쥬-샤긴시
화장실	トイレ	도이레
주유소	ガソリンスタンド	가소린스딴도
시각표	時刻表(じこくひょう)	지꼬꾸효-

직장과 관련된 단어

회사원	会社員(かいしゃいん)	가이샤잉
공무원	公務員(こうむいん)	고-무잉
의사	医者(いしゃ)	이샤
변호사	弁護士(べんごし)	벵고시

간호사	看護婦(かんごふ)	강고후
선생님	先生(せんせい)	센세이
배우	俳優(はいゆう)	하이유ー
은행원	銀行員(ぎんこういん)	깅꼬ー잉
비서	秘書(ひしょ)	히쇼
회장	会長(かいちょう)	가이쬬ー
사장	社長(しゃちょう)	샤쬬ー
대표이사	代表取締役 (だいひょうとりしまりやく)	다이효ー도리시마리야꾸
인사부장	人事部長(じんじぶちょう)	진지부쬬ー
경리부장	経理部長(けいりぶちょう)	게이리부쬬ー
차장	次長(じちょう)	지쬬ー
과장	課長(かちょう)	가쬬ー
봉급	給料(きゅうりょう)	규ー료ー
승진	昇進(しょうしん)	쇼ー싱
해고	解雇(かいこ)	가이꼬
퇴직	退職(たいしょく)	다이쇼꾸
능력	能力(のうりょく)	노ー료꾸
생산부장	生産部長(せいさんぶちょう)	세이상부쬬ー
채용	採用(さいよう)	사이요ー
응모자	応募者(おうぼしゃ)	오ー보샤
운동선수	スポーツ選手(せんしゅ)	스뽀ー쓰센슈

이력서	履歴書(りれきしょ)	리레끼쇼
면접	面接(めんせつ)	멘세쯔
고용주	雇主(やといぬし)	야또이누시
구직자	求職者(きゅうしょくしゃ)	규-쇼꾸샤
종업원	従業員(じゅうぎょういん)	쥬-교-잉

일본어 회화

초판 발행 ｜ 2012년 7월 16일
8판 인쇄 ｜ 2019년 4월 15일
8판 발행 ｜ 2019년 4월 25일

지은이 ｜ 사사연 이힉연구소
대　표 ｜ 장삼기
펴낸이 ｜ 장정란
펴낸곳 ｜ 도서출판 사사연

등록번호 ｜ 제10 – 1912호
등록일 ｜ 2000년 2월 8일
주소 ｜ 서울시 강서구 강서로 15길 139. 601(화곡동)
전화 ｜ 02-393-2510, 010-4413-0870
팩스 ｜ 02-393-2511

인쇄 ｜ 성실인쇄
제본 ｜ 동신제책사
홈페이지 ｜ www.ssyeun.co.kr
이메일 ｜ sasayon@naver.com

임시특가 16,000원
ISBN 978-89-85153-00-3

*잘못 만들어진 책은 바꿔드립니다.